토정비결의
숨결과 지혜

토정비결의 숨결과 지혜

김정혜 지음

이담 Books

▎서 문

　세시풍습의 하나로 자리 잡았던 『토정비결』 신수점이 점점 추억으로 변해가는 안타까움에 용기를 내어 책을 출간하기로 결심하였다. 이 책은 나의 학위논문인 「토정비결 점의 기원과 성격연구」를 교정하고 보완한 것이다.

　『토정비결』은 조선후기에 등장해서 우리나라 근현대의 혼란기에 폭발적인 인기를 누렸다. 현재 조선중기 토정 이지함의 저술로 알고 있는 경우가 많으나, 실은 이지함 사후 3백여 년이 지난 19세기에 처음으로 등장한 민간 점서이다. 현재 시중에 발간되고 있는 『토정비결』은 각 괘마다 40여 구 3백여 자가 넘는 분량을 갖고 있지만, 원래 『토정비결』의 원형은 1구 8자를 기본 점사로 하고 있다. 『토정비결』은 일제강점기를 거치면서, 내용과 형식에서 크게 변화했고, 그 과정에서 5백여 자가 넘는 64구본까지 다양한 판본들이 등장했다.

　근대시기 우리 사회에 커다란 영향을 끼친 『토정비결』에 대해, 그동안 학계에서는 거의 주목하지 못했다가, 최근에 와서 몇 편의 연구논문이 발표되었다. 이들은 대개가 『토정비결』을 주역점이나 육효점 등 역학과의 연관 속에서 이해해보려고 한 것이다. 이것은 『토정비결』이 주역의 괘(卦)와 연관되어 있기 때문에, 일반적으로 주역이나 역학의 점법에서 나왔다고 보는 견해와 서로 통하는 것이다.

　그러나 『토정비결』은 본래 우리의 독자적인 점법이 계승 발전되어온 것으로서, 후대에 주역의 64괘가 첨가되고, 12월운이 덧붙여지면서 오늘날의『토정비결』의 형태가 이루어졌음을 분석함으로써『토정비결』은 역학과는 관련이 없다는 점을 밝혔다. 이렇게 본 논문에서는 작자 문제를 비롯해서, 그 점법(占法)과 점사(占辭)를 분석함으로써『토정비결』의 기원과 성격을 규명하고자 하였다.

특히 대부분의 기존 연구에서는『토정비결』의 판본을 문제 삼지 않고 연구를 진행한 경우가 많았다. 그러나『토정비결』에는 판본에 따라 아주 다양한 차이를 갖고 있어서,『토정비결』연구에서 판본 문제를 소홀히 할 수 없다. 본 연구에서는 이런 점에 유의해서『토정비결』의 다양한 판본을 비교 분석하고, 그중에서 가장 원형이 되는 판본이 무엇인지를 확정하였다. 이에 근거하여『토정비결』의 점사에서 후대에 첨가된 내용을 구분하여 분석했다. 또한 이들 점사의 구조를 분석하면서, 그 속에 내포된 전통적 가치관에 대해서도 비판적으로 고찰하였다.

마지막으로『토정비결』이 오늘날 가지는 가치와 의의에 대해 분석하였다. 이를 통해 현대사회에서도 건강한 세시풍속으로서 기능할 수 있으며, 정초에 한 해의 계획을 구상하면서 가족 간에 서로 상담해주는 역할로서 현대적 의의를 갖는다는 점을 고찰해보았다.

이 연구를 위해 아름다운 성정으로 이끌어주신 이성전 교수님, 강건한 가르침으로 이끌어주신 임채우 교수님께 한없는 감사를 드린다.

그리고 출간을 앞둔 저자는 꿈 많던 동덕여중고 시절 국어 古文과 역사과목에 심취할 수 있도록 가르침을 주셨던 옛 은사님들의 모습을 아련히 떠올린다.

2018(戊戌)년 3월 正明院에서

旦嵒 김정혜

목차

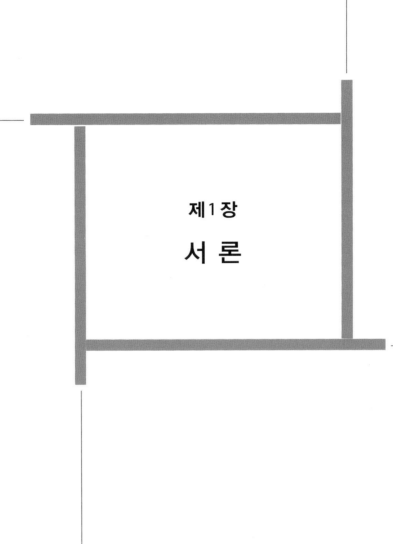

제1장

서 론

1. 문제제기와 연구 목적

『토정비결』은 조선후기 이후로 근현대에 이르기까지 가장 널리 행해진 한국의 점서이다. 그 서명이 암시하고 있듯이 조선중기의 유명한 학자 토정(土亭) 이지함(李之菡, 1517~1578)이 저술한 점술서로 알려져 왔다.

1980년대 초에 『토정비결』을 연구한 한 학자는 『토정비결』을 보던 풍속에 대해 다음과 같이 회상했다. 음력 정초가 되면 사랑방에 모인 어르신들이 『토정비결』 괘를 놓고 재판소의 판결이나 기다리듯이 자신들의 일 년 신수를 초조한 눈으로 기다리며 보던 기억이 눈에 선하고, 『토정비결』을 풀이할 때면 숨소리마저 죽이고 경청하시던 분들의 얼굴을 지금도 잊을 수 없다고 했다.[1] 그는 이런 진풍경이 해마다 정초가 되면 되풀이됐다고 했다.

아마도 해방 전후의 풍경이었던 것으로 추정되는 이 풍습은 점점 쇠퇴했지만, 필자가 기억하기로 1990년대까지도 정초에는 으레 『토정비결』을 보았다. 이 무렵 연말연시의 서점가에는 제일 좋은 진열대

---

[1] 김중순, 『토정비결이란 무엇인가-컴퓨터로 분석한 인류학적 분석』, 세일사, 1982, 17~18쪽.

에『토정비결』이 놓여 있었다. 현재는『토정비결』을 보는 열기가 예전과는 비교할 수 없을 정도로 시들해졌지만, 지금도 그에 대한 관심은 지속되고 있음을 볼 수 있다. 예를 들면 국내 최대의 한 대형서점인 교보문고 2017년 4월 29일 역학코너 검색결과를 보면 현재 시판되고 있는 것만으로도,『토정비결』이란 이름을 내건 점서가 대략 43종이 있고, 소설류, 어린이용, 만화 등으로 다양한 형태의 종류로 전시되어 있다.[2]

우리 사회에서『토정비결』만큼 많이 읽힌 책도 없을 것이다. 원래 조선시대에 나온『토정비결』은 목판본이나 인쇄본이 없고, 모두가 필사본이었던 관계로, 그 보급된 정도를 정확히 확인할 수는 없다. 인쇄본으로 유통되기 시작한 것은 일제강점기인 1910년부터이다. 그 이후 수많은 출판사에서 발행했고 우리 서적사에서 100년 동안 꾸준히 대중적 관심을 받아온 유일한 서적이라고 할 수 있다.[3]

김중순은 70년대 말 한국인의『토정비결』선호도를 조사한 결과를 발표했다. 응답자의 64%가『토정비결』을 본 일이 있다고 답했다. 그 비율을 당시 국민 전체인구에[4] 적용하면 2천만 명 이상의 한국 사람이『토정비결』을 본 경험이 있음을 의미한다.[5] 대한민국 성인 대부분이『토정비결』을 보았다고 해도 과언이 아니다.

최근 아산정책연구원에서 여론조사를 한 결과를 보면 점을 친 경

---

2) 교보문고 http://www.kyobobook.co.kr/search/SearchCommonMain.jsp 2017년 4월 29일 검색결과.

3) 『토정비결』은 70여 년 동안 매년 인쇄하여 최소한 70쇄 이상이며 지금도 꾸준히 팔리는 대한민국의 대표적인 '스테디셀러'이다.『주간경향』1193호, 2016.9.13. 여기에서 <토정비결>은 요즘도 2개 출판사에서 발행되고 있다고 했으나, 이것은 한문본만 명문당과 남산당에서 발행되고 있는 것으로, 한글본으로 재편집된 판본은 현재도 수십 종에 달한다.

4) 1980년에 통계청 전국인구조사 근거로는 총 인구수가 약 3천7백만 명이다.

5) 김중순, 앞의 책, 20~21쪽.

험이 있다는 비율이 점점 더 높아지고 있음을 볼 수 있다. 2014년 1월『토정비결』사주 관상 등 점을 본 경험이 있는가라는 질문에 '있다'라고 답한 비율이 전체 응답자의 38.3%였는데, 한국갤럽조사 연구소에서 1991년 조사한 결과에는 19.6%, 1995년에는 16.5%, 1996년에는 18%에 비하면 두 배 이상 높은 수치라고 한다.6)

『토정비결』이 한국인들의 마음을 사로잡을 수 있었던 것은『토정 비결』의 저자 토정 이지함 선생과 관련이 있다고 할 수 있다. 그가 저명한 유학자이었으며, 동시에 역학의 대가였다는 점이다. 당시의 시대상황과 토정 이지함에 대한 민중의 신뢰가『토정비결』의 전설 을 낳은 것이라 할 수 있다. 그러나『토정비결』이 등장한 역사적 정 황을 추적해보면 의문스런 점이 있다.

본 연구의 계기는 이렇게 토정 이지함의『토정비결』저작에 관한 역사적 사실을 확인하고자 하는 데에서부터 시작되었다. 그래서『토 정비결』의 기원과 성격 문제를 살펴보고자 하는 것이 본 연구의 목 적이다. 이를 규명하기 위해 먼저 토정 이지함의 생애와 저술관계를 『토정비결』과 연관 지어 비교 고찰할 것이다. 조선후기의 혼란기 속 에서『토정비결』이 등장하고 변화 발전해가는 과정을 판본문제를 중심으로 살필 것이다. 나아가 판본에 따른『토정비결』의 점법(占 法)과 점사(占辭)의 변화에 대해서 규명하고자 한다.

이를 통해『토정비결』의 점법이 주역의 점법이나 육효(六爻) 및 매화역수(梅花易數)의 점법과 어떤 관련이 있는지 밝힐 것이다. 이 러한 작업은 구체적인 효사들을 분석함으로써 드러날 것이다. 그 점

---

6) 김석근 외,『한국문화대탐사』, 아산서원, 2015, 116쪽 참조.

사(占辭)에 보이는 전통적 가치관의 문제를 통해 90년대 이후『토정비결』에 대한 한국인의 의식동향을 분석할 것이다. 이러한 과정에서『토정비결』이 최근에 쇠퇴한 까닭은 무엇이며,『토정비결』에 대한 관심이 여전한 이유는 무엇일까를 밝힐 것이다. 그리고 현대사회에서『토정비결』이 어떤 의미를 지니는지 그 현대적 의의에 대해서 고찰해볼 것이다.

2. 기존연구 성과 분석

『토정비결』이 우리 사회에 유행했던 것에 비해 학문적 연구는 많이 이뤄지지 않았다. 먼저『토정비결』에 대한 관심은 1933년 발행된 무라야마 지준(村山智順)의『조선의 점복과 예언』에서 찾아볼 수 있다.

그는『토정비결』을 '작괘(作卦) 사주점(四柱占)'이라고 하는 범주에 넣어서, 토정법(土亭法)이라고 불렀는데, 사실 그는 '작괘동효(作卦動爻) 점법(占法)'이라는 점법과 혼동을 하고 있다.[7] 다시 말해『토정비결』점법의 본질을 제대로 이해하지 못했기 때문에 제대로 분류하지 못하고 혼동을 일으키고 있는 것이다.

그것은 그가 조선의 점법을 학문적으로 연구하려는 것이 아니라, 식민지배를 위한 수단으로서 총독부의 촉탁으로 조사보고서를 위해 쓴 책이기 때문에 갖는 한계일 수밖에 없다. 저자 서문에서 무라야

---

7) 村山智順,『朝鮮の占卜と豫言』, (朝鮮總督府, 1933) 신한서림영인, 1971. 무라야마 지준 저, 김희경 역,『조선의 점복과 예언』, 동문선, 1990, 399~403쪽 참조.

마 지준은 "조선의 민중이 생활의 제반 사항에 걸쳐 그 해결을 점복에서 구하려는 것은 대개 자력 갱생적 기력의 왕성함이 결여되었기 때문이다. 이 기력이 성하지 못하므로 전통의 힘에 속박되어 운명관·숙명관의 인생관으로부터 해방되지 못하였다. 그 까닭은 대개 생활 현상에 대하여 올바른 비판을 내릴 수 있는 상식적 판단력이 발달하지 못하고, 사회교화 특히 과학적 지식이 아직도 보급되지 못했기 때문이다."[8] 결국 조선 민중은 주체성이 없고 판단력이 결여되어 점에 의존했다는 무라야마 지준의 언급을 보면 그 의도가 제국주의 침탈을 위한 순수하지 못한 것이었음을 알 수 있다.

그 후 오랫동안 『토정비결』에 대해 학문적인 관심을 기울인 학자는 없었다. 무라야마 지준으로부터 50년 뒤인 1982년이 되어서야 미국 테네시 대학의 교수 김중순이 인류학적 연구결과로서 『토정비결이란 무엇인가―컴퓨터로 분석한 인류학적 분석』을 출간하였다.[9] 이 책은 최초의 『토정비결』 연구서로서 『토정비결』을 연구하는 학문적 시각과 방법론을 보여주었다는 점에서는 큰 의의가 있다고 할 수 있다. 다만 『토정비결』의 기원 및 형성과정과 판본에 대한 문제를 염두에 두지 않은 상태에서, 당시 시판되던 남산당본과 명문당본 두 종류를 비교하고 남산당 판본에 의거해 조사 분석하고 있다는 점에서 한계를 보인다. 또한 주역과의 비교에 있어서도 다소 정확하지 못한 점이 보인다.[10]

---

8) 1931년 3월 15일 조선총독부촉탁 무라야마 지준이 쓴 『朝鮮の占卜と豫言』의 서문 끝부분 인용. 김희경 역, 『조선의 점복과 예언』, 동문선, 1990.

9) 김중순, 『토정비결이란 무엇인가―컴퓨터로 분석한 인류학적 분석』, 세일사, 1982 및 『토정비결이란 무엇인가―토정비결에 나타난 한국인의 가치관』, 세일사, 1991 참조.

10) 김중순은 이지함의 『토정비결』이 주역의 모형이나 원리를 따랐다는 것은 점을 보는 방법에만 국한된 것이 아니라고 하면서, 144장의 매 장마다 8괘의 근본을 사용한 64괘가 일련번호와 함

그 뒤 민속학적 입장에서 한국의 점복 현상에 대한 관심들이 여러 저술과 논문으로 발표되었으나,[11] 『토정비결』에 대해서는 거의 언급하지 않았다. 2009년 처음으로 『토정비결』에 관한 석사학위논문이 발표되었다.[12] 『토정비결』 연구의 서장이라고 볼 수 있다. 여기에서는 육효점(六爻占)과의 관계문제를 분석했는데, 1군부터 8군까지 육효점과 관련된 점사 중 각각 한 개를 선택하여 육효점의 괘를 그리고 동효와 변효, 육친, 육수 등에 대한 것을 표기하고 설명하였다. 그러나 각 군에 들어 있는 나머지 부분에 대해서는 육효점사의 나열에만 그쳐 육효학의 2대 텍스트라 할 수 있는 『복서정종(卜筮正宗)』과 『증산복역(憎刪卜易)』의 이론에 근거한 분석이 다소 결여되어 있다.[13]

이 두 책은 육효학의 대표적인 고전이다. 『복서정종(卜筮正宗)』은

께 붙어 있다고 하였다. 그는 확장된 12월운까지 『토정비결』을 최초의 원형으로 알고 책을 출간하였다. 그러나 주역의 괘는 일제강점기 때인 1923년 『백방길흉자해』의 『토정비결』 장에 최초로 괘마다 주역의 본괘와 지괘가 덧붙어 표기되었다.

11) 이 시기의 점속에 관련된 연구성과는 다음과 같다.
　김태곤 외, 『한국의 점복』, 민속원, 1995.
　박계홍, 「점복·주술」, 『한국민속대관』 3, 고려대학교 민족문화연구소, 1982.
　임동권, 『한국민속학논고』, 집문당, 1984.
　최길성, 『한국민간신앙의 연구』, 계명대학교출판부, 1989.
　최상수, 『한국의 세시풍속』, 홍인문화사, 1960.
　한정섭 편저, 『한국인의 민속신앙』, 불교대학교재편찬위원회, 1996.
　권영원·민정희, 「孔明擲占과 이본 대성북두연명경」, 『고고와 민속』 3, 한남대학교박물관, 2000.
　김연옥, 「조선전기 農書를 통해서 본 占候」, 『민속학술자료총서』 348 (무속 역날 1), 우리마당 터, 2003.
　김일권, 「도불의 점성사상과 점복신앙」, 『한국민속학보』 10권, 한국민속학회, 1999.
　김홍철, 「한국 점복신앙에 관한 연구」, 『한국종교사연구』 3, 한국종교사학회, 1995.
　박영식, 「고소설의 점복신앙고」, 『중원인문논총』 10권, 건국대학교 동화와번역연구소, 1991.
　박종수, 「신점의 사회학」, 『우원사상논총』 10, 강남대학교, 2001.
　상기숙, 「무점의 실태」, 『한국민속학』 16, 민속학회, 1983.
12) 최현석, 「『토정비결』 연구: 육효점을 중심으로」, 공주대학교 대학원 석사학위논문, 2009.
13) 김수년, 「토정비결 점사의 역학적 연구-총평 부분을 중심으로」, 국제뇌교육종합대학원 박사학위논문, 2016, 3쪽.

1749년 王洪緒(왕홍서) 저로 알려졌다. 『증산복역(憎刪卜易)』은 1690
년에 이문휘(李文輝)가 고금의 복서에 관한 책들을 바탕으로 야학노
인(野鶴老人) 작으로 알려진 『野鶴老人占卜全書(야학노인점서전서)』
를 고증하여 종류별로 나누어 편집한 책이다. 또 48구본을 『토정비
결』의 정본으로 여기고 연구를 진행함으로써, 『토정비결』 판본의 다
양성을 파악하지 못한 문제점을 갖고 있다.

2010년에 박종덕의 석사학위논문으로 「토정이지함의 사상과 『토
정비결』」이 출간되었다.[14] 사학 전공자로서 먼저 사료적 차원에서
판본조사를 하려고 했으나, 여러 판본들을 구할 수 없었다고 토로한
다.[15] 그 가운데 3종의 필사본과 일제강점기 때에 간행된 『토정비결』
1종과 해방 후 3종을 비교해서 그 내용상의 차이를 분석하고, 주역
점과 육효점, 매화역수와 사주간지술을 예로 들면서 『토정비결』의
점법은 대정수 작괘법과 비슷하다는 점을 지적한다. 그는 『토정비결』
의 점법과 작자가 이지함이었을 것이라고 주장하나 그 근거를 분명
하게 제시하지는 못했다.

2010년 구중회에 의해 『토정비결』을 다룬 논문이 발표되었다.[16]
그는 『토정비결』의 형성과정에 관하여 판본 문제를 제기하였다. 덕
흥서림(德興書林), 세창서림(世昌書林), 명문당(明文堂), 남산당(南山
堂) 등의 출판사에서 간행된 일제강점기와 근현대의 여러 판본들을
비교 분석한 결과 『토정비결』이 1930년대 18구본에서 시작되어, 64

---

14) 박종덕, 「土亭 李之菡의 사상과 『土亭秘訣』」, 부산대학교대학원 사학과 석사학위 논문, 2010.
15) 박종덕은 목판본을 찾아보려 했으나 찾을 수 없었고, 부산대 연세대 한국학중앙연구원 등 대
   학 도서관에 소장된 3종의 필사본과 일제강점기 때에 간행된 『토정비결』 1종과 해방 후 3종
   을 구할 수 있었다.
16) 구중회, 「토정비결 연구」, 공주대학교 『인문학 논총』, 2010. 구중회, 『토정비결』 연구, 『명리학
   의 첫걸음』, 국학자료원, 2013 재수록.

구에 이르러 완성되었다고 했다. 그에 의하면 원래『토정비결』은 4
언 2행 1구의 형식이었고, 전체가 144구로 총 1,152자였다는 점과
이것이 4구체의 576구 4,608자를 거쳐 월별 18구의 2,592구 20,736
자를 시작으로 28구, 45구, 48구, 64구로 확대되었다고 했으며, 지금
도『토정비결』은 계속 자라고 있는 신수책이라고 규정하였다.

　2015년에는 임채우의 「『토정비결』점법의 역학적 의미: 주역 및
도가점법과의 비교를 통해서」가 발표되었다.[17] 그는『토정비결』의
여러 판본들을 비교하면서 기존연구의 문제점을 지적하고, 주역점법
과의 비교를 통해서『토정비결』은 주역점의 일종이란 기존의 설을
조목조목 비판했다.『토정비결』의 점친 기록으로 현재까지 알려진
가장 최초인 1877년 11월 25일 심원권일기의 내용을 발굴 공개하면
서 중국의 가장 오래된 점서인 영기경(靈棊經)을 비롯해서 진단(陳
搏)에서 소옹(邵雍)으로 이어지는 도가(道家)점법과 비교 분석했다.
그는『토정비결』은 주역점법에서 나온 것이 아니라 원래는 주역과
관계없는 숫자괘 점법이었으나, 주역의 괘를 빌림으로써 주역점의
일종으로 오해되었다는 점을 밝혔다. 그렇지만『토정비결』은 일정부
분 도가점법의 영향을 받은 우리의 민간점법으로 규정했다. 특히 윷
점 등 한국 고유의 민간점의 전통과의 관계에 주목하였다.[18]

　이어서 2016년에 김수년의 박사학위논문「토정비결 점사의 역학
적 연구–총평부분을 중심으로」가 나왔다.[19] 김수년은『토정비결』이

---

17) 임채우, 「土亭秘訣 占法의 역학적 의미: 周易 및 道家점법과의 비교를 통해서」,『동서철학연구』
　　77호, 2015.9.
18) 임채우, 같은 논문, 601~603쪽 참조.
19) 김수년, 「『土亭秘訣』점사의 易學的 研究–총평부분을 중심으로」, 국제뇌교육종합대학원 박사
　　학위논문, 2016.

이지함과 그의 제자, 그리고 이지함의 학문을 이은 후인들에 의해 이루어졌을 개연성이 있다고 보았다. 김수년은 주로 『토정비결』을 육효점과 매화역수의 점법과 비교하는 데 중점을 두고, 『토정비결』이 육효점과 매화역수점법에 의거하고 있는 것으로 판단하고 있다. 그러나 김수년이 분석의 대상으로 삼은 『토정비결』의 점사는 박건회가 편집한 『토정비결』 판본으로서, 『토정비결』의 원형이라고 할 수도 없고, 현재 대중적으로 보급된 판본도 아니라는 점에서 한계를 갖는다.

이외에 『토정비결』의 세시풍속과 관련한 연구로 2010년 김만태의 「正初 점복풍속에 관한 연구―윷점·오행점·토정비결을 중심으로―」가 있다.[20) 민속학적인 시각에서 윷점 오행점과 함께 개괄적으로 세시풍속의 하나로 다루고 있다. 그러나 『토정비결』의 여러 판본에 대해서는 그다지 폭넓게 참고하지는 못했다.

그리고 『토정비결』 자체에 대한 연구는 아니지만, 신병주는 이지함의 생애에 대해 연구한 결과를 최근 발간한 바 있다. 여기에서 그는 "『토정비결』이 담아내고 있는 뜻을 보면 이지함의 사상과 통하는 면이 많아 단순히 그 관계를 부정할 수만은 없다.[21)"고 하는 등, 『토정비결』의 작자와 점법의 문제 등에 대해서도 일부 언급한 것이 있다.

---

20) 김만태, 「正初 점복풍속에 관한 연구―윷점·오행점·토정비결을 중심으로―」, 『민속학연구』 26호, 2010.
21) 신병주, 『이지함 평전』, 글항아리, 2008, 70쪽.

3. 연구 방법

이상에서 선행연구들을 살펴보았다. 지금까지『토정비결』의 연구는 그것이 우리 사회에 미쳤던 비중으로 볼 때, 연구가 아주 부족한 실정이다. 김종대는 우리 학계의 연구풍토가 주로 무속이나 마을신앙 등에 편중된 시각을 갖고 있기 때문이라고[22] 지적하고 있다.

우리의 점복에 대한 관심이 부족한 이유는 점복을 사회병리 현상처럼 여기는 편견이나 선입관이 작용하는 측면도 있다. 장성숙은 점복이 백안시되는 배경으로 운명론과 허무주의에의 몰입, 사회적 불안 조성, 비용의 낭비 등과 같은 역기능적인 측면들이 있다고 했다. 그러나 동시에 이에 못지않은 순기능이 있음을 들고 있다. 첫째, 조속한 처방을 내려 지각된 통제감을 갖게 한다. 둘째, 카타르시스와 심리적 해방을 경험시켜 불안함을 환기하도록 한다. 셋째, 대응전략 차원에서 판단에 대한 준거 및 대비책을 마련해준다. 넷째, 재미 또는 오락으로서의 기능이 있다[23] 등을 지적한 바 있다.

『토정비결』에는 아직도 여러 문제가 해명되지 못한 채 남아 있다.[24] 본 연구에서는 이상의 기존 연구 성과들을 면밀히 분석하고, 이들의 성과를 기초로『토정비결』의 기원과 그 성격문제를 연구하고자 한다. 특히 이 연구를 수행하기 위한 방법으로서, 먼저『토정비결』의 작자 문제를 비롯해서『토정비결』의 점법과 점사에 대한 연구, 판본 문제 등을 검토할 것이다.

---

22) 김종대,「점복의 역사」,『한국민속사입문』, 지식산업사, 1996, 307쪽.

23) 장성숙,「점복문화와 상담의 관계」, 한국심리학회 학술대회자료집, 2005, 271쪽.

24) 대표적인 경우가 김중순,『토정비결이란 무엇인가-컴퓨터로 분석한 인류학적 분석』(세일사, 1982) 및 신병주 지음『이지함 평전: 은둔과 변혁의 변증법적 실천가』, 70쪽.

『토정비결』은 점서로 알려져 있지만, 조선말에 유행했던 예언비결서로 전해지기도 한다. 예언비결서로서는『토정가장결(土亭家藏訣)』과『이토정비결(李土亭祕訣)』 그리고『토정묘결(土亭妙訣)』이란 3종류가 전하고 있다.25) 그래서『토정비결』이란 제목만 가지고는 점서인지 예언서인지 혼동이 되기도 한다. 본 연구에서는 예언서가 아니라 점서로서의『토정비결』을 연구대상으로 할 것이다.

『토정비결』본 연구는 크게 4가지 부분에 주목하여, 다음과 같은 방법으로 연구를 진행하려고 한다.

첫째,『토정비결』이 어디에서 나왔는가 하는 기원문제는 먼저 그 작자가 누구인지 분명히 하는 작업에서부터 연구를 진행할 것이다. 특히『토정비결』은 토정 이지함의 이름을 달고 세상에 널리 유포된 책으로, 대부분 토정 이지함의 작으로 알고 있으며, 일부 학자나 전문연구자들도 그렇게 간주하고 있는 경우가 많이 있는 실정이다.『토정비결』의 기원을 밝히기 위해서는 그동안『토정비결』의 작자로 간주되어온 토정 이지함과의 관계에 먼저 초점을 맞춰 분석해볼 것이다.

둘째, 작자 문제를 고찰한 다음에는,『토정비결』의 원형이 되는 판본이 무엇인지를 확인하도록 할 것이다. 특히 중요한 것은『토정비결』의 여러 판본 중에서 원형이 무엇인지를 분명히 하는 것이다. 왜냐하면 그 이전의 연구들에서는 그냥 현재 시중에서 판매되고 있는 판본을 저본으로 삼거나, 혹은 여러 판본 중에서 적당한 것을 골라서 원형으로 삼아 연구한 결과 잘못된 결론에 이르는 경우가 많았기 때문이다. 그래서 본 논문에서는 여러『토정비결』의 판본 중에서

---

25) 현병주 편,『비난정감록진본』, 근화사, 대정 12년 및『정감록』, 프린트본, 출판사항결 참조.

가장 오래된 원형을 찾아서, 이를 중심으로 그 점법과 점사의 성격을 밝히는 방법을 취하고자 한다. 그리고 후대에 이를 변형시킨 여러 필사본과 근대 이후에 등장한 인쇄본들을 선별해서 판본 간 상호비교를 통해 『토정비결』의 원문이 어떻게 변화되어 왔는지를 밝힐 것이다.

셋째, 『토정비결』의 특성을 살펴보기 위해 『토정비결』의 점법을 분석해볼 것이다. 현재는 『토정비결』이 주역에서 나왔다고 보는 견해가 지배적이고, 또 육효점이나 매화역수에서 나왔다고 하지만, 그 원형은 우리 고유의 점법이라는 점을 밝힐 것이다.

그래서 먼저 점법으로서의 작괘법의 구성원리를 알아보고 다른 점법들과 비교해볼 필요가 있다. 이를 통해 『토정비결』이란 점법이 주역점이나 육효점 등 중국의 점법의 영향을 받아서 만들어진 것이 아니라, 오랜 시간에 걸쳐 조선의 민중들 사이에 전해오던 민간점법이 체계화된 것임을 알 수 있고, 그 특성을 이해할 수 있을 것이다.

넷째, 『토정비결』의 점사의 구조를 분석해보고, 그 속에 담겨 있는 특성과 가치관을 분석해볼 것이다. 특히 한국 근현대 문화에서 『토정비결』이 갖는 의의 및 현대적 의미를 찾아볼 것이다. 이상과 같은 방법을 통해 『토정비결』의 기원과 성격 문제를 규명할 것이다.

그리고 부록으로 『토정비결』의 원형이 되는 1구 8자본 필사본을 발굴해서, 그 원문 도판과 석문(釋文)을 실어 다음 연구에 도움이 되도록 하였다.

제2장

한국 점속과
『토정비결』의 등장

이 장에서는 『토정비결』이 등장하기 이전 한국에서 행해지던 점속에 대해 역사적으로 고찰하고자 한다. 그리고 『토정비결』이 등장한 조선후기의 시대적 배경을 알아본다. 특히 18~19세기 혼란 속에서 조선시대의 걸출한 역학자 토정 이지함의 이름을 달고 나온 『토정비결』은 불안에 떨던 당시의 백성들에게는 한줄기 희망의 빛이었음을 살펴본다.

1. 한국 점속의 기원과 역사

1) 점의 기원

앞날이 어떻게 변화할 것인가, 미래의 길흉은 어떠한지를 알고 싶어 하는 것은 인간의 본능적인 욕구이다. 그래서 점은 동양이든 서양이든 고대로부터 현재에 이르기까지 인류가 행해온 습속이다.

점복의 역사는 인류생활과 함께 더불어 해왔다. 그래서 인류의 문명과 더불어 점도 발달되었다고 한다. 그러면 인간은 왜 점(占)을 칠까? 박계홍은 점복의 목적에 대해 다음과 같은 두 가지 측면에서 설명한 바 있다.

첫째는 진실을 탐구하기 위한 목적이었을 것이다. 여기에서의 진실이란 신의(神意)를 말한다. 점복의 첫째 목적은 신의를 파악하기 위한 것이었다고 할 수 있다. 고대인들은 신의에 위배되는 행동을 하면 곧 신(神)의 벌(罰)을 받는 것으로 믿었다. 그 신벌(神罰)을 받지 않기 위해서는 먼저 신의를 정확히 파악하여 그 신의에 따라 행동해야 했을 것이다. 신의를 파악하기 위해 점복이 필요했을 것이다. 이러한 목적이 점차 확대되어 나중에는 점복이 범인(犯人)의 방향이나 실물(失物)의 행방을 추측하여 사회의 안정을 기하고 경제질서를 유지하기 위한 수단으로까지 이용되었다.

둘째는 미래(未來)를 예측하기 위하여 점복이 생겨났을 것이다. 미래에 대한 예지욕(豫知欲)은 인간의 기본적인 심리다. 한 해가 가고 새해가 밝아왔을 때, 인간은 그 새해에 전개될 일들을 미리 알고자 한다. 외적(外敵)이 침범했을 때, 그 전쟁의 결과가 두려우면 두려울수록 그 전쟁의 승패를 미리 알고자 하는 것도 인간의 기본심리다. 이러한 예지욕을 충족시키기 위하여 점복이 발생하였을 것이다. 그래서 점복은 동서(東西) 문화 정도의 고저(高低)에 불구하고 일찍부터 어느 민족에게나 있었다.[26]

우선 동아시아에서 쓰여 온 점복의 의미를 살펴보자. 복(卜)은 불로 거북껍질을 구워 갈라진 무늬를 보고 길흉을 점치고, 점은 조짐을 보고서 길흉을 판단한다는 뜻을 가진다. 서(筮)는 시초라는 풀을 가지고 헤아려서 괘를 구해 길흉을 판단하는 점이다.[27] 주역점의 시

---

26) 박계홍, 「민간신앙(民間信仰), 종교(宗敎)」, 『한국민속대관』 제3권, Ⅱ장 2절 참조 인용.
27) 吳康 主編, 『中華神秘文化辭典』, 海南出版社, 1993, 466쪽 475쪽 참조.

초(蓍草)는 다년생 국화과 풀의 가지 50개를 가지고 헤아려서 그 나머지 숫자의 홀짝을 가려서 음양노소(陰陽老少)를 분변하여 괘를 만들어 점을 친다. 복(卜)은 거북점을 치는 점법이고 서(筮)는 주역점법으로, 고대에 복에서 서로 변했다고 한다.

점이나 점속에 대해 어느 기간 동안 특히 한국의 근대에 주술과 연관되는 마술이나 미신, 속신으로 보는 경향이 강했다. 점복은 미신의 대표적 예에 해당되어 탄압을 받기도 하였다. 일제강점기 총독부에서는 민족의식을 말살하기 위해 농촌에서 대대적으로 미신타파 운동을 펼쳤고, 70년대의 새마을운동에서는 경제개발이란 명분하에 미신타파라는 구호가 횡행하면서 이 땅의 점속이 거의 멸절되는 형편에 처하게 되었다.

점복(占卜)을 "인간의 지능으로 예측할 수 없는 미래사(未來事)나 부지(不知)의 일을 주술의 힘을 빌려 추리 내지는 판단하고자 하는 행위"라고 정의한다. 박계홍은 점복에 대해 속신(俗信)이란 표현을 사용했다. 그는 "점복과 주술은 속신에 해당하는 문화현상의 하나이다. 속신이란 초인적인 힘의 존재를 믿고 그 힘을 인간이 유리한 쪽으로 유도하려고 하는 지식이나 기술을 말한다"고 정의를 내리면서, 점복이 현대의 과학적인 안목으로 볼 때 비과학적이고 비합리적인 요소를 지니고 있다고 했다.[28]

분명 속신은 미신보다는 객관적인 개념이기는 하지만, 여전히 비과학적이라는 선입견을 달고 있다. 민속(民俗)과 속신(俗信)에서의 속자(俗字)는 둘 다 비슷한 어감인 듯하지만, 뜻은 전연 다르다. 민

---

28) 박계홍, 「점복·주술」, 『한국민속대관』 3권, 고려대학교 민족문화연구소, 1982, 327쪽.

속(民俗)에서는 민간의 '풍속'이란 뜻이고 속신(俗信)에서는 '속된' 믿음의 뜻이다. 미신(迷信)이 '미혹된(잘못된)' 믿음이라면 속신(俗信)은 세속에서의 신앙관습이다.

점은 저속하지도 않거니와 믿어야 하는 신앙의 대상도 아니라고 본다. 필자는 점을 통해서 미래의 길흉을 한번 물어보는 것이지, 점의 결과를 그대로 믿는 것은 아니라고 생각한다. "특정 상황에 알맞은 목적을 설정하고, 그 목적을 이루기 위해 가장 효율적이며 타당한 수단을 선택하는 과정을 합리성의 절차라고 할 수 있다면 근대 과학이 합리성을 독점하고 있다고 볼 수는 없다. 따라서 점치는 것을 비과학적이라고 도외시할 것이 아니라 근대과학과는 다른 종류의 합리성을 지니고 있다고 볼 수는 없을 것인가라는 질문이 제기된다."[29] 또한 그는 점을 미신의 범주에 소속시키면서 부정적인 가치 영역에 위치시킨 것은 근대 과학의 합리성이 헤게모니를 장악하면서 다른 종류의 합리성을 제거 혹은 배제했다고 비판했다.[30]

점은 과학이 발달하지 못했던 전통시대에 어디 의지할 곳 없는 민중들이 신산한 삶의 고비마다, 점을 통해서 위기를 헤쳐 나가는 영감과 힘을 제공받았지만, 그렇다고 해서 저속하거나 저속한 믿음이라고 규정하는 것은 잘못이다. 점속을 보면 상당한 과학적인 요소가 있는 경우도 있다.

가령 달무리가 지면 다음날 비가 온다는 달점의 경우는 어둔 저녁에 습도가 높거나 날이 흐린 것을 달무리를 통해 확인한 기상과학의

---

29) 장석만, 『점은 과연 미신인가-종교와 占 보기』. 박규태 외, 『종교읽기의 자유』, 청년사, 1999, 218쪽.

30) 장석만, 같은 책, 221쪽.

요소이다. 입춘날 보리뿌리를 캐어 세 가닥이면 풍년, 두 가닥이면 평년, 가닥이 없으면 흉년이라고 판단하는 뿌리점(麥根占)의 예를 본다면, 이는 뿌리가 많이 나 있으면 영양과 발육이 좋다는 의미이니 풍년이 들 가능성이 높을 것이다. 또 보름날 윷놀이나 줄다리기를 해서 이긴 동네가 풍년이 든다는 점은 많은 인력과 협동이 필요한 농경사회에서 단결력이 높은 동네가 농사를 잘 지을 확률이 높다고 볼 수 있다. 이런 경우는 과학적이거나 합리적인 요소가 있는 경우이다.

이런 맥락에서 점속은 오랜 역사를 지닌 전통·민속·문화의 중요한 부분으로, 고대의 종교학·인류학을 위시한 과학·수학·철학적 가치를 가진 문화현상으로 보기도 한다.[31]

그런데 문제는 우리의 점복에 대한 연구에서, 점복이 무속이나 주술(呪術)과 혼동되거나, 술수(術數)와 혼동됨으로써 오해되는 경우가 많다는 점이다.

일본 민속학의 개척자라고 하는 야나기타 쿠니오(柳田國男)의 점에 대한 설명을 보자.

> 조(兆): 사전의 지식. 미래를 예측하는 기초가 되는 것
> 금(禁): 불측의 결과를 畏怖(외포)하여 경계근신 하는 것.
>   말하자면 사전의 기술
> 주(呪): 불행의 결과를 구출하는 사후처리로서의 기술
> 점(占): 알고자 하는 일을 미리 구하여 장래의 일을 미리 시험하려
>   고 하는 일종의 기술[32]

---

31) 임채우, 『주역과 술수역학』, 59~60쪽.
32) 박계홍, 앞의 책, 328쪽 재인용.

야나기타 쿠니오(柳田國男)는 징조, 금기, 주술, 점복을 구분하기는 했는데 다소 혼란스럽다. 그가 말하는 지식과 기술이 혼동스럽고, 그 설명을 보면 각 개념의 정의가 부정확하다. 가령 문제가 되는 주술과 점복에 대한 설명을 보면, 주술이 사후에 불행의 결과를 구출하는 기술이라고 했는데, 주술이 반드시 사후에만 행하는 것이 아니다. 주문이나 유감(類感) 등의 신비적 방법을 통해 미리 사전에 상대를 조종해서 자신의 의도대로 움직이도록 하는 것이다. 점복에 대해서도 장래의 일을 미리 시험한다는 말이 무슨 의미인지 알 수가 없다. 미리 시험해보면 점이란 미래의 길흉이나 변화를 미리 알고자 물어보는 행위일 뿐이지, 미리 시험해본다면 이는 주술의 영역에 속하지 점이라고 할 수가 없다.

점을 주로 무점(巫占)에 한정해서 이해함으로써 주술적 성격이나 무술(巫術)적 성격을 가지고 설명하고 있다.[33] 그러나 점은 주술과 엄연히 구별되며, 무점 역시 점의 일부에 불과하지 이를 전체로 규정하려 하면 점의 범위가 너무 협소해진다. 이것은 점의 본질을 제대로 인지하지 못한 견해이다. 주술은 신비적인 방법을 통해 상대에 영향을 주어 자신의 의도와 목적을 달성하려는 흑마술이다. 이에 비해 점은 우연적인 방법으로 미래의 길흉을 물어보는 행위이다. 물론 점을 치면서 주술을 행할 수도 있겠지만, 이 양자는 방법이나 목적에서 전연 다른 데도 점을 주술화해서 억지로 견강부회하는 것은 잘못이다.

『한국민속대관』에서 '신비점'이란 항목을 설정하고, "이러한 점법

---

33) 박계홍, 같은 책, 332~333쪽.

은 신의 강림 빙의를 본질로 하기 때문에 인간의 영(靈)과 신령 사이를 교통할 수 있는 특이한 능력과 기술이 필요하다. 따라서 이러한 점법은 고도의 정신훈련과 기술이 요구되기 때문에 전문적인 점자만이 할 수 있는 점법이다"[34]라고 했다. 그런데 필자의 생각으로 이런 신비점은 인간이 신에 종속되어 전달자 역할만을 하기 때문에 점의 본질과는 다소 거리가 있다고 본다. 또 접신 강신의 상태에서 미래를 예언하는 무당의 점사는 학문적 대상으로 삼기가 쉽지 않다.

나가다 히사시(永田久)는 점을 음양오행술과 천간지지를 가지고 치는 점을 언급하고 있는데,[35] 이것은 엄밀히 말하면 점이 아니라 음양오행의 생극관계를 계산해서 길흉을 예측하는 산명술(算命術)이라고 해야 옳다. 이것은 종교학이나 민속학 인류학의 대상이라기보다는 음양오행이론이나 팔괘구궁의 동양철학의 대상이라고 해야 할 것이다. 중국에서도 점속이 종종 역학이나 술수와 혼동된다.[36]

동양 특히 중국에서 거북점이 최초의 점법이긴 하지만, 그 점에 관해서는 오랫동안 실전되었기 때문에, 자세한 내용이나 점법에 대해서는 거의 알려져 있지 않았다. 그러다가 20세기 초에 갑골문의 발견은 세계 고고학 역사에서 대사건이 되었다. 갑골문이 발견된 것은 1905년이다.[37]

---

34) 박계홍, 같은 책, 359~360쪽.

35) 나가다 히사시(永田久), 『曆과 占의 과학』, 동문선, 1992.

36) 小易子, 『中國民間術數大全』, 中國國際廣播音像版社, 2009의 경우.

37) 시라카와 시즈카(白川靜), 『한자의 기원』, 2009.

〈그림 2-1〉 1905년 발견 갑골문

갑골문은 거북이 등껍질과 짐승 뼈에 새긴 옛 문자로서, 점을 칠때 사용하던 도구이다. 이 갑골문이 발견됨으로써 거북점의 실체가 증명되었다. 갑골문은 거북이 등껍질과 짐승 뼈에 새긴 옛 문자로서, 갑골은 바로 점을 칠 때 사용하는 도구이다.

갑골문은 사용 전에 가공해야 한다. 먼저 갑골에 붙어 있는 피와 고기를 깨끗이 정리하고 다음 평평하게 잘라낸다. 그다음 거북이 등껍질 내면이거나 짐승 뼈의 반면에 칼로 오목부분을 만든다. 점을 치는 무사(巫師)는 자기의 이름과 점을 치는 날짜, 물으려는 문제를 모두 갑골에 새긴다. 다음 불로 갑골의 오목한 부분을 태운다. 이런 오목한 부분은 열을 받은 후 쪼개지며 이 때문에 나타난 무늬를 "조(兆)"라고 부른다. 무사는 이런 무늬의 방향을 분석하고 점의 결과를 얻어내며 점의 영험 여부를 갑골에 새긴다. 이런 복사(卜辭)를 새긴 갑골을 보존함으로써 오늘날 갑골 복사의 존재를 알 수 있게 되었다.

주나라 이후로 거북점을 대체해서 시초점이 발달했고, 그 시초점은 주역이란 경전으로 완성되었다.

점복은 주술적 행위로서 동서고금을 막론하고 존재해왔다. 유럽에서는 바빌로니아에서 발생하였다고 하는 점성술과 동물의 간장 등에 의하여 점치는 내장점(內臟占)이 일찍이 발달하였다. 또 점장(占杖)에 의하여 지하수나 광맥을 찾아내는 점법, 무심히 책을 펼쳐 먼저 눈에 들어오는 문장을 지침으로 점치는 개전점(開典占) 등이 있다. 크리스트교에서는 성서(聖書)를 가지고 개전점을 치는 성서점도 있다.

동양에서는 일찍이 인도의 점성술과 함께, 중국의 복서(卜筮) 등이 발달하였다. 중국의 대표적인 점복은 복서로서, 복은 수골(獸骨)이나 귀갑(龜甲)을 사용하여 행하는 점을 말하며, 서는 서죽(筮竹)과 산목(算木)을 사용하는 점을 말한다.

원래 중국에서 점법이 크게 성행했다. 예를 들어 중국인들이 중국 철학의 근원이라고 자랑하는 주역과 팔괘는 바로 점에서 기원한 것들로서, 중국에는 다양한 점들이 보편화되어 있었고, 중국인들처럼 점을 좋아한 나라도 드물 것이다. 중국의 경우 신중국 건립 이래로 전통의 점복은 미신의 대표로서 가장 먼저 사라졌다. 최근에는 점복학, 상학, 산명술, 택길피흉술, 예측학, 미래학 등의 이름으로 새롭게 연구되고 있는 실정이다. 문화대혁명 이후 이 방면에 관해서 다양한 연구서들이 쏟아져 나오고 있는 형편이다. 최근의 점에 대한 연구열은 이런 중국인들의 정서를 반영한 것이라고 하겠다.

고대 중국인의 점법 중 주요한 것은 복(卜)과 서(筮)의 두 가지였다고 한다. 복은 거북의 껍질에 불에 달군 쇠를 지져 생기는 균열의 모양을 보고 점을 치는 방법이고, 서는 시초(蓍草)라는 풀의 줄기 50

개를 절반으로 나누어 홀수가 남으면 양(陽) 짝수가 남으면 음(陰)을 얻어 이를 가지고 점을 치는 방식으로, 주역은 후자의 방법으로 점을 친 기록들이 여러 차례 편집 수정되어 성립된 것이라 한다. 점복에 관한 전문연구서를 출간한 한 학자는 고대 하은주 시기 한족(漢族)이 받들어 행하던 점법은 골복(骨卜), 귀복(龜卜) 그리고 시서(蓍筮)의 3가지가 있었다고 말한다.[38] 여기에서의 골복은 귀복과 마찬가지로 불에 구워 생기는 균열을 보고 치는 복(卜)의 일종이며, 간단히 말하면 거북점을 치던 복(卜)은 나중에 주역점법인 서(筮)로 변했다고 한다.

그래서 주역은 주나라에서 점을 친 기록들이 오랜 시기에 걸쳐 편찬된 것으로서, 괘효사는 주나라 초기에 형성되고 십익(十翼)은 전국말기에서 진한시대까지 이루어졌다고 본다.

그리고 본래 주역은 역경과 역전(=十翼)이 서로 분리되어 있었는데, 전이 경속에 끼워 들어간 것은 한(漢)나라 때부터 시작되었다고 한다. 오늘날과 같은 체제로 십익의 열편 중에서 단전(彖傳) 상전(象傳) 문언전(文言傳)을 역경 안에 끼워 넣게 된 형식이 정해진 것은 위(魏) 왕필(王弼, 226~249)에 의해서이며, 이것이 당대(唐代)에 어명에 의해 주역의 정본으로 확정됨으로써 현재 전해지고 있는 주역의 체계가 굳어지게 되었다고 한다.

특히 주역은 동양 고대의 점법을 대표한다고 말할 수 있다. 주역이란 경전 자체가 갖는 권위도 대단했다. 육경의 으뜸일 뿐 아니라,

---

38) 이외에도 소수민족의 점법은 아주 다양해서 고총인의 풀점·계란점, 와족의 소간점·닭뼈점, 여족의 닭점·돌점·진흙점, 경파족의 대나무점, 율율족의 칼점·조개껍질점, 이족의 양어깨뼈점·나무점, 강족의 양털점 등등 수많은 점법들이 있다고 한다. 劉玉建, 『中國古代龜卜文化』, 廣西師範大學出版社, 1993, 3쪽.

동양철학의 근원으로 칭송되었다고 해도 과언이 아니다.

그런데 주역점은 대단히 복잡한 과정을 거쳐서 점을 치며, 그 해석 또한 쉽지 않다. 소동파가 하루 종일을 걸려서 괘 하나를 뽑았다고 하면서 불평했다는 이야기는 널리 알려진 일화로서, 주역점의 어려움을 잘 말해주고 있다. 그래서 일찍 당나라 시대에는 금전과(金錢課)라는 척전법(擲錢法)이 유행했다. 이는 50개의 시초 대신에 동전 3개를 던져서 점을 치는 간이화된 주역점법이었다.

이후로 주역으로 점을 치던 점법은 두 가지 방향으로 발달했다. 하나는 육효점처럼 음양오행이론을 결합시킨 역술의 발달이고, 또 하나는 주역의 점사를 뽑는 점법 자체를 아주 간단하게 만드는 방식으로의 발달이다.

전자는 음양오행이론에 의거해서 새로운 해석방법론을 발달시켰다. 후자는 점법 자체를 단순화시켜서 누구나 쉽게 점을 치도록 하는 방식으로 변화했다.

육효점은 가장 주역점과 비슷한 점법으로, 주역점에 음양오행사상에 근거한 간지(干支)이론 등을 결합시킨 역술의 한 종류이다. 먼저 64괘를 괘의(卦義)나 괘명(卦名)에 관계없이 건(乾)·진(震)·감(坎)·간(艮)·곤(坤)·손(巽)·이(離)·태(兌)의 팔순괘(八純卦)를 중심으로 팔궁괘차(八宮卦次)를 정해서 각 궁마다 8괘를 배속시킨다. 이 팔궁에 각각 오행의 속성을 배당하고, 각 괘효에 납갑(納甲)을 붙여서 세응(世應), 육친(六親), 용신(用神) 등을 통해 음양오행의 생극관계를 가지고 길흉을 점친다.

민간에서는 복잡한 점법을 가진 정식의 주역점에서 과감하게 절차를 생략하고 결과만을 얻는 척전법이 화주림 점법으로 정착하기도 했고, 주역점을 모방한 쉽고 간편한 점법들을 개발해내기도 했다. 이런 점법들은 주역점의 본질에 위배되는 것이라는 비판도 있었지만, 척전법에서 홀수와 짝수를 가리는 방식은 숫자만으로 점을 치는 영기경(靈碁經) 등의 숫자괘 점법과 깊은 관련을 가지면서, 동전을 던져 앞뒤를 구분하는 방식은 오행점 등의 새로운 점법을 낳았다.

2) 한국 점속의 기원과 발달

선사시대 우리나라에서 점을 친 증거로 함북 무산읍 범의구석(虎谷洞)의 청동기시대와 철기시대 문화층에서 여러 점의 복골(卜骨)이 발견되었다고 한다.[39] 아마도 이는 중국의 갑골을 가지고 복(卜)을 하던 점법과 비견될 수 있는 점법이라고 할 수 있다. 이를 보면 한반도에서도 매우 일찍부터 점복이 행해졌음을 알 수 있다.

우리나라에서 처음으로 점을 친 기록은 부여(夫餘)에서 소 발톱을 보고 전쟁의 승패를 미리 점쳤다는 내용이다. 이는 중국의 사서인 『삼국지(三國志)』「위지(魏志)」에 나온다. 부여에서는 전쟁이 나면 하늘에 제사를 지내고, 소를 잡아서 그 소의 발톱을 보고 승패를 점쳤다고 한다. 자세한 점법은 전해지고 있지 않지만, 아마도 소의 발굽을 불에 구워서 발톱이 벌어져 있으면 흉하고, 붙어 있으면 길하다고 점을 쳤던 것으로 추정된다.[40] 이 우제점(牛蹄占)은 중국의 다른 점법에서 보이지 않는 우리의 고유한 점법이라고 할 수 있다.[41]

---

39) 이형구, 『한국 고대 문화의 기원』, 까치, 1991, 112쪽.

40) 『三國志』「魏志」卷三十, 有軍事 亦祭天殺牛觀蹄以占吉凶 蹄解者爲凶 合者爲吉.

41) 宋 高似孫, 『緯略』 卷三 「雜卜」 牛蹄卜者 晉書曰夫 餘國若有軍事殺牛祭天神 以其蹄占吉凶 蹄解者爲凶 合者爲吉 楊方五經鉤沉曰 東夷之人以 牛骨占事 呈吉示凶 참조.

그런데 임채우는 우제점보다도 윷점이 더 오래된 우리 고유의 점속일 것이라고 보았다. 그에 의하면 전국적으로 분포되어 있는 암각화 윷판은 선사시대의 점법과 관련된 자취일 가능성이 높다. 비록 고대의 윷점에 관한 문헌기록은 없지만, 앞으로 보다 관심을 기울일 필요가 있다고 강조한 바 있다.

우리나라의 문헌기록으로는 삼국시대에서부터 점을 친 기록과 점에 관련된 기록들이 등장한다. 특히『삼국유사』에 보면 김유신(金庾信, 595~673)이 점과 관련된 이야기가 여럿 전해진다. 김유신 전에 추남(楸南)이란 복서지사(卜筮之士)가 등장하는데, 그는 왕의 부인이 음양의 도를 역행한 것을 점쳤고, 쥐가 7마리 새끼를 밴 것을 알아맞혔다는 내용이 나온다. 뒤에 김유신이 소정방과 함께 백제를 치러 갔을 때, 새 한 마리가 소정방의 진영 위에서 맴돌자 점을 쳤는데 소정방이 전상을 입을 징조라 해서 겁을 내자, 김유신이 신검(神劍)을 뽑아서 그 새를 죽이고 백제를 쳤다는 이야기도『삼국유사』에 전해지고 있다. 또 신라 경덕왕 19년 초하루에 태양이 두 개 떠서 열흘 동안을 계속되자 일관(日官)이 '중이 산화(散花)공덕을 지으면 재앙을 물리칠 것'이라고 점친 내용이 나오고, 신라 38대 원성왕이 꾼 꿈을 점친 내용이 나온다. 49대 헌강왕이 개운포에서 놀다가 길을 잃자 일관이 동해용의 조화로 좋은 일을 베풀 것을 점친 기록들도 있다.[42] 이와 같이 삼국시대 점복을 담당한 전문적인 점복자를 일관(日官) · 일자(日者) · 무자(巫者) · 사무(師巫) · 점복관(占卜官) 등으로 불렀다. 그리고 이들 전문적인 점복자들을 관직에 두고 그들로

---

42) 무라야마 지준 저, 김희경 역,『조선의 점복과 예언』, 동문선, 2005, 19~26쪽.

하여금 국가의 제반사를 점치게 하였다. 삼국사기에 보면 전문적인 점관으로, 신라에서는 일관(日官)을, 백제에서는 일자(日者)·무자(巫者)를, 고구려에서는 무(巫)·사무(師巫)를 두었다.

이후 고려시대에도 점복이 성행했다. 『고려사』를 보면 고려 왕씨의 발상 및 도선국사가 고려 왕도를 정하는 문제 등에서 거의 모든 내용이 점복과 관련되어 있다. 여러 사람들 중에서 한 사람의 희생자를 정할 때 각자의 관(冠)을 던지거나 갓을 물에 던져서 운명을 점치거나 꿈을 점쳐서 아내를 맞아들이며, 꿈을 매매하기도 하는 몽점의 습속과, 돼지가 가는 곳에 거처를 점치는 등의 점속이 성행했음을 볼 수 있다.43)

고려시대에는 점을 담당하는 관직으로 천문·역수(曆數)·측후(測候)·각루(刻漏)를 담당하는 태사국(太史局)과 점복을 담당하는 태복감(太卜監)이 있었다. 태복감에 점복을 담당하는 복박사직(卜博士職)과 복정직(卜正職)을 두어 국가적으로 점복을 관장했는데, 과거제도를 통해서 복인(卜人)을 선발함으로써 점복사(占卜師)를 관리로 채용했다.

복(卜)은 일(日)·월(月)·성(星)·신(辰), 즉 천문(天文)의 운행을 관찰하는 천문학(天文學)에 해당하는 것으로, 고려시대에는 복업(卜業)이라는 복인을 선발하는 관원의 과거제도를 시행했다. 태복감에는 복박사(卜博士)·복정(卜正)·일관(日官) 등의 천문을 담당하는 관직이 있었다.

조선조에서도 기본적으로 고려의 제도를 계승했다. 천문·지리·

---

43) 같은 책, 47~55쪽.

역수(曆數)·점산(占算)·측후(測候)·각루(刻漏) 등을 관장하는 기관으로 서운관(書雲觀)을 두었는데, 이를 세조 때에 관상감(觀象監)으로 개명했다.[44]

조선시대에는 잡과의 하나로 음양과를 실시해서 점복을 담당하는 관원을 선발했다. 음양과는 다른 잡과와 마찬가지로 식년시와 증광시에만 설행되었고, 초시와 복시만 실시되었다. 초시는 상식년(上式年) 가을에 관상감에서 실시했고, 복시는 관상감이 예조와 함께 설행하였다. 그 시취액수는 초시에 천문학 10인, 지리학 4인, 명과학 4인이었고, 복시에 천문학 5인, 지리학 2인, 명과학 2인이었다. 초시의 시험 과목은 천문학의 경우 『보천가(步天歌)』는 외우게 했고, 『경국대전』은 임문고강(臨文考講)시켰다. 지리학의 경우 『청오(靑烏)』와 『금낭(錦囊)』은 배강(背講)하게 했고, 『호순신(胡舜申)』·『명산론(明山論)』·『지리문정(地理門庭)』·『감룡(撼龍)』·『착맥부(捉脉賦)』·『의룡(疑龍)』·『동림조담(洞林照膽)』·『경국대전』은 임문고강하게 하였다.

명과학의 경우 『원천강(袁天綱)』은 배강하게 했으며, 『서자평(徐子平)』·『응천가(應天歌)』·『범위수(範圍數)』·『극택통서(剋擇通書)』·『경국대전』 등은 임문고강하게 하였다.

각 과목은 성적에 따라 통(通)·약(略)·조(粗)로 채점해 통은 2분, 약은 1분, 조는 반분으로 계산, 분수가 많은 사람을 뽑았다. 합격자에게는 예조인(禮曹印)이 찍힌 백패(白牌)를 주었다. 음양과 합격

---

44) 서운대는 천문·지리·명과 등 음양학을 담당하는 관서인 관상감의 고려 말부터 조선 초 때의 이름이다. 고려시대 태복감(太卜監)이 현종 14년(1023)에 사천대(司天臺)로 개칭되었다가 1308년부터 서운관으로 불리게 되었다. 음양학 관서는 고려시대에는 태복감, 사천대, 사천감, 관후서 등으로 불리다가 서운대로 개명되었고, 세조 때에 관상감으로 개칭되어 이후에는 관상감으로 불리었다.

자는 일단 관상감에 권지(權知)로서 배속되었다. 1등은 종8품계, 2등은 정9품계, 3등은 종9품계를 받았다. 이미 품계를 가지고 있는 사람에게는 2품계에서 1계를 올려주고, 올린 품계가 받아야 할 품계와 같은 경우에는 1계를 더 올려주었다.

특히 점복과 관련해서는 여기에 천문학·지리학에 정9품의 훈도(訓導)를 각 1인씩 두었고, 명과학(命課學)에 훈도(정9품) 2인을, 참봉(종9품) 3인을, 천문학습독관 10명을 두었다.[45] 이외에 임시직으로 여러 명의 산원(散員)을 채용하여 천문학·지리학·명과학 분야를 담당하게 하였다.

이와 같이 고려 때부터 국가에서는 복관제도를 설치했는데, 이들은 천문점성술과 풍수지리 및 기문(奇門), 육임(六壬), 태을(太乙)의 삼식(三式)을 연구해서 국가의 대소사를 점치게 했다. 다만 이들 직관들은 대부분 중국에서 수입된 역학 및 점술을 연구했다.

조선시대에는 전문적인 점자(占者)를 복사(卜師)라고 불렀는데, 비슷한 말로 박수는 민간에서 남무(男巫)를 지칭하는 말이었다. 맹인 점복자는 대개 삭발하기 때문에 선사(禪師)라고 불렀다고 한다. 조선시대 일부 식자층에서는 소옹(邵雍, 1011~1077)[46]이 지었다고 전해지는 매화역수도 많이 공부했던 것으로 보인다. 특히 그는 성리학에서 숭상하는 주돈이(周敦頤), 장재(張載), 정호(程顥), 정이(程頤), 주희(朱熹) 등과 더불어 송조육현(宋朝六賢)의 하나일 뿐 아니라, 역학 및 점술의 대가로 존경받던 인물이기 때문이었다. 이외에

---

45) 이남희, 「조선후기 잡과(雜科)교육의 변화와 특성-잡학 생도와 교재를 중심으로-」, 정치사상연구, 제13권, 2014, 52쪽.

46) 소옹의 자는 요부(堯夫)이고, 시호는 강절(康節)이며, 선조는 河北 范陽(범양) 사람이다. 소옹의 저작에 『황극경세서(皇極經世書)』와 시집 『이천격양집(伊川擊壤集)』이 있다.

도 중국으로부터 관상술, 해몽법 등의 역술을 받아들여 일상의 대소사를 점치는 데 활용했다.[47]

특히 유가경전의 으뜸이자 중국을 대표하는 점서인 주역은 삼국시대에 우리나라에 수입되었다. 삼국시대의 주역 연구 상황을 보면, 고구려에서는 국립교육기관인 태학(太學)에서 주역을 가르쳤다고 하고, 신라에서는 설총(薛聰, 655~?)[48]이 구경(九經)을 우리말로 읽었다는 기록이 전해지고 있다. 다시 말해 한자로 쓰인 수입된 유가의 경전들을 모두 우리말로 이해했다는 것을 의미한다. 또한 백제에서는 논어, 천자문 등과 함께 일본에 주역을 전래했다는 말이 전해지고 있다. 삼국시대에 중국으로부터 수입된 주역은 이렇게 우리나라에서 받아들이고 우리 것으로 연구해서 발전시켰던 것으로 보인다.

고려시대에는 중국에서 귀화한 쌍기(雙冀, ?~?)[49]의 건의로 과거 시험을 실시하게 되었다. 선비들이 과거에 급제해서 출세하기 위해서는 주역을 깊이 연구하지 않을 수가 없었다. 하지만 고려시대에 쓰였던 주역에 대한 연구 성과는 거의 전해지지 않고 있다. 현재 주역에 대한 주석서와 연구서가 전해지는 것은 조선 건국 이후부터로, 조선시대에도 고려를 이어서 유가 경학에 밝은 선비들을 뽑아서 관리로 임용함으로써 사서삼경의 으뜸인 주역에 대해 깊이 연구하고 공부했다. 조선시대 역학자들이 주역을 연구한 성과들이 현재 『경학자료집성』의 총서 형태로 수집 발간되어 있다.

---

47) 임채우, 앞의 논문, 587~588쪽.

48) 신라의 대학자. 자는 총지(聰智). 시호는 홍유(弘儒). 원효의 아들이다. 문장을 잘 지어 신라 삼문장의 한 사람이 되었고, 유학(儒學)에도 조예가 깊어 신라 10현의 한 사람이 되었다. 그의 문장으로 「감산사아미타여래조상기」・삼국사기의 「화왕계」 등이 전한다.

49) 생몰년 미상. 고려 광종 때 과거제도의 설치를 건의한 귀화인(歸化人). 쌍철(雙哲)의 아들이다.

이뿐만 아니라 민간에서도 주역점을 받아들이고 이를 민간점에 응용하려고 했던 것으로 보인다. 원래 중국에서는 주역점 치는 법이 너무 복잡하기 때문에, 척전법(擲錢法)이라 불리는 동전을 던져서 앞뒤를 가르는 방식으로 단순화시킨 주역점이 유행하고 있었다. 한국에서는 척전법과 비슷하게 윷을 던져서 앞뒤를 가르는 윷점이 발달했다. 이는 숫자 조합으로 괘를 얻는데, 64괘와 관련된 64조의 점사가 있다. 조선후기에서부터 근현대에 와서는 주역의 괘를 응용한 『토정비결』이라는 점서가 등장해서 크게 유행했다.

2. 『토정비결』의 등장

1) 시대적 배경

조선은 중·후반기에 이르러 국가재정이 극심한 고갈상태에 허덕이고 있었다. 소위 『토정비결』의 저자로 일컬어지는 토정 이지함(1517~1578)이 활동했던 16세기는 국가재정의 악화 속에서 조세제도가 전반적으로 재편 방향을 잡아가던 시기였다. 즉 전국적으로 공법(貢法)을 실시한 이후 전세 부담액 자체는 크게 줄었으나 요역의 일부와 공물의 일부가 전세화함으로써 다시금 조세 전체에서 전세가 차지하는 비중이 증가하고 있었다. 상대적으로 요역의 비중은 감소된 반면 재정에서 군역 수포의 비중이 점차 증가하였으며, 군역과 요역의 공물납화와 공물의 전세화가 진전되고 봄에 곡식을 빌려주었다가 가을 추수 뒤에 갚는 환곡(還穀)은 일종의 조세(租稅)처럼 변질되어 가고 있었다. 연산군대에 시행된 공물상정(貢物詳定)은 재정구조를 방만하게 만드는 동시에 양반지주층을 세금으로부터 면제시키는 경향을 띠게 되는 가운데, 일반 농민층에 대해서는 조세를 증가시키고 있었다. 필요할 때마다 일반백성들에게 공물을 부과함으로써 농민층은 고통을 받게 되었다.

연산군 이래로 방만한 재정운영과 만성적인 재정적자는 관료들의 부정부패가 싹틀 수 있는 소지를 넓혔다. 양반층이 대부분의 토지를 점유함으로써 농민층은 더욱 궁핍에 시달려야 했다. 세조 4년(1458) 무렵에는 땅을 가진 농민이 70%나 되었지만 중종 28년(1533) 무렵에는 사족(士族)과 부상(富商)들이 거의 토지를 독점하고 있어서, 대부분의 농민은 땅을 갖지 못하게 되었다. 당시의 대지주는 주로 왕실이나 종친, 관료, 토호, 향리(鄕吏)들이었으며, 그중에서 관료가 가장 많았다. 이 시기 지주들의 토지소유가 광범하고 급속하게 진행될 수 있었던 것은 자연 환경적 조건과 밀접한 관련을 가지고 있다.

16세기에는 가뭄이나 홍수 같은 자연재해가 빈번하게 발생하였는데, 이러한 자연재해가 빈번하게 발생한 것은 당시 지구의 기후가 소빙기(小氷期)였던 데에서 연유한다.[50] 특히 16세기 전반기인 중종대의 자연환경은 매우 열악했다. 소빙기는 가뭄과 홍수, 역병, 병충해 등의 자연재해를 빈번하게 일으켰고, 그것은 자연히 극심한 흉년으로 이어져 농산물의 수확량은 상당부분 줄어들었다. 열악한 자연환경적 조건은 전반적인 사회경제적 상황에 커다란 영향을 미쳤다. 가장 기초적인 지표인 인구는 자연재해의 영향으로 정체 내지 감소

---

50) 李泰鎭, 「장기적인 자연재해와 전란의 피해」, 『한국사』 30, 국사편찬위원회, 1998, 309쪽.

했다.

이러한 전 지구적인 극심한 자연재해는 조선중기 이후 농민들을 유민으로 내몰았다. 특히 가뭄이나 홍수 등으로 농토가 유실되고 흉년이 들게 되면서, 경작하던 곡물을 상실한 농민들은 유민으로 떠돌게 되었다. 농민이 유림으로 전락하면서 토지가 경작되지 못하는 경우가 많아지자, 양반지주들은 노비를 이용해 개간한 뒤 자신의 소유로 편입함으로써 토지의 독점화가 급격히 진행되었다.

토지를 빼앗긴 양민들에게 공물과 군역(軍役)을 비롯한 부담은 증가됨으로써 급속히 몰락해갔다. 15~16세기 조선사회 지배층은 토지를 독점하고 생산수단의 점유와 백성에 대한 불법적인 수탈을 하고 있었다. 이런 사회경제적 상황 속에서 사족층은 자리를 더 굳혀가기 시작했다. 16세기의 사족층은 몰락한 양인 농민들을 노비로 흡수하고 그들의 토지를 차지함으로써 대지주로 성장했으며, 국역의 체제를 붕괴시키고 있었다. 사족층은 국가와 양민의 경제적 기반을 잠식하면서 자신들의 경제적 토대를 강화하였다. 사족은 유교에 대해 교양을 쌓았고, 성리학적 이해를 바탕으로 국가와 민생을 걱정하기도 했지만, 동시에 자신들의 이익이 침해되는 것을 바라지 않았을 것이다.[51]

또 이 시기에는 상품경제가 활성화되고 시장이 발달했으며, 중국과의 무역과 시장의 발달에 힘입어 사치풍조가 유행하기도 했다. 그러나 이러한 발전양상은 이 시기 빈번한 자연재해 현상이나 국역체제와 양인층의 해체, 신분제의 붕괴, 유민·도적 등 사회경제적 동

---

51) 박종덕, 「土亭 李之菡의 사상과 『土亭秘訣』」, 3~5쪽.

요와는 매우 동떨어져 있었다. 이 문제는 국가 전체의 경제력이 성
장한 결과라기보다는 사족층에 국한된 현상으로 보는 것이 좀 더 타
당할 것이다.52)

　이 뒤를 이은 17세기는 16세기 중반부터 형성되기 시작한 당파
간의 정쟁이 정점에 이른 시기였다. 그러나 우리가 17세기를 바라볼
때 무엇보다도 가장 주목해야 할 사건은 바로 조선왕조를 송두리째
뒤흔든 임진왜란과 병자호란을 겪은 직후라는 사실이다. 1592년으
로부터 100년도 안 되는 시기에 임진왜란과 정유재란, 그리고 병자
호란을 겪음으로써, 전 국토는 황폐화되었고 전 국민은 어육이 된
참혹한 시기였다. 임진왜란을 차치하고, 병자호란 때에는 전 국민의
10%가 포로로 잡혀 갔다고 할 정도로 황폐화된 조선사회에서, 권력
을 거머쥔 지배층들은 자신들이 지키지 못한 국가와 백성 앞에서 철
저하게 사죄하고 반성해도 부족할 판에, 당파싸움은 서로 간 끝장을
보는 상황으로 치달려 갔다.

　이런 상황은 18세기 들어서면서 다소 안정된 측면도 있지만, 근본
적으로는 별반 달라진 것이 없었다. 신하들이 당파를 이룬 채 국가
권력을 사유화하고, 삼정(三政)의 문란을 비롯한 관리들의 부패가
만연화되었으며, 국가기강은 허물어가고 있었다. 그렇지 않다면 조
선의 르네상스라고 하는 영·정조 시대에 왜 그렇게 민란과 반역사
건이 봇물 터지듯 빈발했는지, 19세기에 그렇게 허약하게 조선왕조
가 붕괴의 길을 걸었는지를 이해할 수는 없다고 본다.

　이 무렵에 바로 우리나라의 대표적인 예언서 『정감록』도 유행했

---

52) 박종덕, 위의 논문, 5쪽.

다.『정감록』의 내용은 조선왕조가 망하고 계룡산 신도안에 새로운 왕조가 열린다는 내용으로서, 조선시대의 불안정한 내외 정세 속에서 탄생한 미래예언기이다.[53]

『토정비결』은 바로 이런 사회분위기 속에서 등장했다. 즉 18~19세기 조선왕조의 기강이 뿌리째 흔들리던 시기, 정감록이란 예언서가 의지할 곳 없던 민중들에게 민중들의 편에 섰던 토정 이지함이란 걸출한 천재의 이름을 단 점서는 신산한 삶에 한줄기 희망의 빛을 던져주면서 조선 사회에 급속히 퍼져나가고 있었다.

2)『토정비결』의 대두

『토정비결』은 그 이름에서부터 말해주고 있듯이, 일반적으로 토정 이지함(1517~1578)이 지은 비결서로 알려져 있다. 그렇다면 토정 이지함이 살았던 16세기에 쓰여, 적어도 17세기 이후에는 세상에 유행했어야 마땅할 것이다. 그러나 현재까지의 조선시대 기록들을 조사해보면 조선시대 중기에『토정비결』은 등장하지 않는다.『토정비결』이 조선시대에 등장한 것은 16~17세기의 조선중기가 아니라, 19세기 말 조선이 서서히 붕괴되어 가던 시기였다.

현재 전해지고 있는『토정비결』은 19세기 말 이후에 쓰인 필사본들이다. 그런데 이들은 민간에서 유행, 언제 작성되었는지 알 수 없

---

53)『정감록』의 저자나 성립 시기에 대해서는 여러 가지 설이 있어서 확실한 것은 밝혀지지 않고 있으나, 대체로 조선후기에 민중들 사이에 크게 유행한 예언서이다. 그 내용은 음양오행과 역학이론 및 풍수지리설에 의거해서 왕조의 교체와 사회의 변화를 예언하고 있다. 그중에 특히 조선이 멸망하면서 대재앙이 도래하며 십승지라는 지역에 들어가야 난을 피할 수 있다는 내용과, 정도령이란 정씨(鄭氏) 성의 진인(眞人)이 출현하여 새로운 세계가 도래한다는 내용이 유명하다. 이는 조선말 이후에 민란에 이용되기도 했고, 근현대의 혼란 속에서 민중들에게 많은 영향을 끼쳤다.

는 경우가 대부분이다. 『관란재일기(觀瀾齋日記)』를 보면, 정축년
(1937) 정월에 『토정비결』을 본 이야기가 기록되어 있다. 용인 출신
의 정관해(鄭觀海, 1873~1949)가 경술국치(庚戌國恥) 직후인 1912
년부터 1947년 광복 직후까지 35년간에 걸쳐, 자신의 거주지인 용
인 지역을 중심으로 일상사에 대한 정황과 감상을 기록한 순한문 일
기책이다. 이는 대체로 일제강점기 조선 사회의 모습을 볼 수 있는
중요한 기록이다.54) 이를 보면 일제강점기에 『토정비결』을 보는 풍
속이 조선 사회에 정착되었음을 확인할 수 있다.

임채우에 의하면 『토정비결』의 점사가 분명한 날짜를 표기한 채
로 기록된 자료로는 『심원권일기(沈遠權日記)』55)의 1877년 11월 25
일의 기록이 지금까지 발견된 최초의 것이라고 말한다. 이 책은 심
원권이란 사람이 1870년부터 1933년까지 자신의 평생에 걸친 64년
동안 기록한 농촌에서의 삶에 대한 일기이다. 여기에는 당시 울산
지역의 쌀값 변화, 기후 상태, 농사짓는 방법, 농사의 풍흉, 가족을
비롯한 인간관계와 유교적인 가치관 등을 자세하게 기록하고 있다.
이 『심원권일기』에서는 『토정비결』이란 이름을 말하지는 않았지

---

54) 『관란재일기』는 일반적인 생활 일기의 형태를 갖추고 있으나, 정형화되어 있는 조선시대의 일
기체와는 다른 모습을 보이고 있다. 2001년 국사편찬위원회에서 한국학자료총서 제44집으로
간행하였다. 총 24권으로 되어 있으며, 필사본이다. 물자가 귀했던 일제강점기에 쓰인 만큼 주
로 갱지를 이용하였다. 각 권(卷)의 규격이나 면수는 일정하지 않으며 권수 또한 편의상 성책
된 숫자를 의미한다. 각 권의 행수도 정해져 있지 않고, 자수도 일정하지 않다. 날짜와 간지(干
支), 날씨를 기록한 뒤 그날의 일상사에 대한 정황과 소회를 적고 있다. 날짜는 기본적으로 음
력을 썼으며 어떤 곳에서는 양력을 병기하기도 하였다. 일기가 쓰인 1912년에서 1947년까지
의 시대적 배경은 일제의 수탈과 탄압이 점점 도를 더해 가는 시기이다. 작자는 일제의 대륙
침략 과정에서 만주사변과 중일전쟁, 그리고 2차 세계대전을 거쳐 해방 공간으로 이어지는 격
동기에서 직접 보고 듣고 느낀 그대로 시대 상황에 맞게 적고 있다. 한국학중앙연구원, 향토문
화전자대전 인용.

55) 『심원권일기』는 또한 당시 이 지역의 생활상을 이해하는 귀중한 자료가 될 뿐만 아니라, 민속
사, 생활사, 농업경제사, 지명사 등의 연구에 참고자료가 된다. 총 62권으로 2004년에 국사편
찬위원회에서 원문을 모아 세 권의 책으로 냈다.

만 분명한『토정비결』의 점사로 신수점을 보았고, 두 달 뒤 1878년 정월 초사흘 날에는 자신뿐 아니라 집안 3형제의 신수점까지 본 결과도 정확하게 기록했으며,56) 1928년 무렵까지 같은『토정비결』을 본 기록을 남기고 있다. 이 일기를 참고해볼 때 그는 매년 정초에는 으레『토정비결』로 신수점을 보았음을 알 수 있다. 그리고 1구 8자로 된 총운57)만 기록하고 있는 것을 보면 당시에는 월운이나 해설이 없이 1구본『토정비결』이 신수점이란 이름으로 유행되고 있었을 것으로 추정된다.58) 이와 같이 심원권의 기록에 의하면 19세기 후반에는 이미 연말연시에『토정비결』을 보는 것이 상례화되고 있음을 확인할 수 있다. 그렇다면『토정비결』의 등장은 이보다 더 일러야할 것이다.

사실『토정비결』은 여러 가지 다른 이름으로 된 필사본들이 많이 남아 있다. 본 책의 부록에 실은『석중결(石中訣)』도 그 대표적인 경우이다. 아마도 1구 8자로서『토정비결』중에서 가장 짧은 점사를 가지고 있어서 이것이『토정비결』의 원형으로 짐작되지만, 저술 연대가 언제인지는 기록이 없어서 알 수 없다. 이 뒤로 정확한 날짜를 알 수 있는『토정비결』은 1910년대 초반의 일제강점기 초기에 간행된 활자본『토정비결』이다. 이상의 기록들에 의거해보면 1870년대 말에는 연말연시에『토정비결』을 보는 풍습이 이미 유행하고 있었

---

56) 『심원권일기』上 (한국사료총서 제48집) > 光緒三年(1877, 光緒 3, 丁丑, 高宗 14) > 至月 二十五日丙子, 溫和, 朝去龍淵, 夕陽還家矣. 明年身數, 花笑園中, 蜂蝶來戱 및 戊寅元月初三日事. 四二三, 花笑園中, 蜂蝶來戱. 二三一, 逢時不爲, 何時待望. 四四三, 六月炎天, 閒臥高亭. 以上三句, 三兄弟戊寅年身數占矣 참조.

57) 『토정비결』의 각 괘 다음에 있는 頭書 1구 8자를 말하는데, 판본에 따라서 '괘상'이라고도 부른다.

58) 임채우, 앞의 논문, 590쪽.

고, 일제강점기에 크게 유행했음을 알 수 있다.

하지만 토정 이지함이 생존했던 16세기나 17~18세기에는 『토정비결』에 대한 아무런 기록이 없다. 이것은 토정 이지함이 과연 『토정비결』의 작자인지에 대한 문제와 연관되므로, 다음 장에서 다시 상론하기로 한다.

제3장

『토정비결』의
기원 문제

『토정비결』이 어디에서 나왔는가 하는 기원문제는 먼저 그 작자가 누구인지부터 분명히 할 필요가 있다. 특히 『토정비결』은 토정 이지함의 이름을 달고 세상에 널리 유포된 책으로, 대부분 토정 이지함의 작으로 알고 있으며, 일부 학자나 전문연구자들도 그렇게 간주하고 있는 경우가 많이 있는 실정이다.

이제 『토정비결』의 기원을 밝히기 위해서 그동안 『토정비결』의 작자로 간주되어온 토정 이지함과의 관계에 먼저 초점을 맞춰 분석해볼 것이다. 이 작자 문제가 먼저 해명이 되어야 『토정비결』의 원형을 파악할 수 있고, 그 구조와 특성에 대해서도 제대로 분석할 수 있기 때문이다.

1. 토정비결의 작자 문제

16세기 사회 전반의 모순들은 처사형 학자들로 하여금 백성의 삶에 유용하고 이를 통해 어려운 시기를 극복하는 것을 학문의 지표로 삼게 하였다. 때문에 이들은 천문·지리·의학·율려(律呂) 등을 두루 섭렵하여 개방적인 학문성향을 띠게 되었다. 신병주는 이 시기 처사형 학자들이 당시 사상계에 거세게 몰아닥쳤던 사화 등으로 인해 좌절된 정치적 욕구를 이렇게나마 해소하려 하였다고 해석했다.[59]

이에 대해 처사형 학자들에 이러한 정치적 요인도 중요하겠으나 앞서 본 것처럼 이 시기에 사회경제적 모순이 점증하여 당시를 '구급(救急)'의 상황으로 인식하고 있었던 학자들은 성리학 이외의 학문에도 관심을 기울였다고 보는 견해가[60] 더 큰 원인이라고 보았다. 이들은 비록 정계로 진출하지 않았다 하더라도 보다 나은 사회구현을 위해 현실에 끊임없는 관심을 보이며, 현실 속으로 깊숙이 들어가 백성의 삶이 나아지기를 열망하였다. 그러한 노력은 시폐(時弊)를 지적하고 대안을 제시하거나 민생의 질적 향상을 위해 치력(致力)하는 것으로 나타났는데, 이들은 주로 서경덕 계열의 인물들이 이러한 주장을 했는데 이지함, 이덕형, 이산해 등이 여기에 속하였다고 하였다.[61]

1) 토정 이지함의 생애와 설화

이지함의 자는 형백(馨伯)이고, 호는 토정(土亭)이다. 이지함이 토정이란 호를 갖게 된 유래는 다음과 같이 전한다. 이지함은 자신이 사는 곳에 언제나 흙으로 누대를 세웠다고 해서 토정(土亭)이란 별호로 불리게 되었다.[62] 이외에도 『조선선조실록』에는 조금 내용이 다른 이야기가 전해진다. 이지함은 일찍이 한양의 마포(麻浦) 나루

59) 申炳周, 「16세기 초 處士型 學者의 學風과 現實觀」, 『제2차 南冥學國際學術會議 發表論文』, 1997, 497쪽.
60) 姜貞和, 「16세기 遺逸文學의 特徵」, 『東方漢文學』 30, 2006, 224~225쪽.
61) 박종덕, 앞의 논문, 11~12쪽.
62) 『비난 정감록 진본』, 455쪽.

의 한구석에 흙을 쌓아 언덕처럼 만들어놓았다. 그리고 그 아래에는 굴을 팠고 위에는 정자를 세웠다. 그런데 홍수가 나서 범람해도 이지함이 만든 흙 언덕만은 손상되지 않고 늘 그대로 있었다.[63] 그래서 이지함의 호를 토정이라 부른 이유는 이지함이 지어서 거처하던 토정(土亭)에서 유래했다고 한다.

이지함은 어려서 고아가 되어 형에게 배웠다. 모산수의[64] 집에 데릴사위로 간 바로 다음날 처갓집을 나와 집으로 돌아왔는데, 도포를 입지 않고 왔기에 집안 식구들이 그 까닭을 물으니 이렇게 말했다.

"거지 아이들이 병들어 추위에 떠는 것을 보고 도포를 잘라 세 아이에게 나눠주었습니다."

그 말을 들은 사람들은 그를 대단한 사람이라고 여겼다.

이지함은 경전과 문집을 꿰뚫어 모르는 것이 없었고, 붓을 들면 물이 샘솟듯이 글을 지었다. 이웃에 새로 문과에 급제한 사람이 있는 것을 보면 속으로 업신여겼고, 과거시험장에 들어가 글을 짓지 않고서도 대수롭지 않게 여겼으며, 또 글을 지었어도 바치지 않았다. 사람들이 책망하며 그 까닭을 물으면 이렇게 대답했다.

"사람마다 다 저 즐기는 바가 있듯, 나는 이런 일을 즐깁니다."

이지함은 사업에도 수완을 발휘했다. 그가 적수공권으로 생계를 위해 장사를 한 지 몇 년이 안 돼 곡식이 수만 석이 쌓였다. 그러자 해안으로 가 박을 심어, 박이 자라자 그것을 갈라 표주박을 만들어 또다시 팔천 석의 곡식을 벌었다. 그러나 이지함은 그 쌀을 모두 빈민에게 나누어주었으니, 처자식은 늘 가난했다고 한다.

---

63) 『선조실록』, 선조 11년 7월 1일 경술.
64) 조선의 2대 임금 정종의 후손으로, 이지함의 장인이다. 1549년 모반죄로 사형을 받았다.

이지함은 유학자로서 명성을 떨친 선비이기도 했지만, 한편으로는 도가적(道家的)인 면모도 있었다. 우리나라의 도가류들의 전기를 모은 홍만종이 지은 『해동이적(海東異蹟)』에는 그에게 전해 내려오는 신비한 설화를 소개하고 있다.

이지함은 나라 안의 산천은 먼 곳까지 가보지 않은 곳이 없었다. 때로 추위나 더위를 보내기 위해 어디론가 가곤 했는데, 어딘지는 알 수 없었다. 혹은 10여 일 동안이나 화식(火食)을 하지 않고, 한여름에도 물을 마시지 않고, 베옷에 짚신을 신고 솜옷을 지고 다녔으며, 쇠로 만든 갓을 쓰고 다니다 벗어서 솥으로 쓰기도 하고, 쓰고 나면 씻어서 다시 쓰곤 했다.[65]

이지함이 조부모 장지(葬地)의 풍수를 보니, 자손 가운데 두 명의 재상이 나오지만 막내에게 불길한 운수가 있었다. 그러자 이지함은 억지로 자신이 그 재앙을 당하도록 하였다. 뒷날 과연 동생인 이산해(李山海, 1539~1609)[66]와 이산보(李山甫, 1539~1594)[67]가 모두 일품(一品) 벼슬에 올랐다. 아마도 이런 면모가 도가적 인물이나 신비적 이미지를 가진 인물로 간주되는 이유가 되었을 것으로 추정된다.

이지함은 배 젓기를 좋아했는데, 어느 날 한 노인이 배를 타고 천천히 떠가는 것을 보았다. 토정은 노인이 범상치 않음을 깨닫고 급

65) 『燃藜室記述』권 18, 宣祖朝故事本末, 宣祖朝儒賢, 李之菡.

66) 조선중기의 문신(1539~1609). 이지함의 조카로 자는 여수(汝受). 호는 아계(鵝溪)·종남수옹(終南睡翁). 시호는 문충(文忠). 우의정·좌의정·영의정 등을 지냈다. 종계변무의 공으로 광국공신 3등에 책록, 아성부원군에 책봉되었다. 선조조 문장8가의 한 사람으로 서화에도 능했는데 대자(大字)·산수묵도에 특히 뛰어났다. 저서로 『아계집』이 있다.

67) 조선중기의 문신(1539~1594). 이지함의 조카로 자는 중거(仲擧). 호는 명곡(鳴谷). 시호는 충간(忠簡). 하절사로 명나라에 다녀왔으며 대사헌·황해도관찰사를 지냈다. 1594년 대기근을 수습하던 중 과로로 순직하였다. 1604년 호성공신 2등에 책록되었으며 한흥부원군이 추봉되었으며 영의정이 추증되었다. 성품이 소박하고 정직해 이해득실에 마음이 흔들리지 않았으며 시정에는 심신으로 다했다 한다. 보령의 화암서원, 서천의 건암서원에 제향되었다.

히 배를 저어 쫓아갔으나, 종일 있는 힘을 다해도 따라잡을 수가 없었다. 노인이 돌아보고 웃으며 말했다.

"그대의 배 젓는 솜씨는 거기까지일 뿐이오. 내가 배 젓는 방법을 가르쳐주겠소. 그러면 광풍이 불고 성난 파도가 땅을 휩쓸고 하늘로 솟구칠지라도 끝까지 해를 당하지 않고 순식간에 천 리를 갈 수 있을 것이오."

그때부터 토정은 작은 구유를 타고 네 귀퉁이에 커다란 표주박을 매단 채 세 차례나 제주도로 갔지만 바람이나 파도에 휩쓸리지 않았다. 그리고 마침내 이른바 미려(尾閭)[68]를 보았다. 미려는 바다의 끝에 있는 구멍이자, 이 세상의 끝을 말한다.

토정은 이런 시를 지은 적이 있다.

> 만 리 길 행장은 튼튼한 두 다리뿐
> 한평생 사는 게 표주박처럼 가볍네.

바로 자신의 일생이 이 시와 같았다.

한번은 우두커니 앉아 혀를 끌끌 차며 이렇게 말했다.

십여 년 후에 나라에 큰 변이 있겠구나. 어떻게 하나, 어떻게 하나?

그러고는 아내와 자식에게 흙짐을 지고 뒷동산을 오르락내리락하게 하여 몸을 단련시켰다. 임진왜란이 날 것을 미리 알았기 때문이다.

토정(土亭)보다 조금 후배였던 율곡 이이(李珥)는 토정을 깊이 이

---

68) 동쪽바다 끝에 바닷물이 새어 나간다는 구멍이다.

해하고 존경하는 사람 중의 하나였지만 그도 토정을 바로 안 것 같지는 않다. 김계휘(金繼輝, 1526～1582)[69]가 珥에게 "토정은 어떤 사람인가, 어떤 이는 그를 諸葛亮(제갈량)과 같다고 생각하는데 과연 그러하냐"고 물었을 때 이(珥)는 "토정이 어떻게 제갈량이 될 수 있느냐. 그를 물건으로 친다면 기화이초(奇花異草), 진금괴석(珍禽怪石)에 해당하지, 일상생활에 필요한 숙율포백(菽栗布帛)은 될 수 없다"고 하였다. 이 말을 들은 토정은 웃으며 "내가 아무리 숙율은 못 된다 할지라도 흉년의 식량인 도토리 정도는 될 터이니 어찌 전연 쓸모없는 인간이라고야 할 수 있느냐"라고 자인하였다 한다.[70]

이율곡이 토정에게 올리는 제문(祭文)에 다음과 같은 글이 있다.

> 빽빽이 늘어선 나무 사이에 우뚝 하니 솟은 대춘(大椿)이요,[71] 듬성듬성 한 풀 속에 빛나는 영지(靈芝)니, 기이하구나! 공을 또한 물의 신선 수선(水仙)이라고도 부른다.

그의 생애는 보통 사람으로서는 알 수 없는 신비한 일화가 따라다녔고, 신선 같은 분위기가 있었다. 그래서 율곡 이이도 그를 수선(水仙)으로 묘사하기도 했던 것이다.

하지만 이지함은 본질적으론 유가(儒家)의 선비라고 보는 것이 더 정확할 것이다. 토정은 평상시 "내가 일백 리 되는 고을을 맡아 다

---

69) 자는 중회(重晦). 호는 황강(黃岡). 동서 분당 때 심의겸과 함께 서인으로 지목되었으나, 당파에는 깊이 관여하지 않고 오히려 당쟁완화를 위해 노력했다. 그 뒤 평안도 관찰사, 대사헌, 종계변무를 위한 주청사로 베이징에 갔다. 우리나라의 산천·마을·도로·성지 등의 형세와 전술적인 문제점, 농작물의 생산 현황, 각 지방의 전통·연혁·씨족 원류 등을 두루 파악해 기록으로 남겼으나, 임진왜란 때 소실되었다. 나주 월정서원에 제향되었다.

70) 임창순, 『土亭集』 고전해제(4), 태동고전연구소 도협월보, 1971, 13쪽.

71) 『장자』에 나오는 8백 년을 봄으로 삼고 8백 년을 가을로 삼는다는 전설의 나무.

스러게 되면 가난한 백성을 모두 부자로 만들고 야박한 풍속을 돈독하게 바꿀 것이다. 어지러운 정치를 바로잡아 나라의 평안을 지킬 것이다"라는 말을 자주 했다고 한다. 그는 어지러운 세상을 피해 혼자 도를 닦기보다는 고을의 원이 되어 살기 좋은 마을을 만들기 희망했다. 이를 보면 그는 유가적 성향을 지니고 있음을 알 수 있다.

하지만 이지함은 자신의 뜻과는 달리 사화에 연루되어 벼슬길을 얻을 수가 없었다. 명종5년(1549)에는 이지함의 장인 이정랑(李呈琅)이 역모사건의 괴수로 지목당해 처형당한 청홍도 사건이 일어났다. 그 사건의 내막은 다음과 같다. 명종4년 이홍남(李洪男), 이홍윤(李洪胤) 형제는 사소한 일로 감정적 갈등을 겪게 되었다. 이전에 이홍윤은 지금의 왕이 오래갈 수 없다는 술사의 말을 전한 적이 있었는데, 사이가 나빠진 이홍남이 이를 조정에 고변하여 이홍윤과 가까운 사이였던 50여 명이 대역 죄인이 되어 처형되었다. 이것이 '이홍남의 고변사건'이라고도 하는 청홍도(淸洪道) 사건이다. 관련자들에 대한 고문을 통해 이 역모 사건의 괴수가 바로 이지함의 장인인 이정랑으로 지목되었고, 장인은 물론이고 큰 처남은 능지처참되고 다른 처남들도 교수형에 처해지는 등, 이지함의 처가댁이 몰살을 당하게 되었다.72) 이 사건으로 이지함도 연좌법에 걸려 벼슬길이 막혔다.

설상가상으로 죽마고우(竹馬故友) 안명세(安名世, 1518~1548)73) 마저 필화를 입고 죽었다. 안명세는 사관(史官)으로 명종 때 을사사화(1545년)에 관해서 윤원형과 이기 등 소윤(小尹)이 윤임 등의 대

---

72) 『明宗實錄』권 9, 명종 4년 5월 庚午, 辛未, 丁亥의 기사 참조.

73) 조선중기의 문신. 자는 경응(景應). 사관으로서 을사사화의 전말을 기록하였다. 이기, 정순붕의 죄악을 그대로 적었다가, 체포되어 국문을 당하였다. 이 일로 사형을 당하였다. 선조가 즉위하면서 신원되었다.

윤(大尹)을 모함했다고 역사에 기록했다. 그런데 윤원형 등은 사초를 보고서는, 불리한 내용을 기록한 안명세를 죽게 만들었다.

이뿐만 아니라 이지함이 활동하던 시대는 조선의 역사에서 수많은 지식인들이 수난을 당했던 사화(士禍)의 시대였다. 무오사화(戊午士禍)를 비롯해서 을사사화(乙巳士禍)가 이어졌고, 양재역(良才驛) 벽서(壁書) 사건과 청홍도(淸洪道) 사건 등 끊임없이 옥사가 벌어진 정치적 혼란기였다. 이지함도 그의 주변에 있던 사람들이 사화에 몰려 큰 피해를 입자, 과거에 응시해서 벼슬길 나아가기를 포기하게 되었다.

이지함은 불우한 삶에 좌절하지 않고 학문에 힘썼으니, 천문, 지리 및 의학에도 깊은 조예가 있었다. 조헌(趙憲, 1544~1592)[74]과 이산보(李山甫, 1539~1594)[75]를 비롯해 여러 제자들도 양성했다. 선조 초년 을사사화의 주도세력이 하야하게 되자, 이지함의 말년 무렵 벼슬을 제수받게 되었다. 이지함은 만력 계유년(1573)에 뛰어난 행적으로 포천현감에 천거되었으나, 오래지 않아 벼슬을 버리고 고향으로 돌아가니 백성들이 길을 막고 붙들어도 잡을 수가 없었다.

74) 조선중기의 문신·유학자·의병장. 본관은 배천(白川). 자는 여식(汝式), 호는 중봉(重峯)·도원(陶原)·후율(後栗). 경기도 김포 출생. 이지함에게 배웠으며, 이이(李珥)·성혼(成渾)의 문인이기도 하다. 1567년 식년문과에 병과로 급제하였다. 1568년(선조 1) 처음으로 관직에 올라 정주목·파주목·홍주목의 교수를 역임하였다. 1592년 4월 임진왜란이 일어나자 옥천에서 문인 이우(李瑀)·김경백(金敬伯)·전승업(全承業) 등과 의병 1,600여 명을 모아, 8월 1일 영규(靈圭)의 승군(僧軍)과 함께 청주성을 수복하였다. 그러나 충청도순찰사 윤국형(尹國馨)의 방해로 의병이 강제 해산당하고 불과 700명의 남은 병력을 이끌고 금산으로 행진, 영규의 승군과 합진해서, 전라도로 진격하려던 고바야가와(小早川隆景)의 왜군과 8월 18일 전투를 벌인 끝에 중과부적으로 모두 전사하였다. 1604년 선무원종공신(宣武原從功臣) 1등으로 책록되고, 1734년(영조 10) 영의정에 추증되었다. 시호는 문열(文烈)이다.

75) 조선중기의 문신. 자는 중거(仲擧). 호는 명곡(鳴谷). 시호는 충간(忠簡). 하절사로 명나라에 다녀왔으며 대사헌·황해도관찰사를 지냈다. 1594년 대기근을 수습하던 중 과로로 순직하였다. 1604년 호성공신 2등에 책록되었으며 한흥부원군이 추봉되었으며 영의정이 추증되었다. 성품이 소박하고 정직해 이해득실에 마음이 흔들리지 않으며 시정에는 심신으로 다했다 한다. 보령의 화암서원, 서천의 건암서원에 제향되었다.

뒷날 아산현감으로 재직하던 도중에 죽으니 향년 62세였다.

　이지함은 60이 가까운 나이에 사실상 초임이나 다름없는 아산 군수에 부임했고, 그로부터 몇 년 되지 않아서 세상을 뜨고 말았다. 이로써 이지함이 평생 닦은 학문과 경륜을 펼칠 겨를도 없었다.[76]

　조선중기의 문신이자 학자인 이식(李植, 1584~1647)[77]의 문집에는 다음과 같은 글이 있다.

> 공은 세상을 피해 높이 거처했는데, 퇴계는 그의 기풍을 높이 사벗으로 삼았다. 아산(牙山)의 원이 되었는데 간악한 아전을 엄히 단속하다가 어느 날 갑자기 죽었다. 사람들은 독살로 의심하기도 하나, 토정은 사람을 잘 알고 조짐도 잘 알아차렸으며 귀신같은 의지와 기개를 지닌 사람이었으니 흉액을 당해 죽지는 않았을 것이다.[78]

　이식은 그의 학식과 경륜을 제대로 펼치지 못한 채 세상을 뜨고 말았음을 매우 안타깝게 여겼다. 어지러운 시대 속에서 평생 그는 불우한 삶을 살았고, 그의 행동은 기인(奇人)으로 비춰지게 되었다. 백승종에 의하면 토정은 다소 기이한 인물이었다고 한다. 토정은 여느 사람보다 머리 하나는 더 있어 보이는 큰 키에 건장한 체격이었다. 특히 발이 무척 컸다고 한다. 토정의 얼굴은 둥글고 검은 편이었고 눈빛이 강렬했다. 목소리는 우렁차고 맑아 상쾌한 느낌을 주었다.

---

76) 백승종, 정감록산책, 서울신문, 2005.07.21.
　　http://www.seoul.co.kr/news/newsList.php?section=bsj.

77) 조선중기의 문신(1584~1647). 자는 여고(汝固). 호는 택당(澤堂) · 남궁외사(南宮外史) · 택구거사(澤癯居士). 시호는 문정(文靖). 한문4대가의 한 사람으로 형조판서 · 이조판서 · 예조판서 등을 지냈다. 『선조실록』을 전담 수정하였다. 저서 『택당집』 · 『두시비해』 등과 편찬서 『수성지』 · 『야사초본』 등이 있다. 영의정에 추증, 기천서원에 제향되었다.

78) 정유진 편역, 『홍만종 선집 우리 신선을 찾아서』, 돌베개, 2010, 160~164쪽.

토정은 보통 선비들과는 차림새도 아주 달랐다. 그 당시 선비들은 항시 의관을 정제했고, 고급스러운 말총으로 꾸민 큰 갓을 쓰고 가죽신을 착용하는 게 일반적이었다. 짚신을 신고 죽립(竹笠)을 쓴 채 걸어 다녔다고 한다. 초립(草笠)에 나막신을 신은 구부정한 모습이었다고도 전한다. 토정은 선비로서의 체모를 무시한 채 세속의 풍습을 전혀 따르지 않았기 때문에, 그가 길거리에 나타나면 기이한 행색을 보고 손가락질하며 비웃는 이도 있었다.

다른 이와 대화를 할 때도 토정은 수수께끼나 농담을 즐겼고, 점잖지 못한 모습을 보일 때도 많았다고 한다. 『선조실록』을 보면 그의 인품에 대해 평한 내용이 등장한다.

> 이지함은 기개와 도량이 비범하고 효성과 우애가 뛰어났다. 젊었을 때 해변에 어버이를 장사지냈는데, 조수가 조금씩 가까이 들어오자 먼 장래에 물이 반드시 무덤을 침해하리라 판단하고 제방을 쌓아 막으려고 하였다. 그리하여 우선 돌을 운반하여 배에 싣고 가서 포구를 메웠는데, 수없이 돈이 들었으나 스스로 벌어들여 준비하기를 귀신같이 하였다. 해구(海口)가 깊고 넓어 끝내 성공하지는 못하였으나 뜻만은 포기하지 않고 말하기를, "성공하느냐 못하느냐는 하늘에 달렸으나 자식으로서 어버이를 위해 재난을 막는 계획은 게을리할 수 없다" 하였다. 평소 욕심을 내지 않고 고통을 견디며, 짚신에 죽립(竹笠) 차림으로 걸어서 사방을 다니며 도학과 명절(名節)이 있는 선비를 사귀었다. 그와 함께 이야기하면 기발하여 사람의 주의를 끌었으나, 혹은 수수께끼 같은 농담을 하며 점잖지 못한 자태를 보이기도 하였으므로, 사람들이 그를 헤아릴 수가 없었다.[79]

---

79) 선조 6년 5월 1일 경진일 기사. 李之菡氣度異常, 孝友出人。少時葬親海曲, 潮水漸近, 度於千百年後, 水必齧墓, 欲築防捍之, 先運石載舟, 沈塡浦港, 動費千金, 資皆躬自貨殖, 辦集如神。然海口深闊, 功竟不就, 志猶未已曰: "成否在天, 而人子爲親防患之計, 不可懈也。" 平居寡欲而苦, 草屐竹笠, 徒步而行四方, 偏交道學名節之士, 與之論說, 奇發動人, 或謎戲不莊, 人莫能測。

위 인용문의 내용을 보면 이지함은 아버지 묘를 지키려고 만난을 무릅쓰고 제방을 쌓을 정도로 효성스런 인물이었다. 그러나 한편으로는 선비의 복식을 버리고 삿갓을 쓰고 방랑하며 기이한 언행을 남겼음을 알 수 있다. 혼례를 치른 다음 날 새로 지은 도포를 입고 외출한 토정은 어느 다리 밑을 지나다가 추위에 떨고 있는 세 명의 거지아이를 만났다. 토정은 입고 있던 새 도포를 벗어 세 폭으로 찢어서 그 아이들에게 입혀주었다. 그러고는 마치 아무 일도 없었다는 듯 종일 바깥에서 일을 보았다. 토정은 이처럼 호방한 성격이었다. 그가 도인의 면모를 보인 적도 많았다. 그는 열흘 정도는 굶어도 거뜬했고, 무더운 여름철에도 냉수 한 모금 마시는 일이 없었다.[80]

토정은 간혹 천 리 길을 걸어 어딘가를 바람처럼 다녀오기도 했다. 배를 타고 방랑하기를 좋아해 제주도를 여러 번 찾았다는데 태풍이 불거나 파도가 거센 날을 용케 피하였기 때문에 사람들이 모두 신기하게 여겼다. 간혹 여행 중에 기생들이 별의별 수단을 다 써 유혹했으나 한 번도 넘어가지 않았다는 이야기가 있다. 세상 사람들은 토정이 정욕마저 끊어버린 속세의 신선처럼 살았다고 생각했음을 보여주는 전설이다.

이런 맥락에서 백승종은 토정이 격식을 초월한 인물이었다고 한마디로 평한다. 최근에는 중견 사학자 신병주가 토정 이지함에 대한 전문 연구서를 출간했는데, 그는 이지함이 신분에 구애받지 않고 학풍에 얽매이지 않으며 교유관계가 개방적이었던 자유주의적 성향의 인물이었다고 평가했다.[81]

---

80) 『연려실기술』권 18 宣祖朝儒賢, 李之菡 "能忍寒暑飢渴 或冬日赤身坐於列風中 或十日絶飮食 不病."

또 토정에겐 앞일을 내다보는 예지 능력이 있었다고 전한다. 『조선선조실록』은 토정의 예지력을 자세히 수록하고 있다. 그는 한 번 사람을 만나보면 그 성품은 물론, 앞날의 길흉까지 환히 알아 맞혔다 한다. 젊은 시절 그는 장인에게 화가 닥칠 것을 미리 알았다 한다. 명종 초 어느 하루는 토정이 그 부친에게, "아내의 가문에 불길한 기운이 있어 집을 떠나지 않으면 장차 화가 미칠 것입니다"라고 아뢴 뒤 식구들을 이끌고 서둘러 한양을 떠났다. 바로 그 다음 날, 토정의 장인은 사화에 연루돼 목숨을 잃었다고 한다.

토정은 임진왜란이 일어나기 오래전에 이미 난리가 날 것을 예언했다는 전설도 전해지고 있다. 만년에 그는 조선 팔도를 유람하던 중 금강산에 들렀다. 하루는 날이 기울자 토정은 지친 몸을 이끌고 암벽 위에 서 있는 초라한 암자를 찾아갔다. 피곤해서 제대로 자리를 펴고 누울 겨를도 없이 방 안에 들어가 한쪽 벽에 기대어 깜빡 잠이 들었다. 조금 있다가 꿈속에 스님 두 분이 나타났다. 그들은 병풍과 자리를 깔며 부산을 떨었다. 토정은 스님들에게 그 까닭을 물었더니, 여러 산의 산신령들이 모여 장차 다가올 난리를 의논할 거라는 답변이었다. 과연 전국 명산의 산신령들이 구름처럼 모여들어 회의를 열었다. 여러 주장이 난무했다. 그러자 금강산 산신령이 자리에서 일어나 왜놈들이 동방예의지국 조선을 침략한다는 것은 있을 수 없는 일이라며 최선을 다해 놈들을 물리치자고 주장했다.

이 소리를 듣고 토정은 놀라 벌떡 일어났다. 정신을 차리고 보니, 조금 전 누워 자고 있던 암자는 사라지고 바위 위엔 늙은 소나무만

---

81) 신병주, 『이지함 평전』, 글항아리, 2008, 64쪽.

외롭게 서 있었다. 이런 일을 겪고 나서 토정은 임진왜란이 일어날 것을 미리 알게 되었다는 설화가 전해온다. 이는 후대의 사람들이 지어낸 이야기일 가능성이 높다. 하지만 토정에게 신비한 예지력이 있다고 믿었던 민중들의 생각이 담겨 있음을 볼 수 있다.

임진왜란에 관해선 또 다른 이야기가 토정의 문집에 실려 있다. 그는 상(喪)을 당한 자신의 제자 조헌(趙憲)의 집에 조문하러 들렀다. 그날 밤 혜성(彗星)이 하늘에 나타나는 것을 보고 조헌이 그 조짐을 물었다. 그러자 토정은 천하에 큰 난리가 일어날 조짐이라며 그때에 대비해 공부를 열심히 하라고 했다.[82] 스승의 말을 명심해서 들은 조헌은 임진왜란이 일어나자 의병장이 돼 금산에서 왜적과 싸우다 장렬히 전사했고, 조선 의병장의 대표로 역사에 남는 인물이 되었다.

일제강점기에 나온 『鄭鑑錄の檢討』에서는 "기갈(飢渴)을 견뎌서 열흘을 화식(火食)을 하지 않을 수 있었다. 배를 잘 조종했다. 여러 잡술에 통달하지 못한 것이 없어서 황강 김계휘(1526~1582)[83]는 제갈량에 비유했다"고 그를 평가했다.[84] 이런 맥락에서 사람들은 이지함의 기이한 행동을 보고 기인(奇人)으로 평가하기도 했고, 나아가 도가적인 인물로 지목하기도 했던 것이다.

토정 이지함의 빼어난 학문과 신비한 예지력과 더불어 그의 불우했던 생애가 더해져 사람들에게 조선의 기인이자 대역학자로서 깊

---

82) 『조선영조실록』, 영조30년 11월 27일 임인일 기사.

83) 조선중기의 문신. 자는 중회(重晦). 호는 황강(黃岡). 동서 분당 때 심의겸과 함께 서인으로 지목되었으나, 당파에는 깊이 관여하지 않고 오히려 당쟁완화를 위해 노력했다. 그 뒤 평안도 관찰사, 대사헌, 종계변무를 위한 주청사로 베이징에 갔다. 우리나라의 산천·마을·도로·성지 등의 형세와 전술적인 문제점, 농작물의 생산 현황, 각 지방의 전통·연혁·씨족 원류 등을 두루 파악해 기록으로 남겼으나, 임진왜란 때 소실되었다. 나주 월정서원에 제향되었다.

84) 『鄭鑑錄の檢討』, 50쪽(『정감록 집성』, 710쪽).

은 인상을 남겼다. 그래서 토정이란 이름은 다른 누구보다도 조선의 민중들에게는 크게 어필이 되었을 것이다. 그런 연유로 조선후기 민중들 사이에서 유행하던 신수점을 보던 점서에 '토정비결'이란 명칭이 붙게 되었던 것이다.

2) 이지함과『토정비결』작자 문제

현재에도 많은 사람들은 토정 이지함이『토정비결』의 작자라는 것을 기정사실로서 받아들이고 있다.『토정비결』이란 책이름 자체가 토정의 작이란 것을 말하고 있으니, 민간에서 이를 토정 이지함의 작으로 믿는 것은 당연하다고 할 수 있다.

그런데 민간에서 설화나 전설처럼 떠도는 이야기의 차원이 아니라, 학자들이나 심지어 전공자들도『토정비결』은 토정이 지었다고 단정하는 경우가 많다. 가령『토정비결』에 대해 학문적인 분석을 한 저서로『토정비결이란 무엇인가—컴퓨터로 분석한 인류학적 분석』(1982)이 있는데, 저자는 당시 미국 테네시대학교 인류학과 교수로서『토정비결』에 대해 인류학적 연구결과를 단행본으로 출간한 바 있다. 이 연구에서도『토정비결』이 당연히 토정 이지함의 작으로 간주하고 있다.[85] 그로부터 30년이 지난 현재까지도 많은 학자들이『토정비결』은 토정 이지함(1517~1578)이 지은 비결서로 인정하고 있다.[86]

백승종은 이지함을 정치적으로 무척 불우한 재사였다고 하면서

---

[85] 김중순,『토정비결이란 무엇인가』, 54~58쪽 및 72~73쪽.

[86] 이학주,「한국인의 점풍속과 점찰경에 나타난 점의 역할」,『비교문화연구』25집, 2011, 168쪽.

이지함이 기인이자 도사가 되기도 했고, 『토정비결』을 지어 고난받는 민중의 마음에 용기를 불어넣으려 했다고 보았다. 그래서 『토정비결』만은 토정의 붓끝에서 나왔을 가능성이 크다고 보았다. 토정은 의학과 점에 능통했기 때문에 그를 찾아와 운수를 묻는 사람들이 적지 않았는데, 사람들의 요구가 많아지자 토정은 아예 한 권의 책을 지어주었을 것이라고 추정했다.[87]

그런데 신병주는 여기에서 『토정비결』은 토정 이지함을 가탁한 듯이 보이는데, 사실은 토정 이지함의 사상을 담고 있다고 주장했다. 토정 사후 100여 년 뒤 숙종 때 그의 고손자 이정익이 『토정유고』를 간행했으나 여기에 『토정비결』이 포함되어 있지 않고, 또 정조 때 홍석모가 쓴 『동국세시기』나 유득공의 『경도잡지』에 『토정비결』에 대한 언급이 전혀 없다는 점을 들면서 『토정비결』이 이지함 사후에 유행하지 않고 19세기 후반에 널리 퍼진 점 등을 고려할 때 이지함의 이름을 가탁했다는 주장이 설득력이 있다고 해서,[88] 『토정비결』은 이지함과 관련이 없는 것으로 말했다.

하지만 그는 이지함이 평소 언급했던 내용들 일부가 오랜 세월 구전으로 전해오다 『토정비결』에 반영되었을 가능성이 충분히 있다고 말하기도 한다.[89] 그는 『토정비결』의 저자로 이지함을 떠올리는 것은 무엇보다 그가 지닌 친민중적인 성향 때문이라고 하면서, 친민중적인 성향에 대해서 『대동기문(大東奇聞)』에 이지함이 스스로 상업행위에 종사한 일과 거지아이에게 옷을 벗어준 일화 등이 소개되

87) 백승종, 정감록산책, 서울 신문, 2005.7.21.
   http://www.seoul.co.kr/news/newsList.php?section=bsj.
88) 신병주, 위의 책, 69~70쪽.
89) 신병주, 같은 책, 70쪽.

어 있으며, 『동패락송(東稗洛誦)』[90]에 실린 이지함의 기이한 행적들에 대한 기록을 그 근거로 들었다. 그리고 『토정비결』의 또 하나의 특징은 70퍼센트 이상이 행운의 괘로 구성되어 있어서, 『토정비결』을 보는 사람들은 대부분 희망과 행운의 메시지를 얻을 수 있다는 점을 들었다. 또 불운에 관한 괘들도 조심하면 길함이 있다는 식으로 해석하여 불행을 피할 수 있게 하는데, 이러한 점에서도 민중들에게 위안을 안겨준 이지함의 사상과 『토정비결』은 그 맥락을 같이 한다고 보았다. 결국 점술이나 관상비기에 능했던 이지함의 행적이 민중들에게 널리 전파됨으로 인하여 19세기 이후 비결류의 책을 만들면서 『토정비결』이란 이름을 가탁했을 가능성이 높다. 이지함을 타이틀로 한 책을 만들면서 많은 사람들에게 호응을 받을 것을 기대했기 때문일 것이다.[91]

결국 신병주의 주장에 의하면 『토정비결』이 이지함의 직접 저술은 아니라고 하더라도, 이지함의 글이 나중에 끼워 들어갔거나 개조되었거나 사상적으로 공통의 기반을 갖고 있다는 것이다. 결국 『토정비결』이 이지함의 저술인지는 알 수 없지만 『토정비결』이 그의 사상과 통하고 공통된 변혁의지를 공유하고 있으니, 결론적으로 『토정비결』은 이지함의 저술이 아니라 이름을 빌린 가탁일 수 있지만, 적어도 그의 사상이 포함된 저술이 될 수밖에 없다.

---

90) 동패락송은 '우리 당의 이야기를 되풀이 외운다'는 뜻으로 붙인 말로 현재 5종의 異本이 알려져 있다. 연세대 도서관 소장본 1권 1책, 이화여대 도서관 소장본 2권, 임형택소장본 2권, 일본 천리대 소장본 1권 1책, 일본 동양문고 소장본 2권 2책 및 『동패락송속(續)』 1책 등이 그것이다. 편저자는 미상으로 편저자는 구전되던 이야기를 단순히 채록한 것만은 아니다. 조선후기의 역사적 방향과 그 시대 속에서 자신을 새롭게 정립시킨 인물상을 형상화한 것으로 보인다. 같은 책, 286쪽.

91) 신병주, 같은 책, 71쪽.

특히 『토정비결』과 주역과의 관계 문제에 있어서 많은 학자들이
오해를 하는 경향을 보인다. 신병주는 『토정비결』은 주역의 괘를 기
본으로 하지만, 생시가 빠진 생년월일의 삼주육자의 48괘로만 본다
고 했다.[92] 그러나 뒤에서 다시 상론하겠지만, 『토정비결』이 주역의
괘를 빌려오긴 했지만, 후대에 첨가된 것일 뿐이지 『토정비결』 자체
가 주역을 토대로 한 저술이라고 할 수는 없다. 『토정비결』은 주역
의 괘를 기본으로 하는 것이 아니라, 숫자로 괘를 뽑는 방법을 기본
으로 한 점법일 뿐이다. 또한 삼주(三柱) 육자(六字)의 48괘로만 본
다고 한 것도 역시 전혀 주역을 모르는 소치이다.[93]

이외에도 『토정비결』과도 비슷한 『농아집(聾啞集)』이란 비결서도
있고, 『월령도(月影圖)』 등의 저술도 토정 이지함이 작자라고 전해
지고 있다. 그런데 토정을 연구하는 학자들 중에서는 이들 예언서나
점서에 대해서는 무관심하면서, 오직 『토정비결』에 대해서만은 토정
이지함의 작으로 주장하는 것은 이해하기 어렵다. 토정이 남긴 글은
뒷날 『토정유고』(2권 1책)로 정리되었으나, 『토정유고』에서는 『토정
비결』을 위시해서 위에 언급한 어떤 책자도 거론되지 않고 있다.
1720년 간행된 『토정집(土亭集)』[94]을 고전 해제한 임창순은 토정
(土亭)의 시문(詩文) 끝 부분에서 "뒷사람들이 그를 술수(術數)에 능

---

92) 신병주, 『이지함 평전』, 69쪽.

93) 뒤의 4장 2절 1) 주역점과의 비교 참조.

94) 本書는 1720년(肅宗 46년)에 慶州府尹 이정익이 私費로 慶州에서 간행한 것이다. 내용은 上下
로 되어 있는데 上은 토정 이지함의 詩文을 모은 것이고, 下는 토정의 현손인 정익이 여러 책
에서 토정에 관계되는 記事를 수집하여 엮은 것이다. 卷首에 鄭瀓(1648~1736)의 序가 있고
卷末에는 宋時烈(1607~1689), 권상하(1632~1692)의 跋에 이어 끝으로 편자 자신의 跋을 붙
었다. 이 序跋들을 종합하여 보면 당초에 芝湖 李選(1632~1692)이 弘文館에 있을 때에 관중
에 소장된 서적을 조사하여 토정에 관한 기록을 수집한 것을 가지고 다시 정익이 집안에 전해
오는 자료와 참고 대조하여 그의 집안인 李楨億, 또 토정의 외후손인 趙世煥과 함께 이 책을
완성하였다.

했느니 예언자(豫言者), 또는 풍수가(風水家) 운운하는 것은 그의 학문이 실제적인 곳에 바탕을 둔 것을 모르고 부질없이 그를 신비화시키려는 어리석음에 기인한 것이다. 더구나 근세에 유행하는 소위 『토정비결』을 토정의 작으로 오전(誤傳)함은 천만부당한 일이다"[95]라고 하였다. 토정의 이름을 달고 나온 이런 예언서와 점술서에 대해서는 이지함의 저술이라고 주장하지 않으면서, 오직 『토정비결』만은 이지함의 저술로 단정할 근거는 어디에도 없다.

만일 『토정비결』을 토정의 저술로 볼 수 있으려면 첫째로 토정 이지함의 생전(生前)의 저술에 토정 자신이 『토정비결』을 저술했다는 기록이 남아 있어야 한다. 아니면 적어도 이지함의 사후에라도 이지함과 『토정비결』에 관한 기록이 남아 있거나, 『토정비결』이 전해지고 있어야 한다.

먼저 첫째에 관련된 이지함 자신의 기록이 있다면 『토정비결』은 이지함이 저술했다는 직접적인 증거로 채택할 수 있을 것이다. 그러나 이지함이 직접 쓴 어떤 글에도 『토정비결』을 언급한 내용은 없다. 그의 사후 140여 년 만인 1720년(숙종46)에 그의 현손인 이정익(李楨翊, 1655~1726)이 이지함의 글을 모아 『토정유고(土亭遺稿)』란 문집을 간행했는데, 여기에도 『토정비결』에 관한 내용은 한마디도 기록되어 있지 않다.

그다음에 후대에라도 관련 기록이 있다면 『토정비결』은 이지함이 저술했다는 간접적인 증거로 삼을 수 있을 것이다. 그러나 이 역시 17~18세기를 거쳐 『토정비결』은 그 존재가 없다. 점복 민속에 대해

---

95) 임창순, 『土亭集』 고전해제(4), 3.土亭의 詩文, 태동고전연구소 도협월보, 1971, 14쪽.

연구한 김만태에 의하면 "토정비결은 토정 이지함이 지은 것으로 널리 알려져 있으나 정작 이에 관해서는 『경도잡지』·『세시풍요』·『동국세시기』뿐 아니라 조선후기의 다른 문헌들에서도 그 기록을 찾을 수가 없다"고 했다.96)

양란을 겪은 뒤 조선의 지식인들은 조선사회 자신의 문화현상에 주목하고, 이를 기록으로 남기는 백과사전 문예운동을 벌리게 되었는데,97) 이런 흐름 중에 조선 사회의 기층문화를 이루는 세시풍속과 관련한 각종 세시기(歲時記)에 관한 저작 활동이 왕성하게 일어났다. 정조 19년(1795) 조수삼(趙秀三, 1762~1849)의 『추재집(秋齋集)』의 「세시기」를 비롯하여, 1800년 전후 유득공(柳得恭, 1748~1807)의 『경도잡지(京都雜誌)』, 순조 19년(1819) 김매순(金邁淳, 1776~1840)의 『열양세시기(洌陽歲時記)』와 19세기 중엽 권용정(權用正, 1801~?)의 『한양세시기(漢陽歲時記)』가 나왔고, 이들을 종합해서 헌종 15년(1849)에는 홍석모(洪錫謨, 1781~1857)의 『동국세시기(東國歲時記)』가 나왔다.98) 그리고 『동국세시기』보다 조금 앞서 헌종 11년(1845) 성원묵(成原黙, 1785~1865)의 『동경잡기(東京雜記)』가 있었다. 그러나 이런 다양한 백과사전이나 세시기 어느 곳에도 『토정비결』을 보는 풍습이 한마디도 기록되어 있지 않다는 것이다. 마지막 세시기가 1849년 『동국세시기』라고 본다면, 19세기 중반까지

---

96) 김만태, 앞의 논문, 141~142쪽.

97) 17세기 초부터 이수광(李睟光, 1563~1628)의 『지봉유설(芝峯類說)』을 필두로 하여 18세기에는 이익(李瀷, 1681~1763)의 『성호사설(星湖僿說)』이 나왔다. 19세기 중엽에는 이규경(李圭景, 1788~?)의 『오주연문장전산고(五洲衍文長箋散稿)』가 나와서, 조선의 문물제도 전반에 걸쳐 역사적 연원과 문화적 정체성을 규명하려는 백과사전류의 편찬 활동이 활발하게 전개되었다.

98) 김일권, 「조선후기 세시기에 나타난 역법학적 시간 인식과 도교 민속 연구」, 『역사민속학』 29, 한국역사민속학회, 2009, 147쪽.

『토정비결』은 조선사회에 그 모습을 나타내지 않았다고 할 수 있다.

조선시대에 나온 세시기 등을 분석해보면, 오행점이나 윷점 등에 관해서는 자세한 기록이 나타나고 있지만 『토정비결』만은 19세기 중반까지 문헌기록에 등장하지 않았다. 그러다가 앞에서도 보았다시피, 19세기 말 1877년에 「심원권일기」에 첫 모습이 나타나고 있다. 무려 토정 사후 300년이 지난 뒤에 처음으로 『토정비결』이 등장하고 있다는 점에 주목할 필요가 있다.

현재 『토정비결』에는 많은 이본이 존재하고 있다. 이들은 대부분 조선후기에 필사본으로 쓰인 판본들이다. 이 다양한 판본들 중에 과연 그 원본(原本)이 무엇인지 확인이 쉽지 않으며, 토정 이지함이 지었는지도 분명히 판단하기는 어렵다.

김만태는 여러 문헌상의 기록으로 볼 때 『토정비결』은 이지함의 저술이 아닐 가능성이 매우 높다고 보았다. 김만태는 『토정비결』이 한 술수가가 '당년 신수 보는 법'에 관한 비결을 지어 유포하면서 토정 이지함의 명성에 가탁한 것이 지금의 『토정비결』이 되었을 가능성이 매우 높다고 보았다.[99]

설혹 『토정비결』이 있었다고 하더라도, 그 존재가 아주 미미해서 잘 눈에 뜨이지 않는 점법이었을 수도 있다. 또는 이 당시까지는 『토정비결』이란 이름이 아닌-가령 석중결이라든지 유년결 등 다른 이름으로 전해지고 있었을 수도 있다. 하지만 여전히 문제는 정초의 신수점을 보는 풍속으로 이런 류의 점속이 전혀 언급되고 있지 않다는 것이다.

---

99) 김만태, 앞의 논문, 21쪽.

이것은 앞에서 논의했던 문제 중 『토정비결』의 작자가 이지함이 될 수 없는 결정적인 이유 중의 하나라고 본다. 이지함과 같은 유명한 학자가 지었고, 그 집 앞에서 줄을 서서 신수점을 치던 책이라면, 위의 백과사전이나 세시기 류에 전혀 언급되지 않을 수는 없는 일이다. 『동국세시기』는 우리나라의 세시풍속기 중에서 정초의 세시풍속을 정리한 마지막 저작인데 여기에는 다만 정월 초하루에 오행점을 던져서 신년의 운수를 점쳤다고 해서 한 해의 신수를 점치는 여러 방법이 기록되어 있지만, 『토정비결』에 대해서만은 이를 보았다는 내용 자체가 존재하지 않는다. 그래서 이지함이 저술한 것이 아니라, 후대에 토정 이지함의 이름에 가탁해서 유행한 것이 아닐까 의심을 받게 되는 것이다.

사실 『토정비결』을 이지함이 저술했다는 내용은 입으로 전해지는 민담에만 존재한다. 이지함과 『토정비결』의 관계에 대해서는 다음과 같은 설화가 전해진다.

> 이토정에게 딸이 하나 있었는데 딸의 관상을 보니, 밥을 얻어먹어야 살지 잘 살면 단명할 것 같았다. 그래서 딸을 거지와 혼인시킨 뒤 움막을 지어주고 그곳에서 밥을 빌어먹고 살게 했다. 토정은 딸이 구걸하는 것을 보고 마음이 편치 않아서 『토정비결』을 만들어주고는 그것을 점을 치며 살게 했다. 딸이 그 책으로 보아준 점이 백발백중으로 들어맞았다. 그러다 보니 딸이 금세 부자가 되어 곧 죽을 것 같았다. 토정은 『토정비결』을 다시 가져오라고 해서 중간 중간을 틀리도록 고쳐놓았다. 그래서 지금 『토정비결』이 맞을 때로 있고 틀릴 때도 있다.[100]

『토정비결』은 이지함이 기박한 운명을 타고난 딸을 위해 점을 치

---

100) 『한국구비문학대계』 7, 8, 990~993쪽.

며 먹고살도록 지어주었다는 것이다. 그리고 일부러 조금씩 틀리게 고쳐놓았다는 것이다. 이 정도의 민담이라면 민간에서는 『토정비결』이 토정의 작이라고 믿을 만한 설득력을 지닌 스토리라고 할 만하다.

> 토정은 그 자신도 빈한하게 살았지만, 그의 누이도 어렵게 살았던 것으로 보인다. 그가 『토정비결』을 지어준 이유가 딸의 생계를 위해서라는 전설도 있지만, 또 다른 전설도 전해진다. 이지함에게는 과부가 된 큰 누이가 매우 가난하게 살아서 이지함이 누이 집의 가난함을 걱정했다. 그때 장안에서 10리쯤 떨어진 들판에 연못이 하나 있었는데, 사방이 5리나 되는 큰 못이었다. 이지함은 이 연못을 호조에 진정해서 불하받았다. 그리고 나무로 만든 인형 네 개를 만들어 연못 안에 세워두니 행인이 무수히 왕래하는 곳인데, 네 개의 인형이 사람들을 보고 웃으며 물결 위에서 춤을 췄다. 이를 본 사람들이 괴이하게 여겨 흙덩이나 돌멩이를 던졌다. 나중에는 장안 사람들이 소문을 듣고 나와 모두 흙이나 돌을 던져서 그 연못을 메워버렸다. 그러자 이지함이 여기에 씨를 뿌려 몇 천석의 소출을 냈고, 누이에게 주어서 가난을 면하게 했다.[101]

이를 보면 이지함에게 가난한 누이가 있었는데, 누이를 위해 이지함이 도술을 부리거나 『토정비결』을 지어주어서 가난을 면하게 해주었다는 전설이 생긴 하나의 원인이 되었을 수 있다.

그러나 연못을 메우는 도술을 부리든, 귀신처럼 신수를 볼 수 있는 『토정비결』을 지었든, 이는 모두 민간에서 떠돌아다니는 이야기일 뿐, 이 민담의 내용을 사실로 믿을 수는 없다. 이 민담 자체도 『토정비결』의 작자 문제를 논하는 데 큰 의미는 없다. 직접적인 근거 없이 민담을 증거로 삼아 『토정비결』이 토정 이지함의 작이라고 주장할 수는 없기 때문이다.

---

101) 이석호 역, 『한국기인전 청학집』, 명문당, 2010, 48~49쪽.

그렇다면 그 결론은 하나이다. 『토정비결』은 토정 이지함의 저술이 아니라는 것이다. 『토정비결』이 등장하게 된 것은 일반적인 예상보다 그다지 오래되지 않는다. 만일 『토정비결』을 토정이 지었다면 『토정비결』은 이지함이 활동하던 시기에 완성되었고, 적어도 조선 중·후반기에는 유행했어야 했고 기록이 남았어야 했다. 그러나 그렇게 명성을 떨쳤다는 『토정비결』이 조선 중·후반기 어떤 기록에도 이름조차 등장하지 않았고, 토정 사후 3백 년이 지난 뒤에 갑자기 등장한다는 사실을 고려해보다면 토정이 지었다고 보기는 어렵다는 결론에 도달할 수밖에 없다.

개인의 한 해 신수를 풀어보는 용도로서 지금의 『토정비결』은 대부분 학자들이 20세기 무렵이 되어서야 보급되기 시작한 것으로 추정한다. 가장 결정적인 이유는 조선시대 유행하던 세시기에 『토정비결』에 대한 언급이 전혀 보이지 않는다는 점이다.

『토정집』과 『정감록』 등의 자료를 번역하고 해제한 『한국의 민속종교사상』 해제에서 김용덕은 순조(1801~1834 재위) 이후에 『토정비결』이 세시풍속으로 정착되었다고 한 바 있다.[102] 그렇다면 적어도 19세기 중엽에는 『토정비결』이 등장해야 한다. 그러나 당시에 쓰인 저작들에는 『토정비결』에 대한 언급이 등장하지 않는다. 『열양세시기』, 『경도잡지』 같은 세시풍속기에 『토정비결』을 보았다는 내용이 없을 뿐 아니라, 가장 결정적인 근거는 1849년에 발간한 것으로 보이는 『동국세시기』에 『토정비결』에 관한 기록이 전혀 나오지 않는다는 것이다.

---

102) 남만성 외, 『한국의 민속종교사상』, 삼성출판사, 1981, 316~317쪽.

아마도 순조 이후라고 한 것은 그가 "19세기 초에 저술된『동국세시기』나『동도잡기』에는 오행점으로 새해 신수를 본다고 했으니, 그때까지『토정비결』로 새해 운수를 점치는 풍속은 없었다고 보아야 할 것이다"[103]라고 한 것으로 보아서, 연대를 잘못 계산한 까닭인 것으로 보인다. 즉 그가 말한『동도잡기』는 유득공의『경도잡지』로 보이는데, 이것은 19세기 초의 작품이다.

하지만『동국세시기』는 이보다 적어도 50여 년 뒤 1849년에 나온 작품인데, 이를 동시대에 나온 것으로 착각해서, 이들 세시기 이후 즉 순조 이후의 시기에『토정비결』이 나왔다고 본 것이다.

현재까지의 연구에 의하면 순조 이후라기보다는 그 이후인 헌종(1834~1849)과 철종(1849~1863) 무렵까지도『토정비결』이 나타나지 않는다. 그래서 박종평은『토정비결』은 19세기 말에 이르러서야 보급된 것으로 보는 것이 통설이라고 했다.[104] 김만태는『토정비결』은 빨라도 1900~1910년대부터 보급되기 시작한 것으로 추정하면서, 당시 한 술수가가 비결을 지어서 토정 이지함의 이름을 빌려 가탁한 것이 지금의『토정비결』이 되었을 가능성이 높다고 했다.[105]

그렇다면『토정비결』은 20세기에 들어와서 등장했다는 것이나, 그보다는 이른 시기에『토정비결』의 존재가 확인된다. 이 문제에 대해 한 연구자는 심원권일기에서 그 최초의 기록을 찾아내기도 했다.『심원권일기(沈遠權日記)』의 1877년 동짓달 25일자 일기에서는『토정비결』이란 이름을 말하지는 않았지만 분명한『토정비결』의 점사

---

103) 김용덕, 토정집 해제, 316쪽.
104) 박종평,『토정비결』의 저자는 토정이 아니다, 주간경향 2009.01.
105) 김만태,「정초 점복 풍속에 관한 연구」, 21쪽.

로 신수점을 보았고, 두 달 뒤에는 1878년 1월 3일 심원권과 3형제의 『토정비결』까지 본 결과가 수록되었다.106) 그는 1928년 무렵까지 계속 『토정비결』을 본 기록을 남기고 있어서, 심원권은 매년 정초에는 으레 『토정비결』로 신수점을 보았음을 알 수 있다. 특히 여기에서 주목할 만한 또 하나의 사실은 1구 8자로 된 총운107)만 기록되어 있다는 점이다. 이를 보면 당시에는 월운이나 해설이 없이 오직 1구본만의 『토정비결』이 신수점이란 이름으로 유행되고 있었을 것으로 추정된다. 이와 같이 심원권의 기록에 의하면 19세기 후반기에는 이미 연말연시에 『토정비결』을 보는 풍속이 정착하고 있음을 볼 수 있다.108)

박종덕은 앞선 연구자들이 『토정비결』이 가탁(假託)이라고 주장하고 있지만, 이것만으로 『토정비결』의 저자가 토정 아니라는 사실을 뒷받침하기는 설득력이 부족하다고 하면서 다음의 몇 가지 이유를 들어서, 토정의 작으로 보았다.

첫째, 역학적 원리의 작용과 작괘법의 일관성을 짚어볼 필요가 있는데, 앞에서 살핀 내용에 보이는 것처럼 『토정비결』의 작괘법에는 여러 가지 역학적 원리가 함축되어 있고 명칭이 다른 『토정비결』류 서적들의 작괘법이 일관성을 유지하고 있는 점은 '점법상 일종의 전형이 존재하였다는 것을 의미한다'고 주장했다.

---

106) 『심원권일기』上 (한국사료총서 제48집) > 光緖三年(1877, 光緖 3, 丁丑, 高宗 14) > 至月 二十五日丙子, 溫和, 朝去龍淵, 夕陽還家矣. 明年身數, 花笑園中, 蜂蝶來戱. 및 戊寅元月初三日事. 四二三, 花笑園中, 蜂蝶來戱. 二三一, 逢時不爲, 何時待望. 四四三, 六月炎天, 閒臥高亭. 以上三句, 三兄弟戊寅年身數占矣.

107) 『토정비결』의 각 괘 다음에 있는 頭書 1구 8자를 말하는데, 판본에 따라서 '괘상(卦象)'이라고도 부른다.

108) 임채우, 앞의 논문, 590∼591쪽.

둘째, 일년의 총운을 표현하는 부분에서 드러나는 동질성을 주목할 필요가 있다. 『토정비결』 원문의 애용에서 그 양의 차이는 발생하더라도 일 년의 총운을 표현하는 부분에서 대부분 비슷한 문구가 드러나는 것을 보더라도 근거가 될 바탕이 있었음을 의미하는 것이다. 지금 존재하는 필사본이나 인쇄본을 『토정비결』의 전형으로 보기에 무리가 있다고 하더라도, 저자와 관련성을 완벽하게 차단할 근거로 내세우기는 어렵다고 보았다.

셋째, 가탁문제이다. 단순한 가탁에 목적이 있다면 상당히 복잡한 원리를 구현한 작괘법을 의도적으로 채용할 필요가 없었을 것이다. 물론 가탁한 사람이 역학에 관한 해박함이 있었다면 충분히 가능할 것이지만 그런 논리 전개나 실력이 있었다면 구태여 삼백 년 전의 사람인 토정을 끌어들여 가탁할 필요가 있겠는가 하는 것이다. 기왕 비결서라는 이름을 가탁한다면 좀 더 그럴듯한 사람의 이름을 가탁하는 것이 효율적이었을 것이다. 또 그만한 실력이 있었다면 자신의 이름으로 저술하여도 무방하였을 것이고, 자신의 이름을 밝히기 난처하였던 위치에 있었다면 그냥 무명(無名)의 타이틀을 써서 신비감을 더 조성하면서 책을 저술할 수도 있었을 것이라고 주장했다.

넷째, 개연성 문제인데 『토정비결』의 저자가 토정 이지함으로 생각하여 볼 수 있는 개연성은 충분히 존재한다고 보았다. 토정의 학문이나 사상이 박학하여 복서·신방(神方)·비결에 능통하였던 점, 신분의 상하를 가리지 않았던 개방적 성향, 민중에 대한 그의 헌신적인 복무와 민본적인 색채 등을 전제한다면 마포강변에 토정이 기거했을 때 주위의 민중들을 위하여 택일, 신수, 처방 등 역학에 관련된 시혜를 베풀었을 것이라는 사실을 미루어 짐작할 수 있다고 주장

했다.[109)

박종덕은 위의 네 가지 이유를 들어 이지함이 『토정비결』 저자일 가능성이 있다고 주장하고 있다.

필자는 이 부분에 대해 반박하면서, 『토정비결』의 저자가 이지함이 아니라 그 이름을 가탁했을 가능성이 높다는 견해를 제시해보고자 한다.

첫째, 박종덕은 『토정비결』의 작괘법에는 역학적 원리가 함축되어 있고, 작괘법이 일관성을 유지하고 있는 점은 전형이 존재하였다는 의미라고 했다. 그러나 『토정비결』의 작괘법은 역학에서만 나왔다고 주장할 수는 없다. 앞서 고찰해본 바와 같이 주역의 64괘가 후대에 첨가되었을 뿐이지, 역학과 직접 관련된 것은 아니다. 그리고 『토정비결』은 윷점이나 오행점처럼 우연의 방법으로 작괘할 수 있을 뿐만 아니라, 이름의 획수나 끗수로 『토정비결』의 괘를 뽑는 방식이 전해져오기도 한다는 점에 주의할 필요가 있다.[110)

둘째, 박종덕은 일 년의 총운(總運)을 표현하는 부분에서 대부분 비슷한 文句가 드러나는 것을 보더라도 근거가 될 바탕이 있었음을 의미한다고 했다. 그런데 1849년에 발간한 것으로 보이는 『동국세시기』에 『토정비결』에 관한 기록이 전혀 나오지 않는다. 이보다 4년 앞서 1845년 성원묵(成原黙)의 『동경잡기(東京雜記)』[111)에도 『토정비결』에 관해 언급이 없었다. 당시에 쓰인 세시기 저작들에는 『토정비결』에 대한 내용이 등장하지 않는다. 총운에 해당되는 문구가 비

---

109) 박종덕, 앞의 논문, 51쪽.

110) 임채우, 앞의 논문, 603쪽.

111) 경주(慶州) 지역의 역사와 풍습을 쓴 서책으로 3권 3책, 목판본으로 성원묵에 의해 증보되었다.

숫하다 하더라도 현재까지 알려진 『토정비결』의 1구 8자로 된 최초의 점사는 『심원권일기』에 심원권이 1877년 동짓달 25일에 친 신수점을 본 것이다. 그러므로 19세기 후반부터 『토정비결』 신수점이 유행한 것으로 볼 수 있다. 이렇게 3백 년 동안 아무런 언급이 없다가, 19세기 말에 이르러서야 갑자기 토정의 이름을 달고 나온 점사가 등장했다는 것은 『토정비결』이 토정작으로 보기 어렵게 만든다.

셋째, 박종덕은 구태여 삼백 년 전의 사람인 토정을 끌어들여 가탁할 필요가 없다고 주장했다. 토정 이지함은 고려 말의 충신인 삼은(三隱) 중 한 분인 목은(牧隱) 이색(李穡)의 후손으로 세속적인 세리(勢利)에 대하여는 전혀 흥미를 갖지 않을 뿐 아니라, 명리(名利)에 급급한 자들을 극히 천시하였다. 그러나 그는 결코 자기 일신만을 깨끗이 살려는 생각을 가진 것이 아니요, 진심으로 나라를 걱정하며 민생 문제에 부심하던 탁월한 학자였다. 그의 학문은 경전과 역사에 통달함은 물론 천문, 지리, 의약, 음율, 산수, 복서에 이르기까지 깊이 들어가지 않음이 없었다.112) 이렇기 때문에 토정은 전설적인 인물로 전해지고 있었다. 그러므로 역학에 뛰어난 사람이 저술하여 신뢰도를 얻기 위해 삼백 년 전의 사람인 토정을 끌어들여 가탁하기에 충분하다고 할 수 있겠다. 그리고 1구 8자 원형을 기준하여 많은 사람들이 판본마다 다르게 주역괘, 괘사, 해설, 해석, 12월운 등을 첨가하면서도 본인의 이름을 쓰지 않고 토정 이지함의 작으로 내세우는 것은 어떤 의미인가 생각해볼 여지가 있다. 이것은 다 토정 이지함이 민중들에게 신뢰감과 더불어 인기가 있기 때문에 가탁하기에 충분하다고 본다.

---

112) 임창순, 『토정집』, 고전해제, 2.李之菡의 人物, 13쪽.

넷째, 박종덕은 『토정비결』 저자가 토정 이지함일 개연성이 충분하다고 하였다. 그렇지만 필자의 생각으로는 개연성이 있을지 의문이 든다. 그 이유에 대해서는 다음 『토정집』의 내용을 보자.

아무도 그의 학문을 전수한 사람이 없고 또 따로 저서(著書)를 남긴 것이 없으므로 그의 깊은 학문을 전하지 못하고, 다만 불만스러운 현실에서 자기를 알아주는 사람이 없고 모두 세리(勢利)만을 추구하는 것이 가소로웠기 때문에, 해학과 호방으로 세상을 희롱하고 지냄으로써 사람들은 그를 기인으로 보아 넘겼다.[113]

『토정집』 내용을 살펴보면 토정의 성품이 호방했고 세리(勢利)를 비웃었으매, 별도의 저서를 남긴 것이 없다고 했다. 일부러 『토정비결』이 점서(占書)라서 저서로 기록하지 않은 것으로는 보이지 않는다. 『토정집』을 번역한 한문학자 임창순도 뒷사람들이 그를 술수에 능했느니 예언자, 풍수가 운운하는 것은 그의 학문이 실제적인 곳에 바탕을 둔 것을 모르고 신비화시키려는 어리석음에 기인한 것이다. 더구나 근세에 유행하는 소위 『토정비결』을 토정의 작으로 오전함은 천만부당한 일이라고 주장한 바 있다.[114] 이러한 정황을 보면 『토정비결』의 저자가 토정이 아닐 개연성이 더 크다고 할 수 있다.

이상을 종합해보면 『토정비결』이 순조(1800~1834)대에 등장했다는 증거는 없다. 그래서 『동국세시기』가 쓰인 1849년경까지 흔적이 보이지 않다가 헌종 철종을 지나 1877년 고종 무렵에 처음으로 그 기록이 확인된다고 할 수 있다. 그러나 이 『심원권일기』라는 기록이 등장하기 이전에 『토정비결』은 이미 조선사회에 충분히 퍼져

---

113) 임창순, 『토정집』, 13쪽.
114) 임창순, 『토정집』, 土亭의 詩文, 14쪽.

있었다고 보아야 할 것이다. 그렇다면 비록『동국세시기』에는 기록되어 있지 않다손 치더라도 아무리 늦어도 19세기 중반에는『토정비결』은 상당히 퍼져 있었고, 조선말의 혼란 속에서 급속히 유행하면서, 일제강점기를 거치면서 비약적인 발전을 이룩했다고 보는 것이 타당할 것이다. 그래서『토정비결』은 세시풍속의 하나로서 정초에 한 해의 전반적인 운수를 점치던 데에서, 일제강점기에 이르러서는 1년 열두 달의 길흉을 점치는 점서로서 자신의 위상을 확고하게 갖추게 되었다.

앞에서도 살펴보았던 바와 같이 토정 이지함은 유학자라는 사실보다는 술수가로서 더 알려져 있는 실정이다. 그가 천문과 지리, 의약과 복서(卜筮), 법률과 산수, 음악과 관상 등의 술수에 두루 통달하였다고 하며 또한 조선의 선가(仙家)로도 널리 알려져 있다.[115] 보통 유학자와는 차원이 다른 이런 특이한 내력은 그에 대한 신비감을 조성하며, 그가 역학에 대한 이해를 바탕으로『토정비결』같이 귀신같은 운세를 맞추는 점서를 지었다는 전설이 전연 이상하지 않게 만든다.

이런 선입관이 작용해서 일부 사학자들조차도『토정비결』은 토정 이지함이 지었다고 믿고 있지만,『토정비결』이 등장한 여러 정황을 고려해본다면 토정 이지함과는 관계없이 그의 사후 수백 년 후에 처음으로 등장한 어지러운 조선후기를 배경으로 민간에서 만들어진 점법이라고 할 수 있다. 이는 다음 장에서 다시 상론하겠지만,『토정비결』의 작괘법 역시 주역점이나 사주명리점 같은 중국의 점법과는 관련이 없는 우리의 민간점법이다. 이상의 내용을 종합해보면『토정비결』은 조선중기의 토정 이지함 같은 특정한 학자의 손에 의해서

---

115)『토정유고』「遺事」기록. 洪萬宗,『海東異蹟』및 黃胤錫,『海東異蹟補』참조.

만들어진 것도 아니고, 조선후기 민간에서 치던 소박한 점법에서 기원했다고 할 수 있다.

3) 예언서류(豫言書類)와 『토정비결』

우리나라에서 토정 이지함처럼 가탁(假託)이 많은 인물도 없는 것처럼 보인다. 특히 토정 이지함을 저자로 한 점서만 보더라도, 몇 종류가 현재 전해지고 있다. 『토정비결』을 제외하고도, 『현무발서(玄武發書)』를 비롯해서 『월령도(月影圖)』, 『농아집(聾啞集)』 등 저자가 의심스런 책들이 모두 이지함을 저자로 내세우고 있기 때문이다.

『현무발서』란 책은 조선시대에 기문둔갑을 응용해서 독자적으로 만들어낸 점서로, 이지함(1517~1578)이 지었다고 전해진다. 맨 앞에 실려 있는 서문을 보면 이 책의 내력에 대해서 다음과 같이 언급하고 있다. "복희씨가 괘를 그린 뒤에 주군(朱君)이 이를 얻어서 천지인(天地人)을 풀어낸 3권을 강태공(呂尙)에게 전하고, 강태공은 팔괘의 이치를 추리해서 육도(六韜)의 수(數)를 계산했으니 문(文)·무(武)·용(龍)·호(虎)·표(豹)·견(犬)이 이것이다. 그중에는 변화를 측량할 수 없는 이치가 있어서 주나라를 도와 공업을 이루었으니, 대성인 문왕(文王)께서 그 책을 특이하게 여겨서 이를 '『현무발서』'라고 이름 지었다." 그 뒤에 이 책은 "장량(張良, ?~B.C.186)이 얻어서 진나라 초나라를 섬멸하였고, 제갈량(諸葛亮, 181~234)이 얻어서 남북을 정벌했으니 그 신출귀몰함을 쉽게 말할 수 없다. 오기(吳起, ?~B.C.381)와 한신(韓信, ?~B.C.196)이 육도로 병사를 쓰기는 잘했으나 이 책을 얻지 못해서 제대로 끝마칠 수가 없었다"고 했다. 여기에서는 복희씨에서 연원해서 강태공에 의해 완성되었고 문왕이 『현무발서』라고 명명했으며 장량이나 제갈량, 한신, 오기 등의 병법가들에 의해 애용되었다고 했으나, 그 내용을 그대로 신뢰하기는 어렵다.

『현무발서』의 앞부분에는 목화토금수의 오행과 함께 그린 「심자도(心字圖)」와 「洛書(낙서)」와 문(文)·무(武)·용(龍)·호(虎)·표(豹)·견(犬)의 육도를 결합시킨 「낙서원도(洛書圓圖)」를 그려놓고, "오른쪽의 법은 먼저 입을 깨끗이 하고 손을 씻고 단정히 앉아서 분향 재배한 다음, 둔방(遁方)을 향해서 보허문(步虛門)과 태을주(太乙呪)를 37번 혹은 21번을 묵념한다. 조용히 앉아서 묵상하면 자연히 마음이 영묘해지고...... 모든 일에 하나의 실수도 없어질 것이다"라고 『현무발서』를 이용하는 방법을 설명하고 있다.

『현무발서』를 이용해서 점을 치는 법을 보면 "첫 번째 구절(口節)과 두 번째 부두(符頭, 1절기는 15일인데 이를 5일씩 상·중·하의 삼원(三元)으로 나누고, 각 5일씩의 첫 번째 날이 부두가 된다)와 세 번째 방위를 가지고 이 세 가지를 영(影)으로 삼고, 시간상의 직사(直使, 팔문 중에 시간에 해당되는 날의 사자(使者))로 元을 삼는다"고 했다. 그리고 이어서 하단에 1에서 9까지의 숫자가 세 단위로 쓰여 있는 지명(地名)과 성자(姓字)와 중국의 지역명과 명호(名號)와 심사(心思)와 국명(國名)과 만물명(萬物名)을 육도(六韜)로 분류하고 이를 다시 팔문으로 구별한 표를 담고 있다. 『현무발서정종』에서는 이를 「육도식(六韜式)」이라고 하면서 보다 체계적으로 그 구성을 명시하고 있다. "감괘(坎卦)·무도(武韜) 9궁으로 거지(居地)와 성자(姓字) 명자(名字)를 알 수 있다. 건괘(乾卦)·견도(犬韜) 9궁으로 여러 일들의 길흉과 명자(名字)를 알 수 있다. 곤괘(坤卦)・표도(豹韜) 9궁으로 여러 사물에서 수(水)・목(木)・화(火)・옥(玉) 등의 부수를 가진 자를 알 수 있다. 이괘(離卦)・문도(文韜) 9궁으로 질병 재앙과 기타 일들을 알 수 있다. 손괘(巽卦)・용도(龍韜) 6궁으로 재물의 득 실과 음식의 종류를 알 수 있다. 간괘(艮卦)・호도(虎韜) 6궁으로 사 물을 알 수 있다"고 했다. 이를 보면 이「육도식」의 도표는 구절과 부두와 방위 등을 가지고 수를 추산하면 이 도표에 의거해서 거주하 는 지명과 성명 길흉과 득실 질병과 사물의 이름 등을 찾아서 알아 맞히는 것으로 보인다. 『현무발서』의 권2에 태을주(太乙呪)와 반해 주(反解呪) 등의 주문이 나오고, 여의부(如意符) 등 보허문(步虛門) 정문(丁門) 정기(丁奇) 등의 신장(神將)을 부리는 부적이 실려 있다.

기문둔갑(奇門遁甲)은 줄여서 기문(奇門)이나 둔갑(遁甲)으로도 불리는데, 천간 중의 乙(을)・丙(병)・정(丁)을 삼기(三奇)로 삼고 휴 (休)・생(生)・상(傷)・두(杜)・경(景)・사(死)・경(驚)・개(開)를 팔 문으로 삼으므로 기문(奇門)이라 하고, 천간 중에서 갑(甲)이 가장 존귀하고 가장 드러나 있으나 육갑(六甲)의 음(陰)을 미루어서 은둔 (隱遁)하기 때문에 둔갑(遁甲)이라고 하였다. 본래 기문둔갑은 중국 에서는 남북조시기에 크게 성행했다.

전통시기의 대표적인 역술로서는 태을, 기문, 육임의 삼식(三式) 이 있는데, 이중 기문만은 다른 역술과는 달리 구궁팔괘를 이용해서 시간과 공간을 결합시켜 인간 세상에 일어나는 일들의 길흉을 점치 는 것이 특징이다. 다른 역술이론은 시간을 간지로 바꾸고 그 음양 오행관계를 따져서 생극관계로서 길흉을 점치는 데에 비해 기문둔 갑은 공간개념을 시간개념과 함께 결합시켜서 본다는 점에 가장 큰 특징이 있다.

또 기문둔갑은 일명 홍연수(洪煙數)라고도 하는데 제갈량의 기정팔문진(奇正八門陣)과도 관계가 깊다. 이 법은 제갈량이 낙서(洛書)의 수법의 변화를 연구하여 전쟁에 이용하고자 만든 것으로, 제갈량이 번번이 대승을 거둔 까닭은 이 법으로써 적의 동향과 전략을 먼저 간파하고 그것에 대응하는 책략을 세웠기 때문이라고 전해진다.

기문둔갑에서 점을 치는 방법을 간단히 요약하면 연월일시의 음양오행의 변화와 상생상극관계를 구궁(九宮)에 배당하여 천지인의 길흉을 예측함으로써 취길피흉(趣吉避凶)하는 방법이다. 이 기문둔갑은 술수와 병법과 기상(氣象) 등에 널리 응용되어 이용되었다.

특히 기문둔갑은 다른 술수와는 달리 우리나라에서 독자적으로 발전해온 역사를 가지고 있다. 우리나라에서는 특히 서경덕이나 이지함과 같은 걸출한 역학자들이 등장하면서 조선중기 이래로『홍연진결』과 더불어 기문둔갑류의 술수가 널리 유행한 것으로 보인다. 나말여초(羅末麗初)의 옥룡자는 기문지리의 대가였고, 고려시대의 강감찬과 조선시대의 栗谷(율곡) 李珥(이이, 1536~1584), 노사(蘆沙) 기정진(奇正鎭, 1798~1879) 등도 기문둔갑으로 유명했다고 하며, 동고(東皐) 이준경(李浚慶, 1499~1572)도 기문둔갑을 깊이 연구했다고 전해진다.[116] 또 조선중기의 유학자 정구(鄭逑, 1543~1620)도 이에 관해 글을 쓴 것이 있어서, 기문둔갑에는 조선시대의 저명한 유학자들이 여럿이 이와 관련되어 이름이 거론되고 있어서, 조선 사상계에서 기문둔갑은 다른 술수들과는 달리 유학자들에게

---

116)『한국민족문화대백과』, '기정팔문법' 조 참조.

어느 정도 인정을 받으며 연구되었던 정황을 보여준다. 이는 아마도 기문둔갑이 일개인의 길흉화복을 따지는 것이 아니라, 전체 국가의 길흉을 파악하는 데 주안점을 두기 때문인 것으로 추정된다.

또 『현무발서』의 내용 중에는 「우리나라 여러 현인들의 문답(我國諸賢問答)」이란 조목이 있어서, 이지함이 기문을 이용해서 길흉점을 친 사례가 2쪽에 걸쳐 실려 있다. 그 내용을 살펴보자. 어떤 사람이 이지함에게 "오늘 어떤 사람이 길흉을 물으러 오겠습니까?" 하고 묻자, "올해 입춘(立春) 상원(上元) 을축일 무인시에 물은 구절이 6수이고 대한(大寒) 중원(中元)이 문도(文韜)를 이룬다"는 것을 근거로 "오늘 유시(酉時)에 경상도 의흥에 사는 김고집이란 사람이 첩을 잃은 일을 물으러 오는데, 그 첩의 이름은 금옥이요 경주의 관비다"라고 추단했다는 내용이다. 이렇게 구절과 시간과 방위를 기문둔갑의 수리로 환원해 가지고 귀신같이 점쳐 맞추었다고 해서 인용하고 있다.

그래서 사람들은 장자방이나 제갈공명이 병서(兵書)로 사용한 『현무발서』란 중국 책을 이지함이 가져다가 우리나라의 여건에 맞추어 다시 편찬했다고 한다. 하지만 이 책은 우리나라에서 만들어낸 점서로서 중국에는 『현무발서』란 책은 존재하지 않는다. 『현무발서』가 강태공이나 오기나 장량과 같은 병법가들을 거쳐 전수되었다고 했지만, 이 문답내용을 보면 그중에서도 특별히 제갈량을 특별히 든 이유는 그가 신출귀몰한 병법으로 부려서 전쟁을 승리로 이끈 병법가이자 구궁팔괘를 이용해서 팔진도(八陣圖)를 펴서 적을 물리친 유명한 일화 때문에 그를 가탁한 것으로 추정된다.

이지함은 『현무발서』를 지은 작자로서 인식되어왔으나 그의 작이란 직접적인 언급이나 분명한 증거는 발견되지 않았다. 이 책 역시

『토정비결』과 마찬가지로 조선시대의 뛰어난 역학가이자 기인이었던 이지함의 명성에 가탁했을 가능성이 높다.[117]

그러나 이지함의 작으로 알려진 책으로『토정비결』이나『현무발서』같은 점서만 있는 것이 아니라, 이외에도 예언서로서의 비결들도 있다. 여기에는 판본에 따라 조금씩 다르지만, 필자가 조사한 바에 의하면『토정가장결(土亭家藏訣)』과『이토정비결(李土亭秘訣)』그리고『토정묘결(土亭妙訣)』이란 3종류가 전하고 있다.[118]

먼저『토정가장결』의 내용을 한번 보도록 하자.

> 내가 죽은 후 40년째 되는 을사년(乙巳年) 무자일(戊子日)에 장남이 아들을 얻을 것이다. 그 아이가 우리 집 안의 성(姓)을 이어갈 것이다. 내가 비록 죽은 후일지라도 자손을 위하여 어찌 앞일을 헤아려보지 않을 것인가? 감히 천기(天機)를 누설하며, 대략 연운(年運)을 따져 너희들을 가르치려 한다. 그러니 절대로 집 밖으로 새어 나가게 하거나, 음하고 간사한 사람에게 망령되이 퍼뜨리지 말아야 한다. 오로지 집안을 보존하는 방책으로만 삼아야 한다.
> 하늘에는 성신(星辰)의 변이(變異)가 있고, 땅에는 운기(運氣)의 영축(盈縮)이 있다. 그런 까닭에 3대가 융성할 때에도 나라의 흥폐성쇠(興廢盛衰)의 운은 항상 있었다. 대개 홍무(洪武) 임신(壬申)에 등극한 후로 다스려 편안한 때가 간혹 있었고, 쇠하여 어지러운 세상도 간혹 있었다. 이것은 천성(天星)의 변이(變異)와 지운(地運)의 영축(盈縮)이 다른 까닭이다. 내 비록 재주 없으되 우러러보고 굽어 살피며 수년간 별의 숫자로 헤아려보니 한양(漢陽)이 5백 년을 넘기지 못할 것이다.
> 병란은 신.자.진년(申子辰年)에 있고 형살(刑殺)은 인.신.사.해년(寅申巳亥年)에 있으니 이는 피난할 시기다. 장류수(長流水)운은 푸른 옷과 흰 옷이 더불어 서쪽, 남쪽에서 침략하니 이때 전읍(奠邑)이 바다 섬의 군사를 이끌고 방성(方姓), 두성(杜姓)의 장수와 함께

117) 이상 연세대 국학연구원, 『고서해제』 VII, VIII, 평민사, 2007. <현무발서> 조.
118) 현병주 편, 『비난정감록진본』, 근화사, 대정 12년 및 『정감록』, 프린트본, 출판사항 결 참조.

갑오년(甲午年) 섣달에 즉시 금강(錦江)을 건너면 다시 천운(天運)이 커질 것이다. 이때 도읍지 한양을 화산(華山)의 깊은 골짜기로 옮기고, 곽장군(藿將軍)이 요동의 군사를 이끌고 방씨, 두씨 장수와 함께 왜적 및 서남오랑캐를 무찌르며, 청나라를 몰아내고 명나라를 돕되, 정씨(鄭氏)를 부축하고 이씨를 기습하면 이씨는 제주(濟州)로 들어갈 것이다. 그러나 4~5년간의 운수에 지나지 않는다. 송백목(松柏木)운은 벌같이 일어나는 장수가 창으로써 시국에 맞설 것이다. 성두토(城頭土)운은 흙바람이 하늘 가운데서 진동할 것이다.119)

위 『토정가장결』의 내용은 국가의 흥망성쇠를 논하며 피난할 시기를 논한 정감록류의 예언비기서이다. 이 점에서는 개인의 1년 신수를 논한 『토정비결』과는 구별된다.

박종덕은 『토정비결』이 『정감록』이나 『남사고비결(南師古秘訣)』120) 같은 정치예언서와 다른 내용과 문제의식을 달리한다고 하면서 이지함의 저술 특성이 『토정비결』에 보인다고 강조하면서 『토정비결』만을 이지함의 저술로 보았다. 그에 의하면 "『토정비결』은 여느 비결류 서적의 속성과 다른 면을 가지고 있다. 일반적인 비결류 서적이 갖는 혁세사상 중심의 내용과 달리 개인의 미래를 운세 차원에서 吉凶을 해설하고 처세훈을 제시함으로써 국가나 왕조의 운명을 밝히기보다 개인의 운명적 내용을 제시하는 데 더 집중하고 있다. …… 이렇게 시대 예언적인 면을 벗어나 개인의 운세를 위주로 다룬 점은 토정의 애민적(愛民的) 발상을 배경으로 파악해볼 수 있는 것이

---

119) 『비난정감록진본』, 457~458쪽.

120) 『남사고비결(南師古秘訣)』은 저자인 남사고(1509~1571)의 호를 따서 『격암유록(格庵遺錄)』이라고도 한다. 세론시(世論視)·계룡론(鷄龍論)·궁을가(弓乙歌)·은비가(隱秘歌)·출장론(出將論)·승지론(勝地論) 등 60여 편의 논(論)과 가(歌)로 구성되어 있고 가는 국한문이 혼용되어 쓰였다. 역학·풍수·천문·복서 등의 원리를 인용하여 조선의 미래를 예언하고 이 예언서를 믿고서 신실한 마음가짐으로 이에 대처해야 한다고 하였다.

다"121)라고 했다.

그러나 『토정비결』 외에도 토정 이지함이 지은 『이토정비결』이 존재한다는 사실에 대해서 박종덕은 전혀 언급하지 않고 있다. 이외에 『토정비결』뿐만 아니라, 이지함이 지었다고 전해지는 점서로 『월영도』, 『현무발서』, 『농아집』도 있고, 비결류도 여러 종류가 전해지고 있다는 점을 분명히 인식하고 이들과의 전체적인 관련 속에서 이지함의 저술인지 아닌지를 논의해야 할 것이다.

백승종은 토정이 살아생전에 이미 기인, 도사 그리고 큰선비로 세상에 유명했고, 더욱이 후세에는 '토정비결'과 같은 명저의 지은이로 민중에게 더욱 친숙한 이름이 됐는데, 그가 만일 무수한 개인의 운명을 점칠 수 있다면, 나라의 운수인들 모를 까닭이 있었겠느냐는 의견이 많은 사람들의 뇌리에 영향을 미쳤다고 보았다. 그 기대에 부응하기 위해선 토정이 남긴 예언서로서 조선후기 『토정가장결』이 탄생한 문화적 배경이라고 한다.

『토정가장결』에 앞서 조선왕조가 망하고 진인 정씨가 새 나라를 세운다는 『정감록』122)이 나왔고, 그 뒤에 이를 참작해서 『토정가장결』이 쓰였다.

---

121) 박종덕, 앞의 논문, 54~56쪽 참조.

122) 역성왕조(易姓王朝)의 탄생을 예언하는 예언비결서 『정감록』은 사직의 존망과 백성의 생사를 좌우한 임진정유 왜란(1592~1597)과 병자호란(1636)이라는 국가사회의 혼란기를 통해 얼굴을 내민다. 「억눌린 민중의 怨과 望의 표출」이기 때문에 저작자가 없는 것이 특징이며, 따라서 원본이란 없다고 보아도 무방하다. 公刊된 것만도 십수 종에 이르며 필사본이 다양하다. 『정감록』으로 대표되는 참언은 민심을 동요시킬 힘을 가짐으로써 조정정국을 긴장시켜 왔다. 그것은 민중의식의 축을 이루기 때문에 험난한 사회를 피해 나가는 삶의 지혜를 가르친다. 피난을 가르친다고 해서 민중에게 민족혼 국가관이 메말라 있다는 뜻은 아니다. 그것이 민심을 현혹시킨다는 사회역기능적인 면을 가지면서도 「민중의 커뮤니케이션의 한 표상」으로 새롭게 해석될 수 있는 소지를 가지는 것은 변화되는 시국에 대해 깨어 있는 민중의식이 응어리져 나타나기 때문이다. 양은용, 「풍수지리설과 『정감록』」, 『종교문화연구』 제19호, 한신인문학연구소, 2012, 311~324쪽 참조.

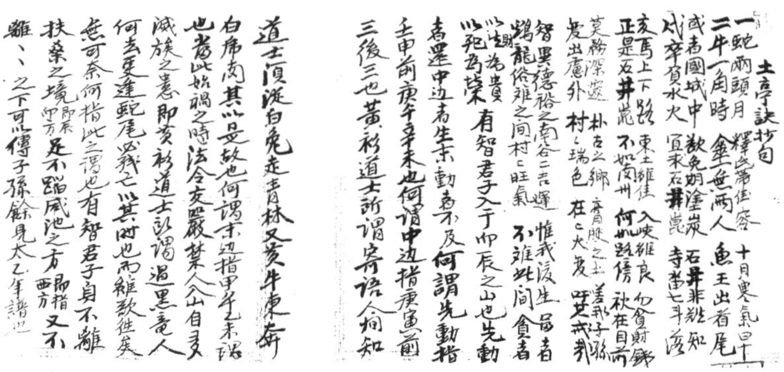

〈그림 3-1〉 토정 이지함이 지었다고 하는 예언서

첫째로, 『토정가장결』에서는 "내 비록 재주 없으되 우러러보고 굽어 살피며 수년간 별의 숫자로 헤아려 보니 한양이 500년을 넘기지 못할 것이다"라는 식으로 조선왕조의 멸망을 예언하고 있다. 그런데 "수년간 별의 숫자로 헤아려" 본 결과, 조선왕조의 운수를 짐작하게 됐다고 말하고 있다. 이렇게 천문에 중점을 두고 예언을 했다는 점이 『토정가장결』의 특징이다. 이는 『정감록』을 비롯한 다른 예언서들이 풍수지리에 의존해 국운을 점친 것과는 차이가 있다.

두 번째, 『토정가장결』의 특징은 압록강 이북의 요동이 중시된다는 점이다.

그 내용을 보자. "장류수(長流水, 癸巳) 운은 푸른 옷과 흰 옷이 서쪽, 남쪽에서 침략하는데, 이때 정도령(奠邑, 즉 鄭姓 眞人)이 바다 섬의 군사를 이끌고 방성, 두성의 장수와 함께 갑오년 섣달 즉시 금강을 건너면 다시 천운이 커진다. (중략) 곽 장군이 요동 군사를 이끌고 방씨, 두씨 장수와 함께 왜적 및 서남 오랑캐를 무찌르며, 청나라를 몰아내고 명나라를 돕는다. 정씨를 편들고 이씨를 공격하면 이씨는 제주로 들어갈 것이니 4, 5년간의 운수에 지나지 않는다.”
이 내용을 분석해보면, 계사년에 외침이 있는데 만일 그때 요동의
곽 장군이 나서서 정씨를 도우면 동아시아의 정치질서가 재편된다
고 했다.

여기에서 새로운 국제질서를 확립하는 데 결정적으로 기여하는
인물인 곽 장군은 중국인이 아니라 한국 사람으로 보인다. 늦어도
19세기 후반엔 고구려의 옛 땅이던 만주는 압록강과 두만강을 넘어
간 상당수 우리 민중들의 손길로 개발되고 있었다. 『토정가장결』에
등장하는 곽 장군은 아마도 이러한 역사적 상황을 반영하는 인물로
해석된다. 달리 말해, 간도에 진출한 빈농들이 이상적인 지도자로 여
겼을 법한 가상인물이라고 한다.

셋째로, 『토정가장결』은 난세의 피란지로 전혀 새로운 장소를 거
론했다.

『토정가장결』에서는 다음과 같은 내용이 보인다. “만약 요동 간방
으로 들어가지 않을 생각이라면 반드시 삼척부 대소궁기를 향하여
부지런히 힘을 기울여 곡식을 쌓을 일이다”라고 해서 요동 간방과
삼척부 대소궁기라는 피란지를 언급하고 있다.

전통의 참위서인 『정감록』에서는 주로 삼남 지방에 십승지 또는
길지가 있다고 했다. 경상도의 풍기나 충청도 공주 및 전라도 운
봉 등이 그 대표적인 경우이다. 그런데 『토정가장결』은 이를 정면에
서 부정하지 않으면서도, 요동과 삼척이란 뜻밖의 장소를 최고의 길
지로 내세운다.[123]

---

123) 백승종은 삼척이 길지로 대두된 이유를 토정에 관한 구전설화와 깊은 관계가 있다고 보았다.
한때 토정은 삼척에 머문 적이 있었는데 거기서 스님으로 위장한 왜국의 첩자를 잡았다고 한

『토정가장결』은『정감록』의 논리를 존중하면서도 19세기 후반의 변화된 사회현실을 그대로 투영하고 있는 것이다. 이 사실로부터 백승종은『토정가장결』이 출현한 시기를 간도로의 불법이민이 본격화된 19세기 후반에『토정가장결』이란 예언서가 창작되었을 가능성이 있다고 추론했다. 그렇게『토정비결』을 지었다고 거론된 토정은『토정가장결』의 저자로도 둔갑되었다.124) 이상에서 보면 백승종은『토정비결』이란 점서는 이지함이 저술했다고 하면서도, 예언서로서의 『토정가장결』은 가탁한 것으로 간주하고 있다.

역시 이지함의 작이라고 되어 있는『농아집』125)의 서문을 보자.

> 『농아집』한 편은 바로 우리 토정 이지함 선생이 지은 것이다. 선생의 학문은 천인(天人)을 궁구하고 하도 낙서를 깊이 연구하였는데, 이 책을 화담 서경덕 선생의 문하에서 얻었는데, 그 요점은 보허문(步虛門)에서 나왔으니, 참으로 오묘한 대법이다. 전체가 1018국으로 주책(籌策)이 복잡하고 의미가 꽉 차 있어서 끝없이 넓으나, 초학자는 주책을 풀기가 어려워 중도에 그만두게 됨을 면치 못하니 아깝도다. 내가 재주는 부족하지만 국(局)을 줄여 129개로 하고, 그 복잡한 것을 쳐서 간결하게 만들었다. 매국에는 격(格) 하나에 결(訣)을 세 개로 두었다. 만일 결 한 개만을 가지고 삼원(三元)을 모두 풀려고 한다면 이는 거문고 줄을 주(柱) 하나에 묶어두고 거문고를 현주하는 짝이 되리니 어떻게 진실에 묘합할 수

다. 이 일로 임진왜란 때 왜군은 토정이 살던 삼척에는 아예 얼씬도 못했다는 설화가 있는데, 이 구전설화가 예언서의 내용에 영향을 미쳤을 가능성이 있다고 보았다.

124) 백승종, 정감록산책, 서울 신문, 2005.7.21.
http://www.seoul.co.kr/news/newsList.php?section=bsj.

125) 『농아집(聾啞集)』(장서각본)은 1권 1책으로 된 필사본으로 李運夏가 天啓4년(1624)에 쓴 술수에 관한 책이다. 이 책은 토정이 쓴 농아 한 편을 필사한 것이라고 한다. 土亭이『토정비결』을 만들 때에 그 원리와 적용법을 밝히기 위해 편집 저술한 책이다. 策數起例 八門定例 月建例『토정비결』원리 등으로 구성되어 있다. 이 책은 재앙과 상서, 일 년 농사의 풍흉, 물자의 귀천 등을 예지하는 데 참고로 쓰였으며, 인간의 생년월일의 변화에 따라 그 행의 운수의 길흉까지 소상하게 밝혀주고 있다. 강윤곤, 『홍연진결』의 분야설 연구, 원광대학교대학원 박사논문, 2009, 5쪽.

있겠는가? 이미 지난 길흉과 미래의 재상(災祥)을 분명히 눈에 볼
수 있다. 천계(天啓) 4년 갑자 완산 이운하 서126)

위 글의 요지는, 『농아집』은 이지함이 지은 것인데 서경덕의 문하
에서 유래했다는 것이다. 그리고 점법은 보허문(步虛門)에서 나왔다
고 한다. 여기에서 보허문이란 무엇을 말하는지는 분명하지 않다.

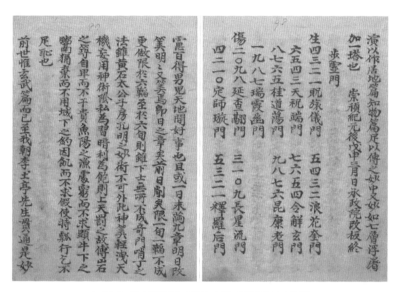

〈그림 3-2〉 국립중앙도서관 소장 현무발서의 보허문

보허(步虛)란 도교(道敎)에서 불리는 가사(歌詞)를 말하기도 하는
데,127) 여기에서는 이런 종류는 아니고, 아마도 『현무발서』에 나오

126) 『농아집』(『정감록 집성』), 241∼242쪽.

127) 宋曾慥編, 『類說』卷五十一, 樂府解題, 步虛詞 步虛詞道觀所唱 備言縹緲 衆仙輕擧之美. 明 朱
載堉, 『樂律全書』卷十三 律呂精義外篇三 古今樂律雜說并附錄辨李文察劉濂之失第三, 僧家宣
偈 道家步虛 船家棹歌之類.

는 「보허문(步虛門) 사조천계오십육조(師朝天啓五十六條)」와 「육정(六丁)보허문」을 말하는 듯하다.128)

이는 기문둔갑 계통의 점법이다. 실제로 점법을 설명한『농아집』의 「책수기례(策數起例)」를 보면, 태세수와 월건수를 쓴다든지, 선천수로 헤아리고 10으로 나누어 남는 수를 윗자리에 두고, 후천수로써 헤아려서 아랫자리에 두는 등의 방법은『토정비결』의 점괘를 뽑는 방법과 유사한 방식임을 알 수 있다.

만일『토정비결』을 토정의 저술로 주장한다면,『농아집』이『토정비결』의 점법과 더 유사하니 이 역시 토정의 저술로 보아야 할 것이다. 뿐만 아니라 역시 토정의 이름을 작자로 내세우고 있는『월영도』,129)『토정가장결』이나『이토정비결』등도 토정의 작이라고 주장하지 못할 이유가 없다. 이들 예언서와 점서 모두 그 이전에는 아무런 기록이 없다가 조선말에 이르러서야 갑자기 토정의 이름을 달고 나타났다는 공통점이 있지만, 오직 점서로서의『토정비결』에 대해서만 토정의 작이라고 본다고 주장한다는 것은 편파적이라고 하지 않을 수 없다.

---

128)『현무발서』에 나오는 보허문의 陽局 艮一 生門만을 들어보면 다음과 같다.
　　　四三二一 脫旅儀門 立春上元 丁丑 自艮入中出守坤 八五二
　　　五四三二 浪花奎門 立春中元 丁丑 自中出守坤
　　　六五四三 天祝端門 立春下元 丁丑 自坤出守艮
　　　七六五四 令解玄門 雨水上元 丁丑 自離出守乾 九六三
　　　八七六五 桂道湯門 雨水中元 丁丑 自乾出守震 下元在演
　　　九八七六 昆康老門 驚蟄上元 丁丑 自坎出守兌 一七四
　　　一九八七 瑞霞幽門 驚蟄中元 丁丑 自兌出守巽 下元在演.
129)『월령도』는 작괘로 괘를 뽑으며, 괘사는 모두 210章句로 되어 있다. 1구 8자로 된 9구가 한 章句를 이룬다.『토정비결』과 구성된 형태는 비슷하지만 신수점을 보는『토정비결』과는 점의 용도 면에서는 다르다. 간혹『토정비결』과 비슷한 점사가 보이기도 한다.

2. 『토정비결』의 판본 문제

앞 절에서 『토정비결』의 기원에 대해 그 작자 문제를 중심으로 고찰해보았다. 이제 『토정비결』이 토정 이지함과 같은 특정한 저자가 없이 민간에서 생겨나 유행되었던 민간의 점법이라고 한다면 중요한 것은 그 작자가 누구인지를 밝힐 수가 없기 때문에, 먼저 그 원형이 되는 판본이 무엇인지를 확인하는 일이다.

『토정비결』의 연구에서 원형이 무엇이고, 그 이후에 등장한 여러 판본의 차이를 분명히 인식하고 있어야만 한다. 만일 『토정비결』의 원형이 무엇이고 나중에 판본에 따라 여러 가지로 첨삭되었다는 사실을 알지 못한 채, 연구를 한다면 커다란 오류에 빠질 수 있기 때문이다.

정작 문제는 전문가조차도 이런 사실을 전연 인지하지 못한 채 연구결과를 내놓고 있는 실정이란 점이다. 『토정비결』에 대한 처음으로 학문적 저술을 남긴 김중순조차도 『토정비결』은 다 같은 내용이며, 다 같이 이지함의 저술로 간주하고 있다는 점은 문제로 지적하지 않을 수 없다.

1) 조선시대 필사본

현재 전해지는 조선시대의 『토정비결』의 판본은 거의가 필사본이다. 『토정비결』은 서운관[130]이나 관상감 같은 국가기관에서 관장

---

130) 고려 초 태복감(太卜監)이라 칭하고 업무는 풍수 음양 술수 등의 일을 관장하다가 1308년(충렬왕 34)에 천문을 관장하던 태사국(太史局)과 합하여 서운관이라 하였다. 조선시대에도 고려의 이 제도를 이어받아 1392년(태조 원년)에 설치하였다. 『세조실록』 제38권: 서운관(書雲觀)이 세조(世祖) 12년 1월 15일 무오(戊午)(1466년 2월 9일) 관제(官制) 개정(改定)으로 서운관은 관상감(觀象監)으로 개칭되었다 (書雲觀改稱觀象監), 서운관은 조선초 한양 천도 작업에 역할을 크게 하였다.

하던 역학서나 점서가 아니라, 민간에서 등장해서 민간에서 유행한 점술서였다. 그러다 보니 조선시대에는 『토정비결』이 민간에서 손에서 손으로 베껴가며 전해진 까닭에 현재 필사본만이 남아 있게 된 것이다.

김만태의 점복 민속 연구에 의하면 『토정비결』이란 이름이 처음으로 등장하는 것은 황성신문 1899년 12월 19일자 논설에서이다.[131] 그런데 여기에서의 『토정비결』은 우리가 말하는 점을 치는 『토정비결』이 아니라, 정감록에 수록된 비결을 지칭한 이름으로 말한 것이라고 한다.[132]

그러나 이미 『정감록』에는 『토정비결』이란 이름이 쓰이고 있었다고 한다면, 황성신문에 처음으로 『토정비결』이란 말이 쓰였다는 말 자체가 성립될 수는 없다. 이는 예언서 『토정비결』은 이미 정감록 속에 수록되어 민간에서 유포되어 있기 때문이다. 그래서 1899년 황성신문은 아마도 『토정비결』이란 명칭을 공식적으로 언급한 최초의 인쇄물로 그 가치를 보아야 옳을 듯하다.

여기에서 중요한 것은 예언서 『토정비결』이 아닌, 정초의 신수점을 치는 『토정비결』이 처음으로 등장한 것은 언제인가 하는 문제이다. 예언서 『토정비결』과 신수점 『토정비결』은 서로 완전히 다른 저작으로, 이 논문에서는 예언서가 아닌 후자에 한정해서 연구가 진행될 것이다.

그동안 『토정비결』 판본을 조사해본 결과에 의하면, 조선시대는 필사본만이 전해지고 있고, 일제강점기에는 인쇄본이 크게 유행했

---

131) 황성신문, 논설, 1899.12.19. 02면 01단 논설 <鄭勘錄不足信>, 我東에도 自羅麗로 入于我韓 ㅎ야 道詵秘記니 土亭秘訣이니 魏淸學秘訣이니 種種 信疑가 不無ㅎ되 一種隱桔한 文字가 別 有ㅎ니 非經非緯오 非圖非讖이오 非術非數오 非卜非筮로되 足히 人心을 狂亂케 ㅎ며 世道를 衰亡케 하는 禍害를 醸出하는 者를 名曰 鄭勘錄이라.

132) 김만태, 앞의 논문, 141~142쪽.

다. 토정비결 연구가로 알려진 박종평은 오랫동안 목판본으로 간행된 『토정비결』을 찾으려 했으나 찾지 못했다고 했다. 그는 목판본 『토정비결』을 찾지 못했고 1918년 인쇄본이 일제강점기 때 발간된 것을 보면 이전에는 대부분 필사본으로 『토정비결』을 보았을 것으로 추정했다.[133] 조선시대에 『토정비결』이 인쇄되지 못하고 필사본밖에 없는 이유는 민간의 점서인 까닭에 공식적으로 인정받을 수 없었기 때문이다. 이는 또한 『정감록』이 왕조의 교체를 예언한 글로서 조선왕조에서 이를 인정하지 않았던 탓에 비밀리에 민간에서 필사본으로만 전해져 내려온 것과도 비슷한 맥락이 있다.

지금까지 발견된 최초의 『토정비결』 점은 『심원권일기』에서 심원권이 뽑은 『토정비결』의 점사 "四二三 화소원중(花笑園中) 봉접래희(蜂蝶來戲) 꽃밭에 벌나비가 찾아와 희롱한다"는 점사라고 할 수 있

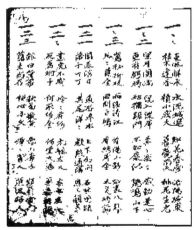 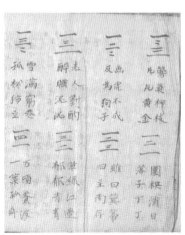

〈그림 3-3〉 『토정비결』(간행년 미상,
한국학중앙연구원 장서각 소장)

〈그림 3-4〉 1구 8자본 『토정비결』
(원명은 석중결)

133) 『주간경향』, 2009.01.28. '토정비결의 저자는 토정이 아니다' 인용.

다. 이렇게 보면 1877년 심원권은『토정비결』이란 이름을 말하지는
않았지만 분명한『토정비결』의 점사로 새해의 신수점을 보았다고 확
정할 수 있다.

김만태는 한국학중앙연구원의 장서각 소장 4구 32자본 <그림
3-3>이 가장 오래된 판본으로 이것이 바로『토정비결』의 원형이 된
다고 했다. 그러나 임채우는『토정비결』은 1구 8자가 원형이라고 하
면서 그 근거로 자신이 소장하고 있는 판본 <그림 3-4>『석중결』을
제시한 바 있다. 임채우 소장본 <그림 3-4>와 장서각소장본 <그림
3-3>을 비교해보면 1·1·3에서 1·2·3까지 4조의 점사가 겹친다.

4구 <土亭秘訣> 李之函
1.1.1 東風解凍 枯木逢春 2 望月圓滿 更有虧時 .3 鶯栖柳枝 片片黃金
1.2.1 圍碁消日 落子丁丁 .2 畵虎不成 反爲狗子 .3 雖曰箕箒 舊主尚存
1.3.1 老人對酌 醉睡昏昏 .2 草綠江邊 郁郁靑靑 .3 雪滿窮巷 孤松特立
1.4.1 萬頃蒼波 一葉片舟 .2 百人作之 年祿長久 .3 夜雨行人 進退苦苦

이들을 비교해보면 <그림 3-3>의 한 구절 8자가 <그림 3-4>의 맨
위 구절에 해당되는 것을 볼 수 있다.

그렇다면 이 4구본과 1구본의 차이를 어떻게 설명할 수 있을까?
장서각소장의 4구본이 줄어들어서 임채우 소장 1구본으로 축약되었
다고 볼 수 있을까? 이렇게 주장할 수는 없을 것이다. 4구본이 줄어
들어 1구본이 되었다는 것은 불합리하며 비상식적인 추론이기 때문
이다. 이는 앞에서 말한『심원권일기』에 실린『토정비결』점사도 1
구 8자이니 임채우의 주장이 더 타당하다고 할 수 있다. 그래서 임
채우 소장본 즉 1구 8자본이 늘어나서 장서각소장본 즉 4구 32자본

으로 발전한 것임을 추리할 수 있다.

이렇게 1구 8자본이 4구 32자본으로 늘어나고, 나아가 8구 64자본 등도 필사본의 형태로 나타나는 것을 볼 수 있다. 결국 『토정비결』의 원형은 1구 8자본으로 이것을 토대로 4구, 7구, 8구 등으로 『토정비결』이 양적으로 확대되면서 다양한 조선시대의 필사본들이 등장하게 되었다.

2) 일제강점기 이후 인쇄본

조선시대에는 목판본도 없이 오직 필사본만이 남아 있지만, 일제강점기가 되면서 근대의 활자기술이 도입되어 인쇄본이 등장하게 된다. 『토정비결』 연구가 박종평은 1918년 『윷과덤책』이 최초의 『토정비결』의 인쇄본이라고 보았다. 그러나 이보다 몇 년 앞선 1914년 『가정백방길흉보감』(지송욱 저작 겸 발행, 광한서림, 대정 3년)에 『토정비결』 4구본이 실려 있는 것을 볼 수 있다.[134]

그렇다면 아직 발견을 못했지만 이보다 더 빠른 『토정비결』 판본이 있을 가능성도 있다.

현재까지 전해지고 있는 『토정비결』을 수록한 인쇄본은 대략 다음과 같다.

지송욱 저작 겸 발행, 『가정백방길흉보감』 광한서림, 대정 3년(1914).
박건회 편, 『증보언문가명보감』, 신구서림, 대정 5년(1916).
박건회 저작 겸 발행, 『사주길흉자해법』, 대정 6년(1917).
申龜永, 『윷과덤책』, 박문서관, 대정 7년(1918).

---

134) 임채우, 앞의 논문, 589쪽 참조.

辛龜永 編, 『家庭百科要覽』 京城: 博文書館, 1918.
박건회 편집, 『改良增補 四柱吉凶自解法』, 박문서관, 대정 8년(1919).
『(가정필요)백방길흉자해』, 신명서림, 대정 12년(1923).
金東縉 編, 『(家庭)百方吉凶秘訣』, 京成: 德興書林, 대정 14년(1925).
姜義永 編, 『(最新諺文)無雙家庭寶鑑』, 京城: 永昌書館, 大正 15년[1926].
金洹 編, 『萬福眞訣』, 京成: 以文堂, 昭和 4년(1929).
『家庭百方吉凶判斷法』, 영창서관, 소화 8년(1933).
『溫各去是家庭要鑑』, 출판사항결, 昭和 연간 간행.
『家庭百方吉凶寶鑑』, 성문사, (대정 3년 초판), 세창서관, 1951.
『원본토정비결』, 세창서관, 1951.
『萬福眞訣』, 세창서관, 1952.
『(最新)家庭百科辭典』, 三省社, 1953.
장영구 편집 겸 발행, 『이십팔구『토정비결』』, 문창사, 1958.
김정호, 『실용가정백사보감』, 아동문화사, 4294년.
『새 가정보감』 대구, 향민사 1962.
『국민보감』, 향민사, 1962.
『家庭百事吉凶寶鑑』, 鄕民社編輯部編, 鄕民社, 1962.
김혁제, 『45구 송정토정비결』, 명문당, 1975.
『가정보감』, 이원홍, 은광사, 1988.
대한역법연구소 편, 『원본토정비결』, 남산당, 1992.

이상에서 볼 때, 『토정비결』에 관한 중요한 활자 인쇄본은 대부분
이 일제강점기에 출판되어 나왔다. 해방 후에도 60년대까지는 비교
적 활발하게 『토정비결』 인쇄본이 발행되었으나, 일제강점기보다는
그 종류가 줄어들었다. 이후로 점차로 감소해서 90년대 이후에는 남
산당과 명문당이란 두 출판사에서 독점하다시피 간행되고 있는 실
정이다.

김중순은 1980년대 당시 『토정비결』 연구를 위한 자료 문제에 대
해 다음과 같이 언급을 남겼다.

"13년 전에 가졌던 명문당 간행의 『토정비결』 책이 초판 이래 10

판을 넘었고, 1981년까지도 계속 중판이 나오고 있다. 뿐만 아니라 다른 또 남산당 판이 있으며, 서울의 몇몇 출판사가 간행하고 있으나 근본적으로 이토정의 원저에서 온 것이므로 어느 출판사의 간행본이건 간에 근본적인 차이가 없다. 내가 가진 것으로는 대한역법연구소편(大韓曆法研究所編)으로 남산당(南山堂)이 펴낸 것과 명문당(明文堂)의 것이다. 또 다른 출판사가 펴낸 『토정비결』본이 있다고 해도, 그리고 그것이 다소 차이가 있다고 하더라도 내가 연구하려는 근본적인 문제에는 아무런 영향을 미치지 않는다. 그 이유는 이 책을 읽는 독자가 후에 알 수가 있기에 별도의 설명을 붙이지 않기로 하겠다. 내 이번 연구에는 남산당 판을 썼다. 우선 인쇄가 선명했고, 양질의 종이를 쓴 것 외에도 명문당 간행의 『토정비결』은 모씨의 저라고 돼 있어서 『토정비결』의 원저자인 토정 이지함과 혼동이 될 것을 우려해서이다."135)

위에서 김중순은 여러 출판사에서 『토정비결』이 간행되고 있으나, 어느 것이든 근본적인 차이가 없다고 했다. 남산당본은 김중순의 말대로 대한역법연구소 편으로 되어 있고 48구본이다. 그런데 당시 70~80년대에 명문당에서 간행한 판본도 한 가지가 아니라 42구, 45구, 48구, 64구본의 여러 가지가 있었다. 그러나 이런 문제에 대해서는 아무런 언급이 없이 남산당본이 그저 인쇄가 선명하고 종이가 좋으며 이지함 원저를 존중해서 모씨의 개인 저서로 하지 않았다는 이유로 남산당본을 연구의 대상으로 삼았다고 했다.

그러나 김중순의 말대로 과연 근본적인 차이가 있는지 없는 것인지는 분명하게 따져보아야 할 필요가 있다. 김중순이 같다고 말한 명문당에서 간행한 45구본과 남산당 간행 48구본의 첫 번째 괘를 샘플로 삼아 비교해보기로 하자.

---

135) 김중순, 앞의 책, 20~22쪽.

명문당본

一 一 一

乾之姤

[註解]: 有變化之意。

[卦象]: 東風解凍 枯木逢春

[해왈]: 이제야 좋은 운이 돌아왔으니, 재물은 왕성하고 경영하는 일은 칠팔월에 되리로다. 사월과 오월에는 다른 사람의 구설을 조심하라.

卦辭

東風解凍 枯木逢春 小往大來 積小成大 災消福來 心神自安
月明中天 天地明朗 春回故國 百草回生 卯月之中 必生貴子
君謀大事 何必疑慮 若逢貴人 身榮家安 春雖小通 勞方恆大

正月 春化日暖 鳳雛麟閣 災消福來 弄璋之慶 若非如此 進財添土
二月 東園桃李 逢時滿發 身數大吉 財物自來 若無財數 反爲傷心
三月 名山祈禱 必有安靜 所謀經營 不中奈何 心神無定 東奔西走
四月 財數平吉 口舌慎之 運數亦通 諸事順成 經過山路 前程大路
五月 此月之數 守口如瓶 莫近是非 不利之事 他鄕客地 親友慎之
六月 莫近女人 口舌可畏 若近安氏 不利之事 莫動出行 安分最吉
七月 桃李逢春 花開成實 若非官祿 子孫有慶 若非如此 橫厄可畏
八月 有形無形 必有虛荒 財物自來 一身自安 此月之術 先困後旺
九月 歲月如流 財物自去 莫近訟事 損財可畏 勿近金姓 訟事不利
十月 驛馬有數 奔走之格 身數不利 慎之疾病 若非如此 堂上有變
十一月 財數不利 心神不安 東北之方 不利出行 在家有益 守分上策
十二月 勿謀經營 虛費心力 身旺才消 吉凶相半 大往小來 反爲無用

남산당본

一 一 一

乾之姤

[卦象]: 東風解凍 枯木逢春 水流城邊 積小成大 好花春暮 暮覺南天 洛陽城東 桃花生光

(해설) 곤궁한 사람이 점점 힘이 펴이고 또 공명할 괘

解釋

東風解氷　枯木逢春　觀此卦爻　萬物蘇生　好花春暮　夢覺南天
基地逢冲　移居之數　病痊心安　萬事太平　水流城邊　積小成大
雲散月出　天地明朗　父發孫位　膝憂可慮　洛陽城東　桃花生光
災消福來　心神自安　春回故國　白草回生　卯月之中　必生貴子

正月　小往大來　積小成大　水流城邊　其源深長　災往福來　人口增進
二月　東園桃李　逢時滿發　身入金谷　手弄千金　若無財數　反爲傷心
三月　夢裡蝴蝶　幾度繁華　所謨經營　不中奈何　莫近火姓　口舌是非
四月　財數平吉　口舌愼之　洛陽城東　花柳生光　經過山路　前程大路
五月　守口如瓶　口舌可畏　莫近是非　不利之事　在家得福　他鄉不利
六月　莫近女人　口舌可畏　月下三更　花燭失光　莫動出行　安分最吉
七月　此月之數　胎星照臨　若非官祿　子孫有慶　謨成事取　福祿津津
八月　有形無形　必有虛荒　江南萬里　野花爭發　財物自來　一身自安
九月　莫聽人言　信斧斫足　此月之數　金姓愼之　莫近訟事　損財可畏
十月　驛馬有數　奔走之格　愼之愼之　金飮李醉　吊殺侵犯　疾病愼之
十一月　鳥返故巢　宜其室家　在家則安　出行不利　榮辱有時　安分守道
十二月　謨成事就　財可如意　名播四方　萬人仰視　大往小來　反爲無用

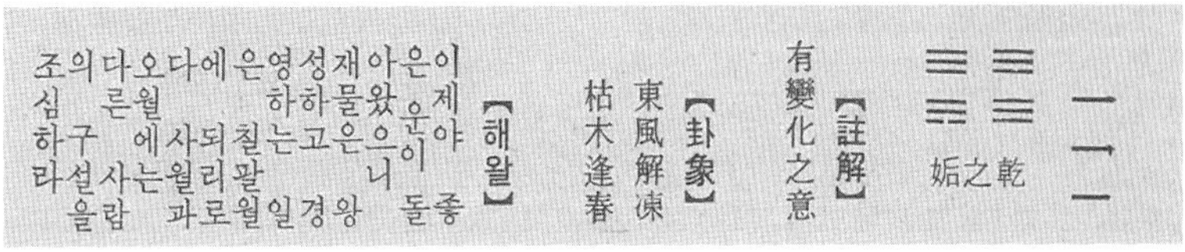

〈그림 3-5〉 명문당본 상단부분

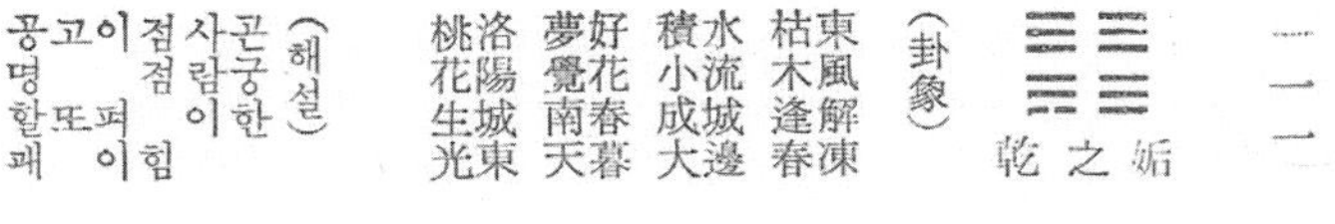

〈그림 3-6〉 남산당본 상단부분

결국 명문당 45구본과 남산당 48구본에 같은 것은 一 一 一 건지구(乾之姤)의 괘 "동풍해동(東風解凍) 고목봉춘(枯木逢春)"이라는 첫 번째 총운에 해당되는 괘상(卦象)만 완전히 동일하고, 그밖에 다른 점사는 비슷한 곳도 있지만 점사가 분명하게 다름을 알 수 있다. <그림 3-5> 명문당본 상단과 <그림 3-6> 남산당본 상단을 보면 더욱 확연히 증명됨을 알 수가 있다. 이는 위에서 예를 든 첫 번째 괘 ━ ━ ━에서만 발생한 현상이 아니라, 144개의 전 괘에서 동일하게 발생한 문제이다. 결국 김중순이 남산당본과 명문당본의 차이를 대조해보지 않아 어떤 판본이든지 인쇄본은 다 같다고 오해를 했고, 결과적으로 연구에 문제를 일으켰다는 것을 알 수 있다.

명문당이나 남산당에서만『토정비결』을 간행한 것이 아니라, 해방 이후『토정비결』은 여러 출판사에서 간행을 했고, 월간지 같은 곳에서도 신년호 부록으로 간행하는 경우가 많아서, 여러 판본들이 있다. 당시『토정비결』을 전문적으로 출판한 출판사 중 주요한 것으로는 향민사와 남산당과 명문당이 있었는데, 이중에서는 명문당이 가장 많은 판본과 인쇄부수를 간행했다. 가령 명문당에서 출간한『토정비결』중 하나의 예를 본다면, 지금까지 발간된『토정비결』중 최대의 분량을 가진 64구본『토정비결』이다. 이는 명문당에서 송정 김혁제의 저서로 1955년 12월에 발간되었다. 맨 위 난외(欄外)의 상단에는 먼저 숫자괘와 해당 64괘가 그려져 있고, 주해[註解]가 있고 괘상[卦象]이란 총운이 있으며 한글로【해왈】이 있어서, 전체적으로 뜻을 풀이하고 있다.

그 아래 네모칸 안에는 괘사가 16구, 월운이 4구씩 모두 48구로 64구가 된다. 그리고 각각 총괘와 월운을 모두 번역해두었다. 그래서 64구본이라고 하지만 위의 총운까지 합하면 64구가 아니라 한문으로만 66구이고, 여기에 해왈과 번역문까지 합하면 적지 않은 분량이 된다.

괘사에는 동풍해빙(東風解氷)과 고목봉춘(古木逢春)으로 시작하며 소왕대래(小往大來) 적소성대(積小成大)로 이어져 16구가 된다. 이 부분은 필사본, 일제강점기 인쇄본과 비슷하지만 다른 문구가 등장한다. 그리고 월운은 1달 각각에 4구씩 64구가 있는데, 이는 이전의 필사본에 없는 부분이며, 명문당의 45구본이나 48구본과는 거의 일치하지만, 동시대의 다른 출판사 판본과는 내용이 다르다.

이전에 『토정비결』 특집을 다룬 한 신문매체에서는 이렇게 후에 월별 운세까지 늘어난 부분이 수준이 높지 않다는 점을 문제로 지적했다. 한중수는 "달별로 나온 것은 문구가 유치해서 인정하고 싶지 않다"면서 "처음에 나온 한 구인 8자만 정통으로 본다"고 설명했다. 한중수는 "앞 구절은 사마천의 <사기> 등 중국 고사성어를 많이 사용해 비유는 간단하지만 여러 가지 의미로 해석할 수 있는 반면, 뒤 구절에 가필한 내용은 문구가 틀린 것도 있어 문제점이 많다"고 덧붙였다.

박종평은 해방 이후 가필한 책이 등장했다고 했고, 한중수 역시 "해방 전후 출판사에서 내용을 늘려 출간했다"고 말했다. 너무 간단하면 독자의 구미를 맞출 수 없으므로 월괘까지 나오도록 원본을 풀어서 길게 늘였다는 것이다.

또 점사에서도 흉한 내용을 없애고 좋은 내용만 담아 순화한 책도 있다. 『토정비결』을 본 사람들이 모두 기분 좋게 하기 위해서다.

이런 판본에 따른 차이와 내용상의 문제는 단순히 명문당과 남산당의 판본에서만 발견되는 것이 아니라, 거의 모든 『토정비결』 판본들에서 보이는 현상이다.

『토정비결』은 실제 제목부터 다양하다. 『토정결(土亭訣)』이나 『토정선생요결』 등 토정의 이름을 단 『토정비결』도 있지만, 토정 이름과 관련 없는 제목도 많이 존재하고 있다. 비결(秘訣), 당년결(當年訣), 당년신수결(當年身數訣), 일년신수(一年身數), 석중결(石中訣), 작명결(作名訣), 유년결(流年訣), 연운요감(年運要鑑), 비밀(秘密), 태세수(太歲數), 산수책(算數冊), 영기결(靈棋訣) 등등 『토정비결』의 명칭은 아주 다양하다. 같은 내용일지라도 다른 제목으로 되어 있는 경우도 있고, 같은 제목일지라도 내용에 차이가 있는 경우도 많다. 『토정비결』의 판본들을 비교해보면 가장 결정적인 차이는 월운(月運)이 없는가 아니면 첨가되었는가의 여부이다. 바로 이 부분으로 인해서 『토정비결』의 자구수가 크게 달라진다.

『토정비결』을 10여 년간 수집해온 박종평은 "150여 년에 걸쳐 나온 60여 종의 『토정비결』을 보면 지금과 같은 형태로 된 것은 해방 이후"라고 지적했다. 이전까지는 그 해의 운만 적혀 있거나 여기에 덧붙여 한두 달의 운만 있었다. 하지만 해방 이후 출간한 『토정비결』에는 매월 운이 추가됐다. 누군가 가필해서 현재의 모습이 된 것이라고 했다. 그러면서 자신이 소장한 50여 종의 필사본과 10여 종의 인쇄본을 분석한 결과, "다른 조선시대 고서적처럼 목판본을 찾으려 했으나 찾지 못했다"면서 "박물관에서도 이 목판본을 보지 못했다."[136]고 말했다. 그래서 『토정비결』은 크게 필사본, 일제강점기 인쇄본, 해방 이후 인쇄본으로 나눌 수 있다고 보았다.

---

136) 『토정비결』의 저자는 토정이 아니다, 주간경향 2009.01. 참조.

그러나 해방 이후에 월운이 첨가된 판본이 크게 보급된 것은 사실이지만, 해방 후에 처음 등장한 것은 아니다. 이미 일제강점기에 월운이 들어간 판본들이 유행했다. 다음을 보자.

특히 가장 많은 『토정비결』을 발행한 명문당의 경우를 보자. 1951년 간행한 『토정비결』판은 42구본으로 제목이 『원본토정비결』이며 '김혁제 편(編)'으로 되어 있다. 그러다가 같은 명문당에서 1962년 45구본과 1955년 64구본은 명칭 자체를 『송정토정비결』로 '김혁제 저(著)'와 1972년 『일년신수비결(一年身數秘決)』 김혁제 교열(校閱)로 바뀌어 발행되고 있다. 특이하게 처음에는 42구본을 펴냈다가 64구본으로 대폭 확장했다가 다시 45구본으로 줄였다가, 이 45구본으로 정착된 방식을 취하고 있다. 42구본과 45구본의 차이는 괘사에 3구를 더 한 것이다. 그러다가 다시 1991년도 45구본을 『원본토정비결』로 개명하고, '송정 김혁제 주해(註解)'로 표제를 달았다. 그러나 62년도 45구본과 91년도 45구본을 비교해보면 내용은 동일하다. 무슨 사정이 있는 것인지 알 수 없으나, 동일한 책을 놓고, '편(編)'이라고 했다가 '저(著)'라고 했다가 '주해(註解)'라고 하는 등 혼란스럽게 하는 것은 문제라고 아니할 수 없다. 명문당 『토정비결』은 사실 김혁제[137]가 상당부분을 추가 보완한 판본이라고 할 수 있다.

---

137) 김혁제는 『천기대요(天機大要)』, 『일년신수비결(一年身數秘訣)』, 『송정비결(松亭秘訣)』, 『명자길흉자해법(名字吉凶自解法)』, 『해몽요결(解夢要結)』 등 수십 권의 역학책을 낸 역학자이다. 1903년생인 송정 김혁제는 1923년 10월 명문당 출판사를 설립해서, 자신의 저서들을 이곳에서 출판했다. 명문당은 김혁제의 뛰어난 영업력과 출판기획 덕분에 70년대까지는 상당히 큰 영향력을 가진 출판사였다고 한다. 김혁제의 아들 김동구는 "아버지는 재야 한학자로 한문에 관한 책을 많이 내셨다"고 한다. 역학자 김애영 씨는 "한국역술인협회 회장직을 30년 이상 하셨던 지창용 선생께서 김혁제 선생이 뛰어난 분이었다는 이야기를 많이 하셨다"면서 "그분이 낸 책을 봐도 유식했다는 것을 느낄 수 있다"고 설명했다. 한중수 역시 "그분에 대한 여러 가지 평가가 있지만, 가장 중요한 것은 그분 덕분에 역학의 자료가 지금까지 전해질 수 있었다는 것"이라며 "시절을 앞서 간 기업가이기도 하다"고 평가했다. 주간경향 1193호, 2016.9.13. 인용.

명문당에서 발행된 판본을 비교해보면, 기존의 판본에 계속 첨가해왔음을 알 수 있다. 그러면서 『토정비결』이름을 자신의 아호를 앞에 붙여서 개인 저술로 표기하고 있음을 볼 수 있다. 이는 남산당에서 48구본 『토정비결』을 펴내면서 계속 '대한 역법연구소 편(編)'으로 간행하는 것과는 대조적이다. 또 명문당 『토정비결』을 남산당과 비교해보면 총운만 일치할 뿐, 나머지 월운을 표시한 40여 구는 같다고 볼 수가 없다. 이는 결국 명문당 『토정비결』은 김혁제의 개인 저술로 탈바꿈된 채 일반인들은 마치 토정 이지함이 지은 것으로 착각해왔다는 사실이다.

제4장

『토정비결』
작괘법(作卦法)의 특성

앞 장에서는 『토정비결』의 기원에 대해서 작자 문제를 토정 이지함과의 관련 속에서 고찰해보았다. 그 결과 토정 이지함이 작자일 가능성은 매우 적고, 조선후기 민간에서 치던 점법이 『토정비결』이란 형태로 체계화되었을 가능성이 높다는 사실을 알게 되었다.

이제 『토정비결』의 특성을 살펴보기 위해 먼저 그 점법으로서의 작괘법의 구성 원리를 알아보고 다른 점법들과 비교해볼 필요가 있다. 그럼으로써 『토정비결』이란 점법이 주역점이나 육효점 등 중국의 점법의 영향을 받아서 만들어진 것이 아니라, 오랜 시간에 걸쳐 조선의 민중들 사이에 전해오던 민간점법이 체계화된 것임을 알 수 있고, 그 특성을 이해할 수 있기 때문이다.

1. 『토정비결』 작괘법의 구조

1) 숫자괘의 구성원리

『토정비결』의 점법은 먼저 생년 생월 생일의 숫자에 태세수를 더하고 이를 일정한 숫자로 나누어서 남는 수로 숫자괘를 만든다. 그

다음에는 각각의 숫자괘에 딸린 점사를 찾아서 점을 친다.

괘 만드는 법(作卦法)은 먼저 나이의 수(先置年齡數)를 놓고 다음에 그 해 태세수[138])를 합하여 8로 나누고 남은 수로 상괘(上卦)를 만들고, 다음에 그 해 생월수(又置當年生月數)에다 달이 크면 30을 놓고, 달이 적으면 29를 놓고 그것에다 생월 월건수를 더하여 6으로 나누고 그 남은 수로 중괘(中卦)를 만든다. 그다음은 생일수(再置生日數) 수를 놓되 초하루면 1을 놓고 30일이면 30을 놓고 그것에다 그해 생일일진수(當年生日日辰數)를 합하여 3으로 나누고 남는 수로 하괘(下卦)를 만든다. 위의 상중하 삼괘(三卦)를 합하여 일괘상(一卦象)이루니 144괘이다.[139])

토정비결의 괘는 첫 단위는 1~8까지이고, 둘째 단위는 1~6이고, 셋째 단위는 1~3으로 순환한다. 예를 들어보면 다음과 같다.

> 1 · 1 · 1
> 1 · 1 · 2
> 1 · 1 · 3
> 1 · 2 · 1
> 1 · 2 · 2
> 1 · 2 · 3
> 1 · 3 · 1
> 1 · 3 · 2
> 1 · 3 · 3
> 1 · 4 · 1
> 1 · 4 · 2
> 1 · 4 · 3

---

138) 태세수는 太歲에 속한 수로, 태세수에는 여러 가지가 있는데 선후천 및 중천에 의한 간지수, 간지의 순서로 정해진 태세 간지수, 大定數法에 의한 태세수 등이 있다. 김승동, 『역사상사전』, 부산대학교출판부, 2006, 1421쪽 참조.

139) 명문당본(2001)과 남산당본(2016)의 감정법 작괘법을 참조.

```
1 · 5 · 1
1 · 5 · 2
1 · 5 · 3
1 · 6 · 1
1 · 6 · 2
1 · 6 · 3
2 · 1 · 1 ...... 8 · 6 · 3
```

이렇게 『토정비결』은 원래 숫자로만 이뤄진 숫자괘로서, 전체적인 경우의 수는 8×6×3=144이다. 이를 첫째 단위를 1에서 8까지 둘째 단위를 1에서 6까지 셋째 단위를 1에서 3까지를 순서대로 조합한 것이 위에서의 숫자괘 체계가 된 것이다.

그런데 일제강점기 무렵에 여기에 주역의 괘가 덧붙여졌다. 즉 첫 단위가 1에서 8까지이니, 주역의 선천팔괘도에 따른 팔괘(八卦)를 배당해서 상괘(上卦)로 삼았다. 둘째 단위도 팔괘를 배당했는데, 1에서 6까지로서 팔괘 중의 끝의 두 괘(艮卦와 坤卦)가 빠졌다. 그리고 셋째 단위에서는 초효에서 삼효까지를 동효로 정했다.

그러면 『토정비결』에서의 숫자괘는 어떤 원리로 해서 얻은 것일까? 무라야마 지준은 "토정 이지함이 강태공의 영구수(靈龜數)에서 그 근거를 두고 고안한 것"이라고 했다. 그러면서 『토정비결』을 적중률이 우세한 사주점법으로서, 민간에서 널리 행해지고 있다고 평가한 바 있다.[140]

그러나 강태공 같은 인물들은 역사상 저명한 인물들의 이름을 가탁한 것일 가능성이 높다. 다시 말해 무라야마 지준은 민간에서 떠돌아다니는 말을 검증하지 못한 채 그냥 옮겨놓았을 가능성이 높다.

---

140) 村山智順, 『朝鮮의 占卜과 豫言』, 東文選 文藝新書 23 (金禧慶 譯, 東文選, 1990), 400쪽.

또 영귀수라는 것도 무엇인지 알려져 있지 않으나, 이와 비슷한 것으로 영귀팔법이란 것은 있다.[141] 이는 중천수와 비슷하기는 하지만 동일하지는 않다.

조선시대의 필사본에는 대부분 『토정비결』을 보는 점법이 없이 점사만 있는 경우가 대부분이다. 하지만 현재 발행되고 있는 『토정비결』본에는 숫자괘를 얻는 방법이 소개되어 있다. 이를 분석해보기로 한다.

수리법(數理法)
年月日共通 天干數值
甲己 9 乙庚 8 丙辛 7 丁壬 6 戊癸 5

먼저 천간에 적용되는 수리이다. 여기에서는 선천수의 수리만을 천간에 적용한다. 선천수란 간지가 선천에 매인 숫자로 갑기자오(甲己子午)는 9, 을경축미(乙庚丑未)는 8, 병신인신(丙辛寅申)은 7, 정임묘유(丁壬卯酉)는 6, 무계진술(戊癸辰戌)은 5, 사해(巳亥)는 4에 속한다. 이와 같이 『토정비결』을 볼 때 생년 생월 생일에서의 천간은

---

141) 靈龜八法은 奇經納甲法이라고도 하는데, 奇經八穴과 八卦를 서로 배합한 것으로 奇經納卦法이라고도 한다. 여기에는 날짜의 간지와 오행의 생성수와 간지의 순서의 음양을 결합한 干支代數를 사용하는데, 영귀팔법을 쓰는 방법은 아래의 표에 따른다.

八法逐日干支代數			八法臨時干支代數		
代數	天干	地支	代數	天干	地支
10	**甲 己**	辰丑 戌未	9	甲 己	子 午
9	乙 **庚**	申 酉	8	乙 庚	丑 未
8	丁 **壬**	寅 卯	7	丙 辛	寅 申
7	**戊癸 丙**辛	巳午 亥子	6	丁 壬	卯 酉
			5	戊 癸	辰 戌
	以上粗字為陽		4		巳 亥

동일한 선천수의 수리만을 적용해서 계산한다.

　그런데 지지(地支)에 있어서는 다르다. 연월일의 지지에 각각 다른 수리를 적용한다.

〈표 4-1〉 年月日別 지지에 적용되는 수리

	子	丑	寅	卯	辰	巳	午	未	申	酉	戌	亥
太歲數	11	13	10	10	13	9	9	13	12	12	12	11
月建數	9	8	7	6	5	4	9	8	7	6	5	4
日辰數	9	11	8	8	11	7	7	11	10	10	11	9

　위 표는 지지에 적용하는 수리인데, 세 종류가 있다. 태세수 월건수 일진수이다. 먼저 월건수는 앞에서 말한 선천수의 수리를 지지에 적용한 것이다. 선천수는 간지가 선천에 매인 숫자로 갑기자오는 9, 을경축미는 8, 병신인신은 7, 정임묘유는 6, 무계진술은 5, 사해는 4에 속한다.

　일진수는 중천수를 지지에 적용한 것이다. 간지가 중천에 매인 숫자로, 갑기 진술축미(甲己 辰戌丑未)는 11, 을경신유(乙庚申酉)는 10, 병신해자(丙申亥子)는 9, 정임인묘(丁壬寅卯)는 8, 무계사오(戊癸巳午)는 7이다.[142]

　태세수는 『역사상사전』을 찾아보면, 다음과 같이 설명되어 있다.

　　태세(太歲)에 속한 수. 태세수에는 여러 가지가 있는데 선후천 및 중천에 의한 간지수, 간지의 순서로 정해진 태세 간지수, 대정수법(大定數法)에 의한 태세수 등이 있다. 선후천중천에 의한 간지수는 선천수 후천수 중천수를 참고할 것이며, 간지의 순서에 의한

---

142) 김승동, 앞의 책, 568, 1276쪽 참조.

것은 대정수에서 참고할 것. 작괘법에 의한 태세수는 『토정비결』 작괘법을 참고하라.[143]

　『역사상사전』에서는 태세수는 태세(太歲)에 속한 수라고 하면서, 태세수를 선천수와 중천수, 후천수, 대정수 등 여러 가지 수리체계와 연관되는 것으로 설명하고 있다. 먼저 선천수는 간지가 선천에 매인 숫자로 갑기자오는 9, 을경축미는 8, 병신인신은 7, 정임묘유는 6, 무계진술은 5, 사해는 4에 속한다.

　중천수는 간지가 중천에 매인 숫자로, 갑기진술축미는 11, 을경신유는 10, 병신해자는 9, 정임인묘는 8, 무계사오는 7이다. 앞에서 말한 영구팔법(靈龜八法)이 중천수와도 비슷하다. 앞에서 말한 영구팔법에서의 10(甲 己 辰 丑 戌 未)은 중천수에서 11로, 9(乙庚申酉)는 중천수에서 10으로, 8(丁壬寅卯)은 동일한데 다만 7(戊癸 丙辛 巳 午 亥子)에서 병신 해자(丙辛 亥子)를 떼어내서 9로 독립시킴으로써, 전체적으로 영구팔법은 7, 8, 9, 10의 4종 대수로 구성된 데 반해, 중천수는 7, 8, 9, 10, 11의 5종 대수를 갖게 되었다는 점에서 다르다.

　후천수는 간지가 후천에 매인 숫자로 하도(河圖)의 원리에 의한 정오행의 수이기도 하다. 임자(壬子)는 1, 정사(丁巳)는 2, 갑인(甲寅)은 3, 신유(辛酉)는4, 무진술(戊辰戌)은 5, 기(己)는 10 또는 100, 계해(癸亥)는 6, 병오(丙午)는 7, 을묘(乙卯)는 8, 경신(庚申)은 9, 축미(丑未)는 10이다. 이로 볼 때 1, 3, 5, 7, 9 양수(陽數)는 양간지(陽干支)에 속하고 2, 4, 6, 8, 10의 음수(陰數)는 음간지(陰干支)에 속한다. 대정수는 "선천수와 후천수의 수리를 기본으로 연월일시에 매

___
143) 김승동, 같은 책, 1421쪽.

인 수를 총합한 수이다. 산출원리는 선천수 갑기자오는 9, 을경축미
는 8, 병신인신은 7, 정임묘유는 6, 무계진술은 5, 사해는 4에 속한
다. 후천수는 임자는 1, 정사는 2, 갑인은 3, 신유는 4, 무진술은 5,
계해는 6, 병오는 7, 을묘는 8, 경신은 9, 축미는 10, 근는 100이다."144)
선천수는 태호 복희씨 때의 것이고, 후천수는 주 문왕 때의 것이라
고 구분하기도 한다.145)

그렇다면 태세의 의미는 무엇일까? 『명리약언(命理約言)』에서의
태세를 다음과 같이 요약해볼 수 있다.

> 태세는 지극히 존귀하므로 모든 살(煞)이 다 태세의 간지(干支)에
> 서 일어날 뿐이다. 역서(曆書)를 살펴보면 매년의 태세를 기재했
> 는데, 갑자(甲子)년에는 태세가 갑자(甲子)에 있으며, 열년(列年)
> 신(神) 방위도(方位圖)에 이르러서는 자(子) 아래에 태세라는 글자
> 가 붙는다. 구서에 오직 천간만을 취한 경우도 있었으나, 반드시
> 간(干)과 지(支)를 합하여 길흉을 관찰해야 한다.146)

중국의 『역학대사전』에는 태세에 대해 간단하게 설명하고 있다.

> 태세란 사주명학의 개념으로, 2가지 의미를 지닌다. 하나는 사주
> 중의 연주(年柱)를 태세로 삼아서, 종신(終身)을 주관한다고 본다.
> 다른 하나는 1년마다 돌아오는 유행태세(流行太歲)가, 매년 12궁
> 을 유행함으로써 1년의 길흉화복을 정하게 된다는 의미이다.147)

여기에 대해서는 『역사상사전』에 보다 자세하게 설명이 되어 있다.

---

144) 김승동, 앞의 책, 1586쪽.
145) 『가정보감전서』, 명문당, 1979, 240쪽.
146) 진소암 저, 김정혜 외 2인 역, 『명리약언』, 한국학술정보(주), 2016, 355~356 참조.
147) 張其成, 『易學大辭典』, 華夏出版社, 1992, 633쪽.

태세: 흉신(凶神). 구력(舊曆)의 기년(紀年)에 쓰이던 세(歲)에 해
당시킨 간지의 별명. 예를 들어 갑자년을 만나면 갑자가 곧 태세
이고, 을축년을 만나면 을축이 곧 태세이다. 이것으로 유추하여
계해년에 이르러 그친다. 습관적으로 세양(歲陽: 십이지지)만을 중
시하기 때문에 태세는 12년마다 한 번 순환한다. 지지(地支)에는
방위가 있어서 옛날의 민간에서는 많은 금기가 이로 말미암아 생
겨났고, 태세가 있는 곳을 흉방으로 보아 토목을 일으키거나 방을
옮기는 등의 일을 꺼렸다.『토풍록(土風錄)』에 "술가에서는 태세를
대장군(大將軍)으로 삼아 토지를 움직여 옮기는 자는 반드시 그 방
위를 피한다"고 하였다.[148]

『토정비결』에서의 태세수는 일단 중천수를 근간으로 삼고 있다.
그래서 중천수에 2를 더한 수를 태세수로 삼고 있다. 왜 2를 더하는
지는 알 수가 없다. 또 천간에서는 연월일(年月日) 공통으로 선천수
를 적용했다가, 지지에서는 연월일을 각각 분리해서 연에서는 태세
수를 월건에서는 선천수를 일진에서는 중천수를 세분해서 배당하는
지도 그 이유를 알 수는 없다.

아무튼『토정비결』에서 생년에다가 태세수를 더하고, 생월에는 선
천수를 더하며 생일에는 중천수를 더해서 이를 통해 계산한다. 이는
"태세(太歲)는 근본의 체가 되며, 월건(月建)은 그 벼리가 되고, 일진
(日辰)은 주재(主宰)가 된다"[149]는 사상과도 통한다고 할 수 있다.

이상 천간에 배당했던 수와 지지의 수를 더하면, 그 결과는 아래
와 같다.

---

148) 김승동, 앞의 책, 1421쪽.

149) 정조(한국고전번역원 譯),『홍재전서(弘齋全書) 제56권』, 「잡저(雜著)」(역림보유(易林補遺) 뒤
    에 쓰다).

태세수(太歲數) (年)

甲子 20 甲戌 22 甲申 21 甲午 18 甲辰 22 甲寅 19
乙丑 21 乙亥 19 乙酉 20 乙未 21 乙巳 17 乙卯 18
丙寅 17 丙子 18 丙戌 20 丙申 19 丙午 16 丙辰 20
丁卯 16 丁丑 19 丁亥 17 丁酉 18 丁未 19 丁巳 15
戊辰 18 戊寅 15 戊子 16 戊戌 18 戊申 17 戊午 14
己巳 18 己卯 19 己丑 22 己亥 20 己酉 21 己未 22
庚午 17 庚辰 21 庚寅 18 庚子 19 庚戌 21 庚申 20
辛未 20 辛巳 16 辛卯 17 辛丑 20 辛亥 18 辛酉 19
壬申 18 壬午 15 壬辰 19 壬寅 16 壬子 17 壬戌 19
癸酉 17 癸未 18 癸巳 14 癸卯 15 癸丑 18 癸亥 16

월건수(月建數) (月)

甲子 18 甲戌 14 甲申 16 甲午 18 甲辰 14 甲寅 16
乙丑 16 乙亥 12 乙酉 14 乙未 16 乙巳 12 乙卯 14
丙寅 14 丙子 16 丙戌 12 丙申 14 丙午 16 丙辰 12
丁卯 12 丁丑 14 丁亥 10 丁酉 12 丁未 14 丁巳 10
戊辰 10 戊寅 12 戊子 14 戊戌 10 戊申 12 戊午 14
己巳 13 己卯 15 己丑 17 己亥 13 己酉 15 己未 17
庚午 17 庚辰 13 庚寅 15 庚子 17 庚戌 13 庚申 15
辛未 15 辛巳 11 辛卯 13 辛丑 15 辛亥 11 辛酉 13
壬申 13 壬午 15 壬辰 11 壬寅 13 壬子 15 壬戌 11
癸酉 11 癸未 13 癸巳 9 癸卯 11 癸丑 13 癸亥 9

일진수(日辰數) (日)

甲子 18 甲戌 20 甲申 19 甲午 16 甲辰 20 甲寅 17
乙丑 19 乙亥 17 乙酉 18 乙未 19 乙巳 15 乙卯 16

丙寅 15　丙子 16　丙戌 18　丙申 17　丙午 14　丙辰 18

丁卯 14　丁丑 17　丁亥 15　丁酉 16　丁未 17　丁巳 13

戊辰 16　戊寅 13　戊子 14　戊戌 16　戊申 15　戊午 12

己巳 16　己卯 17　己丑 20　己亥 18　己酉 19　己未 20

庚午 15　庚辰 19　庚寅 16　庚子 17　庚戌 19　庚申 18

辛未 18　辛巳 14　辛卯 15　辛丑 18　辛亥 16　辛酉 17

壬申 16　壬午 13　壬辰 17　壬寅 14　壬子 15　壬戌 17

癸酉 15　癸未 16　癸巳 12　癸卯 13　癸丑 16　癸亥 14

감정법(鑑定法)

先置年齡數 再置當年太歲 八八除之後 以其餘數 (整除以八計) 作上卦

又置當年生月數 月大則三十 月小則二十九 置 再置生月 月建數 六六除

之後 以其餘數 (整除以六計) 作中卦數

次置生日數 若初一日則一 置 三十日 三十 置 又置生日日辰數 三三除

之後 以其餘數 (整除以三計) 作下卦數 看做。

上中下三卦 合 一卦象 成 百四十有四卦 (8*6*3=144)

　이렇게 해서 나이에 태세수를 더한 뒤에는 8로 나누어 그 남는 수
를 윗자리에 놓고, 태어난 달의 수가 큰 달이면 30을 작은 달이면
29로 해서 태어난 달의 월건수를 더해서 6으로 나누어 남는 수를 가
운데 수에 놓는다. 마지막으로 태어난 날 수에 생일의 일진수를 더
해서 3으로 나누어 남는 수를 아랫자리에 놓으면 『토정비결』의 숫
자괘가 완성된다.

　다만 여기에서 왜 첫 자리 수를 얻기 위해 8로 나누며, 둘째 자리
수를 얻기 위해 6으로 나누며, 셋째 자리 수를 얻기 위해 3으로 나
누는지는 더 이상의 설명이 없다. 어떤 연구자는 이 8, 6, 3이 특별

한 상수학적 의미를 갖고 있는 것처럼 말하고 있으나, 주역에서도 이 3종류의 숫자가 특별한 의미를 갖고 있다고 할 수는 없다.『농아집(聾啞集)』에서도 이와 비슷한 점법이 등장한다.

박종덕은『토정비결』은 기본적으로 간지(干支)를 상수화(象數化)해서 기본 괘상의 수리로 삼고 있는데, 간지를 상수화하여 괘상에 조합하여 해석하는 방식은 전한말(前漢末)『역림(易林)』에 그 연원(淵源)을 두고 있다고 했다.『역림』에서는 작괘법의 하나로서 대정수법(大定數法)을 취급하고 있다. 간지와 괘상을 조합하여 작괘하는 방식은 송대(宋代)에 두드러진 특징 중의 하나인데, 당시의 역서(易書)『화주림(火珠林)』에서 취하고 있는 작괘, 해석방식이다. 저자가 마의도자(麻衣道者)라는 설도 있고 무명씨(無名氏)로 보기도 하지만 음양 위주의 해석방식에서 괘와 간지 결합이라는 형태로 드러나는 것이 진일보한 방식이라 할 수 있다고 보았다.150)

그러나『역림』에서151) 대정수법을 쓰지는 않는다.『역림』은 한 괘 속에 주역의 64괘가 순서대로 들어 있는데, 역을 가지고 점을 칠 때 한 괘가 64괘로 변하는 것으로 보아서 64×64=4096가지의 경우를 들어서 현재의 주역과는 다른 별도의 4096수(首)의 점사(占辭)를 네 자씩의 운문(韻文)으로 지어놓은 것인데, 괘변(卦變)과 납갑(納甲)과 비복(飛伏) 등의 역학이론을 가지고 음양재이와 길흉화복을 점침으로써『주역』과 달라졌다는 비판을 받기도 했다. 다시 말해『역림』에서

---

150) 박종덕, 앞의 논문, 29쪽.

151) 『역림』은『초씨역림』이라고도 하며, 서한의 초연수(焦延壽, B.C.70~A.D.10)가 지은 주역을 응용한 점서이다. 焦延壽는 漢代易學을 대표하는 역학자 중의 하나로, 孟喜(B.C.90~B.C.40년경)의 역학을 전수받아 京房(B.C.77~B.C.37)에게 전함으로써 한 대 상수역학의 주류를 형성하였다. 焦延壽의 역학은 災異와 占候를 위주로 하는 것으로 陰陽災異로 주역을 해설했다.

는 괘변설을 써서 64괘가 각기 동하는 모든 경우의 수를 계산해서 4096가지의 점괘를 풀이했을 뿐, 대정수를 가지고 괘를 얻지는 않는다.

또 괘와 간지를 결합한 것은 주역을 응용한 역의 별전(別傳)의 하나로 취급할 뿐, 이것을 반드시 주역의 진일보라고 평가하지는 않는다. 왜냐면 주역 자체에는 괘효 자체만의 논리를 가지고 설명할 뿐 간지를 쓰지는 않기 때문이다.

2) 주역괘와의 비교

많은 사람들은 『토정비결』이 주역에서 나왔다고 생각한다. 그 이유는 현재 유통되고 있는 『토정비결』 인쇄본들을 보면 각 점사들 앞에 주역의 괘를 배열해두었기 때문이다(앞의 <그림 3-6> 및 <그림 3-7> 참조). 그러나 사실 『토정비결』이 본래부터 주역괘와 연관되어 있던 것이 아니라, 나중에 첨가되었다는 점을 분명히 인식할 필요가 있다.

『토정비결』에서는 세 종류의 숫자의 조합으로 숫자괘를 만들었는데, 첫째 단위는 1에서 8까지 건괘(乾卦)☰ 태괘(兌卦)☱ 이괘(離卦)☲ 진괘(震卦)☳ 손괘(巽卦)☴ 감괘(坎卦)☵ 간괘(艮卦)☶ 곤괘(坤卦)☷의 순서대로 괘를 배당했다. 둘째 단위는 1에서 6까지인데, 여기에도 선천팔괘(先天八卦)를 붙였다. 그러다 보니 끝의 건괘(乾卦)☰ 태괘(兌卦)☱ 이괘(離卦)☲ 진괘(震卦)☳ 손괘(巽卦)☴ 감괘(坎卦)☵ 까지만 배당이 되고, 7번째 간괘(艮卦)☶와 8번째 곤괘(坤卦)☷는 둘째 단위에서 누락되게 되었다.

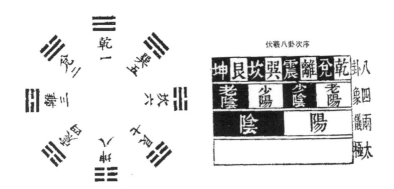

〈그림 4-1〉 복희선천팔괘도　　　　〈그림 4-2〉 복희선천팔괘 분화도

셋째 단위는 1에서 3까지의 숫자를 주역의 괘에서의 동효(動爻)로 삼았다. 그러다 보니 초효(初爻) 이효(二爻) 삼효(三爻)까지만 동효가 있고, 사효(四爻) 오효(五爻) 상효(上爻)는 동효가 없다.

원래 주역의 괘는 상괘(上卦)와 하괘(下卦) 모두에 팔괘(八卦)를 중첩해서 64괘가 이뤄지는 체계를 갖고 있다. 또한 동효(動爻) 역시 초효(初爻)에서 상효(上爻)까지 모두 동효(動爻)가 될 수 있다. 하지만 『토정비결』에서는 하괘에서는 간괘(艮卦)와 곤괘(坤卦)가 없고, 동효(動爻)도 사효(四爻) 오효(五爻) 상효(上爻)가 없는 불완전한 형태이다. 이 문제는 아래에서 다시 논의하겠지만 본래 주역괘와 관련이 없던 것을 뒤에 『토정비결』의 숫자괘에 주역의 64괘를 덧씌웠기 때문이다.

2. 관련 점법과의 비교

1) 주역점과의 비교

『토정비결』의 점법에 대한 기존의 연구를 보면『토정비결』이 주역에서 나왔다고 보는 설과 주역과 관계없다는 두 가지 설로 나뉜다. 일반적이고 전통적인 견해가 전자의 입장이라면, 주역을 전공한 학자들은 대개 후자의 입장을 취하는 것으로 보인다. 이제 이들의 견해를 검토하면서 주역점법과의 관계를 분석해보도록 한다.

백승종은 '토정비결'은 토정의 작으로 보면서, 이는 주역을 바탕으로 응용한 것이라고 보았다. 그에 의하면 주역의 기본 괘는 48개인 데 비해 '토정비결'은 32개이다. 괘를 짓는 방법도 달라 이른바 사주 가운데 시(時)를 뺀 년(年), 월(月), 일(日)을 사용할 뿐이다. 조선시대 민간에는 시계가 없어 시를 정확하게 알지 못하는 사람들이 많았기 때문에 그들의 편의를 도모한 것으로 생각된다. 이처럼 '토정비결'은 주역을 이용하면서도 조선의 특성을 십분 고려했다. 그러다 보니 점괘의 총수도 주역과는 다르게 됐다. 주역에는 총 424개의 괘가 있으나 '토정비결'은 총 144개뿐이다. 훨씬 간편하다고 말할 수 있다. 토정 이지함처럼 기발하고 독창적인 사람이 아니라면 감히 엄두도 내지 못할 일이다.[152]

먼저 백승종이 주역의 기본 괘는 48개이며 총 424개의 괘가 있다고 했지만, 주역은 64괘를 기본으로 삼고, 총 효수가 384효가 있는

---

152) 백승종, 정감록 산책, 서울신문, 2005.07.21.
　　　http://www.seoul.co.kr/news/newsList.php?section=bsj.

데, 무엇을 말하는지 알 수가 없다. 또 백승종이『토정비결』의 기본
괘는 32개라고 했는데,『토정비결』은 144개의 숫자괘가 있고 이것
을 주역의 괘에 적용시킨 것인데, 무엇을 가리키는 것인지 알 수가
없다.

　앞에서도 잠깐 언급했었지만, 이런 인식은 역사학을 전공하는 신
병주에게서도 거의 유사하게 보이고 있다. 그는『토정비결』이 주역
을 토대로 한 저술로서, 그 안에 내포된 변혁의지도 공통된 측면을
보인다고 했다. 신병주는『토정비결』은 주역의 괘를 기본으로 하지
만, 생시가 빠진 생년월일의 삼주육자(三柱六字)의 48괘로만 본다고
했다.153) 또『토정비결』은 주역을 바탕으로 상수학의 사고를 많이
드러내고 있는데, 이지함이 서경덕에게 상수학을 배운 사실은 둘의
연관성을 넓혀준다고 했다.154)

　신병주는『토정비결』이 이지함의 저술인가의 여부에 관계없이 그
의 사상과 통하는 측면이 많고, 주역을 토대로 한 저술로서 그 안에
내포된 변혁의지도 공통된 측면을 보인다고 했다.155) 또 주역이나
상수학에 조예가 깊었던 학자들이 리(理)보다는 기(氣)에 관심을 가
지면서 사회기반을 안정되게 이해하지 않고 당대를 변화가 일어나
야 할 시점으로 파악한 점과 이지함이 그러한 사상을 주역을 통해
배웠다는 점을 고려하면 주역사상에 내포된 변혁 의지가『토정비결』
에도 반영되어 변화를 갈망하는 백성들의 의식에 깊이 각인시켰다
고 할 수 있다.『토정비결』이 기본적으로 주역을 모태로 한 저술이

---

153) 신병주,『이지함 평전』, 69쪽.
154) 신병주, 같은 책, 68~70쪽.
155) 신병주, 같은 책, 68쪽.

라는 점은 이덕형이 이지함을 두고 "세상에서 풍수를 숭상하고 믿게 된 것은 이씨의 집안에서 시작된 것이다"고 말한 바에서도 확인할 수 있다고 했다.[156]

그런데 이지함이 혁명을 꿈꾸거나 개혁사상가라고 할 수 없음에도 불구하고, 신병주가 말한 『토정비결』 그 안에 내포된 변혁의지란 구체적으로 무엇을 말하는 것인지 『토정집』의 내용에서도 『토정비결』의 점사 내에서도 어떤 부분과 연관되는지 그는 근거를 제시하지 못했다. 또 신병주는 『토정비결』이 48괘로만 본다고 했는데, 정확하게 무엇을 말하는지 알 수가 없다. 아마 상괘가 1에서 8까지 건괘(乾卦)☰ 태괘(兌卦)☱ 이괘(離卦)☲ 진괘(震卦)☳ 손괘(巽卦)☴ 감괘(坎卦)☵ 간괘(艮卦)☶ 곤괘(坤卦)☷가 배당된 데 비해 순서대로 괘를 배당했다. 둘째 단위가 1에서 6까지이므로 건괘(乾卦)☰ 태괘(兌卦)☱ 이괘(離卦)☲ 진괘(震卦)☳ 손괘(巽卦)☴ 감괘(坎卦)☵까지만 배당이 되고, 7번째 간괘(艮卦)☶와 8번째 곤괘(坤卦)☷는 둘째 단위에서 누락되므로, 8×6=48괘라고 생각한 듯한데, 초효(初爻) 이효(二爻) 삼효(三爻)가 동효가 있어서 48괘에 그치는 것이 아니고 전체적으로는 64괘가 모두 등장한다는 점을 간과하고 있다.

이지함이 서경덕에게 배웠다는 설은 소문으로 전해지고 있을 뿐이다. 신병주는 그 근거를 제시하지 않은 채 소문을 역사적 사실로 인정하고 있다. 일제강점기에 나온 『정감록의 검토(鄭鑑錄の檢討)』에서도 "어려서 화담 서경덕을 따라서 배웠다"고 했다.[157] 아마 이 기록도 당시 전해지던 전설을 수록한 것일 것이다. 박종덕은 이지함

---

156) 신병주, 같은 책, 70쪽.
157) 『鄭鑑錄の檢討』, 50쪽(『정감록 집성』, 710쪽).

이 송도에 사는 서화담의 제자가 되어 그곳에서 동갑내기인 허엽(許曄, 1517~1580)[158]과 차식(車軾)을 만나고, 이지함보다 연하인 박순(朴淳, 1523~1589)[159]과 정지연(鄭之衍, 1527~1583)[160] 등과 같이 동문수학했다고 기술하고 있다.[161]

그러나 김성환은 이 전설을 부정한다. 그에 의하면 이지함이 서경덕에게 배운 것은 아니라고 한다. 이지함은 큰형 이지번(李之蕃)과 함께 한양으로 상경하여 그로부터 수학하고, 송도의 서경덕(1489~1546)을 찾아가 문하에서 공부하기를 청했으나, 이지함의 행동거지에 감복한 서경덕은 "그대의 학업은 내가 가르칠 수 있는 정도가 아니니 돌아가기를 바란다"고 거절하였다고 한다.[162]

그렇다면 서경덕에게서 상수학이나 역학을 배웠다는 설은 하나의 전설일 뿐 근거는 없는 것으로 보인다.

『토정비결』이 144괘로 주역보다 훨씬 간편하다고 말하는 것도 무

---

158) 조선중기의 문신. 자는 태휘(太輝). 호는 초당(草堂). 1546년 식년 문과에 갑과로 급제하여 관직에 나갔다. 1568년 진하사로 명나라에 다녀와서 향약의 설치·시행을 건의하였다. 1575년 경상도관찰사에 임명되었으나 병으로 사퇴하고, 동지중추부사로 전임되었다가 상주의 객관에서 객사하였다. 김효원과 함께 동인의 영수가 되어 당시 사류의 지도적 위치에 있었다. 저서로『초당집』이 전한다.

159) 조선중기의 문신·학자. 자는 화숙(和叔). 호는 사암(思菴). 시호는 문충(文忠). 1540년 사마시에 합격했고 1553년(명종 8) 정시 문과에 장원한 뒤 청요직을 두루 거쳤다. 1572년 우의정에 임명됐고 이듬해 좌의정에 올랐다. 이이가 탄핵됐을 때 그를 옹호하다가 도리어 사헌부와 사간원의 탄핵을 받고 스스로 관직에서 물러나 영평 백운산에 암자를 짓고 은거했다. 나주 월정서원, 광주 월봉서원, 개성 화곡서원, 영평 옥병서원에 제향됐고, 저서로는『사암집』7권이 있다.

160) 조선중기의 문신. 자는 연지(衍之). 호는 남봉(南峰). 이중호로부터 학문을 배웠고, 이황·서경덕의 문하에 출입하여 많은 영향을 받았다. 1549년(명종 4) 사마시에 합격하여 진사가 된 뒤, 1566년 선조가 세자로 있을 때 이황의 추천에 의하여 왕자사부가 되었다. 그 뒤 대사성·대사간·대사헌을 거쳐 1581년 우의정에 올랐으니, 관직에 나온 지 15년 만에 정승자리에 오른 예는 흔히 보기 어려운 일이었다.

161) 박종덕, 앞의 논문, 15쪽.

162) 김성환,「민생을 위한 백용의 실천가, 이지함-16세기 처사형 사림의 한 예」,『선도문화』제12집, 2012.

엇을 말하는지가 모호하다. 또『토정비결』이 12달의 운수를 시구처럼 적어놓았다고 했는데,[163] 이는『토정비결』의 판본을 제대로 조사하지 않은 탓에 최근에 시중에서 시판되고 있는 45구나 48구본『토정비결』만을 본 것이다. 그러나 원래 조선시대에 유통되던 필사본『토정비결』은 원래 1구에서 기원하고 있으며, 일제강점기에 4구, 8구 등으로 불어나기 시작해서 45구, 48구본이 되었고, 1950년대에 한 출판사에 의해서 64구본까지로 확장된 것임을 알지 못한 소치이다.

토정비결과 주역과 관련 없다는 설은 일찍이 김용덕에 의해 제기되었다. 그에 의하면 "『토정비결』은 주역에서 나온 것처럼 가장되어 있으나 주역의 원리와는 멀리 동떨어진 공허한 길흉화복설로 가득 차 있다"고 비판한 바 있다. 이어서 그는 "해와 달과 날의 세 요소가 기본이 되고 시(時)는 제외되고 있다. 여하간 1년 신수를 보기 위하여 얻어진 괘상(卦象)은 방법론적으로 그 근거가 모호하다"고 분석했다.[164] 그의 설은『토정비결』을 전문적으로 분석한 것이 아니라,『토정집』에 대한 해제에서 간단히 언급한 것이라서, 더 이상 구체적인 언급은 하지 않았지만, 아마도 위에서 언급한 팔괘체계와 점법상의 부정합성을 두고 말한 것으로 보인다.

주역에서 나왔다고 주장하는 설들에 비해 주역과 관계없다는 견해는 더 구체적으로 주역의 점법과 비교를 하고 있다. 원래 주역에서는 선천팔괘를 가지고 상괘와 하괘로 삼아서 8×8=64괘의 체계를 구성했고, 여기에 점을 쳐서 노양(老陽)과 노음(老陰)이 나올 경우 초효(初爻)에서 이효(二爻) 삼효(三爻) 사효(四爻) 오효(五爻) 상효

---

163) 백승종,『예언가 우리 역사를 말하다』, 푸른역사, 2007, 149쪽.
164) 김용덕, 토정집 해제,『한국의 민속종교사상』, 삼성출판사, 1981, 317쪽.

(上爻) 등 어느 효든 동효가 될 수 있는 것이 주역의 점법이다.

『토정비결』의 숫자괘에 주역의 괘를 배당한 것은 좋은데, 바로 이 둘째와 셋째 단위에서 괘효와 연관 짓는 방식이 주역의 체계와 맞지 않는다는 점이 문제로 대두되었다. 다시 말해서 하괘에는 그래서 많은 연구자들이 주역의 체계와 정합적이지 못하다는 점을 지적하기도 했다.

김만태도 『토정비결』은 주역과 관련 없다고 주장했다. 그에 의하면 『토정비결』과 주역을 연계시키려는 것은 "『주역』의 권위에 의탁하여 『토정비결』의 가치를 높이려는 의도"로 중간에 끼어 넣은 것일 뿐 실제로는 주역과 관련되지 않는다고 단정했다. 그 예로서, 그가 가장 오래된 『토정비결』 중의 하나라고 본 『웃과뎜책』(1918)에 수록된 『토정비결』과 한국학중앙연구원 장서각에서 소장하고 있는 『토정비결』본에서는 그 내용을 보면 전혀 주역괘와 연계시키고 있지 않다는 점을 들었다. 그는 이 이후 발행되는 『토정비결』 책에서 주역괘가 등장하는 것을 볼 때 『토정비결』과 주역과의 연결고리 작업은 후대에 이루어졌다고 추정된다고 보았다. 그 예로서 1923년 발간된 『백방길흉자해』의 『토정비결』 장에는 『토정비결』 괘마다 주역의 본괘(本卦)와 지괘(之卦)가 표기되어 있다고 했다.

그리고 좀 더 『토정비결』의 괘를 분석해서 고찰했다. 김만태는 "토정비결의 144괘는 상·중·하괘 세 단위로 이루어져 있다. 그런데 주역의 대성 64괘는 소성(小成) 상괘·하괘 두 단위로 이루어져 있으며, 대성 1괘는 6효로 구성되니 384의 경우수가 나온다(64괘×6효=384). 『토정비결』 괘를 주역괘와 연결 짓는 과정을 살펴보면, 『토정비결』 상·중괘를 주역의 상·하괘로 간주하고, 『토정비결』 하괘는 주역의 동효(動爻)로 처리하는 엄청난 오류를 범하고 있다. 예를 들면, 『토정비결』863괘에서 8(상괘)은 주역의 팔곤지(八坤地)괘, 6(중괘)은 육감수(六坎水)괘로 간주하여 이를 조합해서 지수사(地水師)를 본괘로 하고, 3(하괘)은 본괘에서 3효가 동(動)한 걸로 간주하여(그러면 六坎水괘는 五巽風괘로 바뀐다), 지풍승(地風升)을 지괘로 한다. 이는 『토정비결』을 주역과 어떻게든 연결시키려다 보니 생겨나는 오류로서 『토정비결』과 주역을 직접 관련지을 수 없다는 반증이기도 하다"고 비판했다.[165]

그의 비판은 『토정비결』은 상괘·중괘·하괘의 세 단위로 구성되고, 주역은 상괘·하괘의 두 단위로 구성된다는 점에서 근본적으로 다른데, 거기에 결정적인 오류는 『토정비결』에서는 하괘를 주역 괘에서 동효(動爻)로 보는 오류를 범했다는 것이다. 하지만 『토정비결』에서 맨 밑에 있는 끗수를 동효로 보고 안 보고는 『토정비결』의 점법의 문제이지, 이를 주역의 괘효논리에 적용해서 오류라고 말할 수는 없다. 즉 마지막 끗수를 동효로 본다는 것은 『토정비결』 자체의 규정일 뿐, 이를 주역의 점법과 다르다고 해서 오류라고 말할 수는 없다는 것이다.

이어서 "8·6·3이란 상수역학(象數易學)의 관념을 사용해서 『토정비결』의 괘를 산출하고 있으니 『토정비결』이 주역과 완전히 무관하다고 말할 수는 없다"고 했다.[166] 그러나 그는 8·6·3의 숫자가 어떻게 상수역학과 관련되는 것인지는 설명하지 않았다. 얼핏 8·6은 주역의 8괘와 6효의 수리와 통하고 3은 三才사상이나 시초점법

---

165) 김만태, 「正初 점복풍속에 관한 연구」, 23쪽.
166) 김만태, 같은 논문, 146쪽.

에서의 3변(變)과 관련되는 것처럼 볼 수도 있겠지만, 8·6·3이란 숫자가 수리적으로 상수(象數)역학적 의미와 연관될 수는 없다. 이는 주역의 괘 구조와도 맞지 않으며, 계사전에 등장하는 시초점법의 수리를 위시해서 하도 낙서 혹은 선후천팔괘의 수리 등과 관련해서 보아도, 상수학적 연관성을 찾을 수 없다.

『토정비결』을 주역과 연관시켜 이해하려는 것은 오해이다. 하지만 서로 같지 않은 점법임에도 불구하고 서로 연결시키려는 데는 이유가 있다. 김만태도 "주역의 권위에 의탁하려는 심리의 발로이다"라고 했듯이[167] 사람들은 역학(易學)이나, 주역(周易)을 연관시켜야 권위가 높아진다고 생각해서 자꾸 주역을 연관시키려 하거나 주역과 연관되었을 것이라는 선입관을 갖는다.[168]

이 문제에 대해서는 주역을 전공한 임채우가 분석한 내용을 참고할 필요가 있다. 그에 의하면 시초를 가지고 치는 주역점은 아주 복잡하기 때문에 예로부터 척전법 등을 위시해서 간이화된 점법이 발달했었다고 한다. 그래서 척전법과 같은 경우에서처럼 시초 없이 점을 친다고 해서 반드시 주역점이 아니라고 할 수는 없다는 것이다. 『토정비결』 역시 일종의 주역점을 간편화한 방편으로서 숫자를 가지고 주역의 괘를 대치한 숫자괘 점법이라고 본다면, 주역점법으로부터 파생되었거나 역리점의 하나처럼 보이기도 한다는 것이다.

그러나 임채우는 『토정비결』은 엄밀하게 말해 주역점의 종류에

---

167) 김만태, 같은 논문, 146쪽.

168) 서재생 목사, 사주팔자가 운명을 좌우하나요? http://lake123172.tistory.com/2117 "무속(巫俗)인들은 역학(易學)이나, 주역(周易)으로 사주팔자를 풀어 좌절과 절망으로 귀정하고 액운(厄運)을 막아준다면서 부적(符籍)이나 살(殺)풀이나 굿(儺) 등을 통해서 악행을 일삼는 일들이 많습니다." 참조.

포함될 수 없다고 본다. 그 이유는 다음과 같다. 주역점은 상괘(上卦)와 하괘(下卦)가 각각 팔괘(八卦)의 조합으로 이루어지니, 도합 64개의 경우가 나온다. 여기에 각 괘마다 6개의 육효(六爻) 모두가 동(動)하므로 64괘가 각각 64괘로 변하게 되면 모두 64×64=4096가지의 경우의 수가 나오게 된다. 만일 동효(動爻)를 하나만 구하는 약서법(略筮法)의 경우로 본다면 64괘의 초효에서 상효까지 6효가 각각 동하므로 64×6=384가지의 경우가 나오게 된다. 그런데 『토정비결』에서는 본괘(本卦)와 지괘(之卦)의 관계로 표기된 모든 경우의 수는 총 144가지이다. 이 144괘는 주역의 점법에서 나오는 64괘나 384 혹은 4096가지의 변괘(變卦)의 경우수와 모두 맞지 않는다고 한다.

이뿐만 아니라, 주역의 괘효(卦爻)는 기본적으로 8괘와 6효의 구조를 가지고 있는 데 반해, 『토정비결』의 괘는 괘효를 기초로 구성된 것이 아니라, 원래부터가 8과 6과 3이란 정해진 범위 내의 숫자를 원소로 배열되는 집합이다. 다시 말해 첫 번째 원소가 1~8까지, 두 번째 원소가 1~6까지, 세 번째 원소가 1~3까지의 3가지 숫자로 구성된다. 그래서 숫자괘의 첫째 8종+둘째 6종+셋째 3종(효변 3종)의 숫자 조합은, 주역에서의 상괘 8괘+하괘 8괘+효변(爻變) 6종의 구조와는 일치시킬 수 없다는 것이다. 그나마 숫자괘의 첫째 자리의 8까지의 숫자는 주역의 8괘와 가짓수가 일치하기 때문에, 상괘는 마치 주역의 괘와 일치하는 듯이 보이지만, 그 아래의 두 자리는 주역과 전혀 다르다. 『토정비결』 숫자괘의 둘째와 셋째 자리는 각기 1에서부터 6까지의 숫자 6종과 1에서 3까지의 숫자 3종으로 구성되는데, 주역으로 말하자면 하괘에도 8종의 8괘가 배치되기 때문에, 1에서 6까지의 숫자만 쓴다면, 7과 8에서 결번이 생긴다는 것이다. 그래서 주역 괘로 볼 때 중괘에는 두괘가 선천팔괘상에서의 칠간산(七艮山)☶과 팔곤지(八坤地)☷ 존재하지 않게 된다. 또 세 번째 원소는 1에서 3까지의 숫자를 배합하면서, 이를 주역의 괘에서 초효에서 3효까지의 효변에 적용시켰는데, 효변도 초효에서 이효, 삼효까지만 있을 뿐 주역에서처럼 사효, 오효, 상효의 효변이 결핍된 불완전한 것이다.

그래서 결국 『토정비결』의 숫자괘를 주역의 하괘(8괘)와 효변(6효)에 기계적으로 적용한 것은, 주역의 형식을 빌려오긴 했으나 엄밀히 말해 주역의 8괘 및 6효 구조와 맞지 않는다는 것이다.[169)]

그는 여기에서 또 다른 시각에서의 주역과의 관련성 문제를 제기한다. 즉 『토정비결』에 부기된 주역의 괘가 『토정비결』의 점사와 어떤 연관관계가 있는지를 분석한 결과, 역시 주역과 관련 있다고 할 수가 없다는 결론을 내리고 있다.

『토정비결』의 원형 점사인 총운의 내용을 보면 주역의 괘효사와는 전혀 다른 내용을 가진 점사로서, 당시 백성들의 일상의 삶과 관련된 내용들이다. 소수의 점사에서는 괘효사를 인용한 구절도 있기는 하지만, 그렇다고 해서 주역과 관련이 있다는 유의미한 연관성이 있다고 보기는 어렵다는 것이다. 예를 들어 『토정비결』<2 3 3>괘의 총운은 '잠겨 있는 용이 구슬을 얻으니 변화가 무궁하다(潛龍得珠 變化無窮)'이다. '잠룡(潛龍)'은 주역 건괘(乾卦) 초구(初九) 효사(爻辭)에 나오지만 『토정비결』에서의 <2 3 3>괘는 혁지수(革之隨)

---

169) 임채우, 앞의 논문, 597쪽.

로 본괘가 혁괘이고 혁괘가 변해서 수괘(隨卦)가 되었다고 했으니 건괘 초구와는 아무런 관련이 없다는 것이다. 주역의 건괘(乾卦) 구오(九五) 효사인 '비룡재천 이견대인(飛龍在天 利見大人)'이 『토정비결』에서 <7 6 3> 몽지고(蒙之蠱)괘에 나오고, 건괘 단전에 나오는 운행우시(雲行雨施)가 『토정비결』에서는 <3 5 2> 정지려(鼎之旅)괘에 '청룡조천 운행우시(青龍朝天 雲行雨施)'로 인용되어 있다. 하지만 모두 건괘와의 관련성을 찾을 수 없다. 결국 후대에 『토정비결』의 숫자 조합에 기계적으로 주역의 64괘를 첨가하고 동효를 정한 것이, 마치 주역의 본괘와 지괘 관계로 보이기는 하지만 이것은 숫자괘를 표기하는 하나의 형식에 불과할 뿐이지, 그 기원을 따져본다면 주역점과는 본질적인 관련을 갖고 있지 않다고 결론 내릴 수밖에는 없다고 했다.[170]

기존의 연구에는 『토정비결』의 숫자괘와 주역의 64괘가 어떻게 관련되고 점법과 수리론에서 어떤 관련성을 갖는지의 형식적 문제에서 보았다면, 그는 내용상의 관련성을 분석 고찰했다. 그리고 그 결과 형식적인 점법뿐 아니라, 내용상의 점사도 주역과는 관련이 없다는 결과를 도출했다.

『토정비결』의 판본을 검토해보면 이 주역과의 관계문제는 금방 알 수 있다. 조선시대의 필사본들을 보면 주역의 괘가 부기되어 있지 않다. 주역의 괘를 이용한 것은 일제강점기에 들어와서 첨가된 것일 뿐이니, 본래 『토정비결』의 점법과는 아무런 상관관계가 없다고 단정할 수 있다.

---

170) 임채우, 앞의 논문, 598쪽.

2) 육효점과의 비교

『토정비결』의 점법을 육효점의 관점에서 비교한 논문으로는 박종덕의 논문이 있다. 하지만 그는 육효점을 척전법으로 얻는다는 형식적인 측면만 비교를 했지, 점법의 내용상 비교는 하지 않고 있다.[171] 주역점에 있어서도 시초를 통해서 괘를 얻든 척전을 해서 괘를 얻든 둘 다 주역점법에 포함된다고 보는 것이 맞다. 다시 말해 시초점이 다소 복잡하기 때문에, 이것을 간략하게 만든 척전법으로 주역의 괘를 만들어 점을 칠 뿐이지, 어느 하나는 주역점법이고 다른 하나는 주역점법이 아니라고 할 수가 없다는 것이다.

토정비결을 육효점과 비교한 논문으로는 최현석의 「토정비결 연구: 육효점을 중심으로」(公州大學校 大學院, 2009)가 있다. 최현석은 『토정비결』의 점사를 분석해보면 그 속에는 납갑(納甲)과 육친(六親)을 붙여 길흉을 판단하는 육효점이 들어 있다고 보았다. 한 예를 들어보자. 1972년 2월 10일 미시(未時)생이라면, 간지로는 임자년 계묘월 갑인일 신미시가 된다. 이를 2008년도 『토정비결』로 보면 <5 5 3>에 해당한다. 여기에서는 "관귀(官鬼)가 화하여 복이 되니 관록을 바라기 어렵다"고 했는데, 본괘인 중풍손괘의 육친(六親)인 관(官)이 변하여 지괘인 풍수환괘에서의 손(孫)으로 변했다고 보았다. 그는 『토정비결』 전체에서 손(孫)의 표기를 복(福)으로 하였으므로, 관귀가 변하여 복이 되었다고 해석했다. 그는 이런 방식으로 육효점과의 관계를 『토정비결』 전체 144괘 중 약 80개의 괘에서 찾아볼 수 있다고 했다.[172]

---

171) 박종덕, 앞의 논문, 35쪽 참조.

이 논문은『토정비결』을 육효점의 관점에서 분석한 최초의 연구 성과라고 할 수 있다. 그런데 그가 예로 든『토정비결』의 553괘를 다시 한번 보면서 검토해보자.

五 五 三 ䷳䷸ 巽之渙

巽之渙
[註解]: 有順光明之意。
[卦象]: 清風明月 對酌美人

卦辭
清風明月 對酌美人 年運大吉 必有榮華 春光再到 桃李欲笑
맑은 바람 밝은 달 아래 미인과 대작한다. 연운이 대길하니 반드시 영화가 있다. 봄빛이 다시 이르니 도화가 웃고자 한다.
家有吉慶 人人仰視 夫婦和合 子昌孫盛 身上榮貴 到處春風
집에 경사가 있으니 사람마다 앙시한다. 부부가 화합하니 자손이 창성한다. 몸이 영귀하게 되니 도처춘풍이라.
東風和暢 楊柳依依 事有定期 喜怒一時 長安道上 男兒得意
동풍이 화창하니 양유가 의의하다. 일이 정한 기약이 있으니 희로가 한때로다. 장안 길 위에 남아 가득 한다.

正月
家人同心 百事亨通 災消福來 意外得財 土姓有害 水姓助我
집안사람 마음이 같으니 백사가 형통한다. 재앙이 사라지고 복이 오니 뜻밖에 재물을 얻는다. 토성은 해롭고 수성은 나를 돕는다.
二月
財在南方 出行可得 若非如此 必有婚姻 若無婚姻 弄璋之數
재물이 남방에 있으니 출행하면 얻는다. 만일 이 같지 아니하면 반드시 혼인이 있다. 만일 혼인이 없으면 생남할 수다.
三月
衆人助我 福祿如山 日月明朗 必有慶事 明月高樓 弄笛消日

---

172) 최현석, 앞의 논문, 86~89쪽.

여러 사람이 나를 도우니 복록이 산 같다. 일월이 명랑하니 반드시 경사가 있다. 달 밝은 높은 누에 저를 희롱하며 날을 보낸다.

四月

內外和合 萬事如意 凶變爲吉 亦無官事 人口旺盛 利在田庄

내외가 화합하니 만사가 여의하다. 흉함이 변하여 길하게 되니 또 관사도 없다. 인구가 왕성하고 이가 전장에 있다.

五月

花筵設宴 與人同樂 飮酒高歌 興趣滔滔 有財四方 行則可得

꽃자리에 잔치를 열고 사람으로 더불어 즐긴다. 술을 마시고 높이 노래하니 취흥이 도도하다. 재물이 서방에 있으니 가면 얻는다.

六月

吉中有凶 一次爭論 妖鬼發動 或有疾厄 愼之木姓 口舌不免

길 한중에 흉함이 있으니 한번 다툰다. 요귀가 발동하니 혹 질액이 있다. 목성을 조심하라 구설을 면하지 못한다.

七月

窓前黃菊 寒露欲笑 鳳凰呈祥 子孫榮貴 家運如此 喜氣滿堂

창 앞의 황국이 이슬을 머금고 웃고자 한다. 봉황이 상서를 드리니 자손이 영귀하리라. 가운이 이 같으니 희기가 집에 가득하다.

八月

貴人來助 謀事速成 害在何姓 必是火姓 木姓可親 意外成功

귀인이 와서 도우니 꾀하는 일을 속히 이룬다. 해로운 성은 무슨 성인고 필시 화성이라 목성을 친하면 뜻밖에 성공한다.

九月

花林深處 琴聲尤佳 若非官祿 橫財之數 名利聚興 事事亨通

꽃 수풀 깊은 곳에 거문고 소리 더욱 아름답다. 만일 관록이 아니면 횡재할 수다. 명리가 다 흥왕하니 일일이 형통한다.

十月

若非生産 遠行之數 談笑和樂 世事泰平 意外貴人 偶來助我

만일 생산하지 아니하면 원행할 수다. 말하고 웃고 즐기니 세사가 태평하다. 뜻밖에 귀인이 우연히 와서 돕는다.

十一月

竹林深處 何人吹笛 身數泰平 到處春風 名利興旺 人多敬我

대수풀 깊은 곳에 어느 사람이 저를 부는고. 신수가 태평하니 도처춘풍이다. 명리가 흥왕하니 사람이 많이 나를 공경한다.

十二月

雨後月出 景色更新 財運方盛 日得千金 金李兩姓 勿親遠之

비 끝에 돋는 달이 경색이 다시 새롭다. 재운이 왕성하니 날로 천금을 얻는다. 김가 이가 두 성은 친하지 말고 멀리하라.

최현석이 본괘의 육친인 관(官)이 지괘에서의 손(孫)으로 변했으니 관귀가 변하여 복이 되었다고 해석한 것은, 전체적으로 이 <5 5 3>괘가 자손이 창성하고 복록이 있다는 내용이 많이 등장하는데, 이는 위 점사 중 12월운 괘의 "정월(正月) 가인동심(家人同心) 백사형통(百事亨通) 재소복래(災消福來) 의외득재(意外得財)" 정월운에 의거한 것으로 보인다. 그런데 육효점과 관련된 것은 『토정비결』의 원형인 총운이 아니라, 후대에 첨가된 12월운의 내용에만 연관된다는 점에 주목할 필요가 있다.[173]

최현석의 논문에서 예로 든 553괘의 원형이 되는 구절은 "청풍명월(淸風明月) 대작미인(對酌美人)"으로, 『토정비결』에서부터 현재에 이르기까지 수많은 이본들 속에서 지속되어온 것은 "청풍명월(淸風明月) 대작미인(對酌美人)"밖에는 없다. 최현석은 본괘인 중풍손괘의 육친인 관(官)이 변하여 지괘인 풍수환괘에서의 손(孫)으로 변했다고 해서, 『토정비결』 전체에서 손(孫)의 표기를 복(福)으로 하였으므로, 관귀가 변하여 복이 되었다고 해석했는데, 그것은 『토정비결』의 원형인 총운 즉 원점사에 대한 내용이 아니라, 명문당본에 등장한 12월 달의 월운 속에만 해당되는 것이다. 그러함에도 불구하고 그는 '육효점과의 관계를 144괘 중 80개의 괘에서 찾아볼 수 있다'고 했는데, 80괘에서 어떻게 객관적 근거를 찾은 것인지 의문이다. 이런 점에서 본다면 『토정비결』을 가지고 육효점에 적용해서 『토정

---

173) 임채우, 앞의 논문, 599~600쪽 참조.

비결』의 144괘 중에 80괘는 육효점에서 나온 것이라는 주장은『토
정비결』점사 중의 일부, 그것도 원형에 해당되는 부분이 아니라 후
대에 첨가된 부분을 가지고 마치『토정비결』의 원형인 총운까지 육
효점에서 나온 것처럼 말할 수는 없기 때문이다.

 이보다 구체적으로 육효점과의 관계를 분석하고 매화역수와의 관
계까지 분석한 것은 김수년의 논문에서이다. 그가 분석한 내용을 보
기 위해 먼저『토정비결』의 맨 첫 번째 <1·1·1>의 괘를 예로 들어
보자. 김수년은 1구본을 쓰지 않고 7구본을 택해서 분석하고 있다.

(――― 乾之姤)
東風解氷하니　枯木逢春이라
基地逢沖하니　不利出動이라
文發孫位하니　必有身憂라
財旺寅亥하니　事諧申酉라
勿用大過하라　世皆側視라
巳午至月에　畏人口舌이라
凶神內助하니　安肅得吉이라[174]

 토정비결 <1·1·1>괘는 주역의 괘에 배당하면 건지구(乾之姤)
괘에 해당된다. 즉 상괘는 1이니 복희선천팔괘의 건괘(乾卦)에 해당
하고 하괘 역시 1이니 복희선천팔괘의 건괘(乾卦)이다. 그리고 맨
아랫자리 원소가 1이니 초효(初爻)가 동(動)해서, 건괘가 구괘(姤卦)
로 변했다.『토정비결』점사의 첫 구절인 동풍해빙(東風解氷) 고목
봉춘(枯木逢春)는 이 괘의 총운으로『토정비결』의 원형에 해당하고,
그 뒤 구절은 6구를 덧붙여서 보충설명을 단 것이다. 이 점사를 육

---

174) 박건회 편집(編輯),『改良增補 四柱吉凶自解法』, 박문서관, 1919, 105쪽.

효점 방식으로 괘를 그려보면 아래와 같다.

```
┌─────────────────────────────────────────────────┐
│              건(金)궁 중천건 초효동                  │
│ ·············································       │
│ 父 戌 ─ 世                        월              │
│ 兄 申 ─                                          │
│ 官 午 ─                                          │
│ 父 辰 ─ 應                        일              │
│ 財 寅 ─                          (공망)           │
│ 孫 子 ─ / (父 丑)                                │
└─────────────────────────────────────────────────┘
```

중천건(重天乾)괘는 8궁괘차 중에서의 첫 번째 본궁괘로서 상세(上世)괘에 해당한다. 건괘(乾卦)에서 초효가 동하면 구괘(姤卦)가 되어 건궁(乾宮)의 일세(一世)괘이다. 육효점에서 길흉을 판단할 때는 기본적으로 그 괘의 세효(世爻)와 괘 가운데 다른 효의 응효(應爻) 관계를 본다. 먼저 세효는 일세괘(一世卦)에서는 초효가 세효가 되고, 이세괘(二世卦)에서는 이효이고, 삼세괘(三世卦)에서는 삼효이고, 사세괘(四世卦)에서는 사효이며, 오세괘(五世卦)에서는 오효이고, 상세괘(上世卦, 본궁괘本宮卦)에서는 상효이다. 유혼괘(游魂卦)에서는 사효가 변화하니 다시 사효이고, 귀혼괘(歸魂卦)에서는 내괘內卦(하괘下卦)의 괘가 모두 변화하기 때문에 내괘의 제삼효(第三爻)가 된다. 그리고 세효(世爻)와 서로 호응하는 다른 효를 응효(應爻)라고 하는데 여섯 개의 효 중에서 초효는 사효와 응이고, 이효는 오효(五爻)와 응이며, 삼효는 상효(上爻)와 응이 된다.

세효와 응효의 관계는 점을 칠 때 위주가 되는 세효는 점을 묻는 자신이 되고, 응효는 점을 쳐서 묻는 대상이나 사건이 된다. 그래서 점을 쳐 어떤 괘를 얻게 되면 그 괘가 속해 있는 궁(宮)을 찾고 그 궁 안에서 처해 있는 세위(世位)를 따져보고, 응위(應位)를 찾아서 길흉을 판단한다.

〈표 4-2〉 팔궁괘차도(八宮卦次圖)

歸魂	䷍ 大有	䷐ 隨	䷆ 師	䷸ 漸	䷇ 比	䷑ 蠱	䷌ 同人	䷵ 歸妹
遊魂	䷢ 晉	䷛ 大過	䷣ 明夷	䷼ 中孚	䷄ 需	䷚ 頤	䷅ 訟	䷽ 小過
五世	䷖ 剝	䷯ 井	䷶ 豊	䷉ 履	䷪ 夬	䷔ 噬嗑	䷺ 渙	䷎ 謙
四世	䷓ 觀	䷭ 升	䷰ 革	䷥ 睽	䷡ 大壯	䷘ 无妄	䷃ 蒙	䷦ 蹇
三世	䷋ 否	䷟ 恒	䷾ 旣濟	䷨ 損	䷊ 泰	䷩ 益	䷿ 未濟	䷞ 咸
二世	䷠ 遯	䷧ 解	䷂ 屯	䷙ 大畜	䷒ 臨	䷤ 家人	䷱ 鼎	䷬ 萃
一世	䷫ 姤	䷏ 豫	䷻ 節	䷕ 賁	䷗ 復	䷈ 小畜	䷷ 旅	䷮ 困
上世	䷀ 乾	䷲ 震	䷜ 坎	䷳ 艮	䷁ 坤	䷸ 巽	䷝ 離	䷹ 兌
	八 宮 卦							

그런데 김수년은 『토정비결』의 동풍에 얼음이 풀리고 마른나무가 봄을 만나는 총운의 구절은 육효점에서는 찾을 수 없다고 해서, 그 다음의 후대에 부연된 점사에 대해 육효점의 관점에서 설명을 가하고 있다.[175]

기지봉충(基地逢沖) 불리출동(不利出動)은 이 괘가 6충괘[176]이므

---

175) 김수년, 앞의 논문, 58~59쪽.
176) 6충괘는 오행소속궁의 수괘(首卦) 8개와 천뢰무망, 뢰천대장 괘를 합하여 모두 10개이며, 6

로 출동에는 불리하다는 의미이다. 즉 납지(納支)의 지지(地支)가 모두 대효(對爻)끼리 맞춰보면 자오충(子午沖) 인신충(寅申沖) 진술충(辰戌沖)이 되므로, 이렇게 서로 어긋난 상태에서 출타를 하게 되면 불리하다[177]는 뜻이다. 그러나 6충괘라 하더라도 동효(動爻)로부터 점의 대상이 되는 육친이 극(剋)을 받지 않으면 문제가 없는데 이 괘에선 전반적인 불리함을 말하고 있다.

문발손위(文發孫位) 필유신우(必有身憂)는 문서가 손의 위치에서 발동을 하게 되니 반드시 신상에 근심이 있다는 의미이다. 즉 초효 자수(子水)가 손(孫)인데 발동하여서 축토(丑土) 문서(文書)[178]가 되었으니 반드시 세신(世身) 즉 자신에게 근심이 있다는 뜻이다. 그러나 손효(孫爻)의 회두극(回頭剋)[179]으로 인해 1차적 피해자는 자손이며 자손으로 인해 근심이 있게 된다는 뜻으로 이해할 수 있다.

재왕인해(財旺寅亥) 사해신유(事諧申酉)는 재물은 인월과 해월에 왕하고 일은 신유월에 풀린다는 뜻이다. 여기서 재왕인해는 이 괘에서 재물에 해당하는 오행이 목(木)이고 목을 생해주는 것이 수(水)이므로 목과 수 기운이 왕(旺)해지는 인월(寅月)과 해월(亥月)에 재물운이 상승하게 된다는 의미이다.[180]

사실 『토정비결』에 육효점의 용어가 자주 등장하는 것은 사실이다. 예를 들어보자.

합괘는 천지비, 지천태, 택수곤, 수택절, 화산려, 산화비, 뢰지예, 지뢰복 괘로 모두 8개이다.

177) 송월스님 著,『육효학핵심비결』, 관음출판사, 1993, 「제6편, 64괘로 당수 신수 보는 비결」334~335쪽, 건위천 (남) 여행은 단독행하며 불길하다. (여) 여행은 가지 말라 나중에 구설 있다.

178) 문서는 부효(父爻)를 말한다.

179) 회두극이란 동하여 변한 육친이 다시 원래의 육친을 극하는 것을 말한다. 앞의 책,『增補卜筮正宗』,「十八問答」第二問, 何以謂之回頭剋 剋者吉凶乎 答曰 土爻動而變木 木爻動而變金 金爻動而變火 火爻動而變水 水爻動而變土 此是爻之回頭剋也.

180) 김수년, 앞의 논문, 58~60쪽 참조.

(一五三 姤之訟) 才來克世 意多橫財

재(才)는 재(財)의 약자로 보는 것이 타당하다. 나를 낳은 것은 부모(父母)요, 내가 낳은 것은 자손(子孫)이요, 나를 이기는 것은 관귀(官鬼)요, 내가 이기는 것은 처(妻)·재(財)요, 나란히 화합(和合, 比和)하는 것은 형제(兄弟)이다. 그래서 처재(妻財)가 세효(世爻)를 극하는 상황으로 해석된다.

(一六三 訟之姤) 文書逢冲 正七不利

(二一一 決之大過) 西官持世 勿貪人勿

(二一二 夬之革) 官衰兄旺 謀必從人 寅丑之月 陰事方成 世冲應位 恐傷官門 亥子之月 內外有財 驛馬逢空 出不得利

(二一三 夬之兌) 六爻發動 心常虛驚 兄化爲弟 辰丑不利 太歲持世 暗昧多謀

(二五二 太過之咸) 朱雀持世 無端口舌 …… 龍當金位 八月官厄

(二六一 困之兌) 才上官鬼 身必不寧 世動白虎 一冲一合

(二六二 困之萃) 朱雀伏位 來生寅方 …… 應世相合 人謀誘鬼

(三五三 鼎之未濟) 才上元嗔 常有恐喝 世帶玄武 陰逢最奇

(三一一 大有之鼎) 文書持世 喜事難暇 …… 應作官鬼 無端有心

(六二二 節之屯) 必見訟理 文書之世 若非陰事 勿近訟庭[181]

---

181) 박건회 편집, 『알기 쉬운 사주복서 길흉판단법』, 박문서관, 1919.

'문서지세(文書持世)'는 육효의 점법에서 나오는 고유한 용어이다. 그런데 이 구절이『토정비결』의 점사 속에 들어 있는 경우가 많다. 612 수지기제(需之旣濟)괘의 총평에도 "문서지세(文書持世) 노고난면(勞苦難免)"이라고 나온다.[182]

또 822 임지복(臨之復) "재물이 세효를 생하니 손으로 천금을 희롱한다(財來生世 手弄千金)"라고 한 것이나 "재효가 왕기를 띠었으니 재물이 구산 같도다(財爻逢旺 財如丘山)"도[183] 823 임지태(臨之泰) "관귀가 길을 지키니 원행하면 길하다(官鬼守路 遠行則吉)"[184] 832 명이지태(明夷之泰) "재효가 왕기를 만나니 천금이 어렵지 않도다(財爻逢旺 千金不難)"[185] 같은 세효(世爻)나 재효(財爻) 관귀(官鬼) 등의 육효점법을 응용한 경우라고 하겠다.

명문당본에서도 842 복지임(復之臨) "世持旺財(세지왕재) 手弄千金(수롱천금)"의 경우가 이에 해당한다. 그런데 정작 명문당 판본에서는 이 구절을 "세상이 많은 재물을 가졌으니 손에 천금을 희롱한다"[186]로 오역하고 있다.

(二二一 兌之困) 白虎持世 事皆非理 回頭生死 泄氣他人[187]

진(辰)이 사(巳)·오(午)로 변화하는 것을 회생(回生)이라고 하며, 오(午)가 해(亥)·자(子)로 변화하는 것을 회극(回克)이라고 한다. 또

---

182) 대한역법연구소 편,『원본토정비결』, 남산당, 1992, 98쪽.

183) 남산당, 137쪽.

184) 남산당, 138쪽.

185) 남산당, 140쪽.

186) 명문당본, 139쪽.

187) 박건회 편집에 나온 (二二一 兌之困) 육효괘사는 명문당본과 남산당본에는 이 괘사가 없다.

신(申)으로 신(申)을 보는 것을 비화(比和)라고 이르며, 자(子)로 인(寅)을 보는 것을 설기(洩氣)라고 한다.[188] 이는 육효에서 변화한 효가 동효를 극함으로써 회두극이 되어 용신(用神)의 기운을 빼게 되어 설기하는 경우를 말한다.

(二一二 夬之革) 金入鍊爐 終成大器 改舊從新 捨遠取近 官衰兄旺 謀必從人 寅丑之月 陰事方成 世冲應位 恐傷官門 亥子之月 內外有財 驛馬逢空 出不得利[189]

그런데 여기에서 중요한 것은 육효점법을 응용한 것도 판본에 따라서 달라진다는 사실이다. 김수년은 여기에서 박건회가 편집한 『토정비결』 판본으로 육효점법을 응용한 예를 들었는데, 명문당이나 남산당본에는 앞에서 예를 든 해당 괘에는(각주 182번) 같은 육효에 관한 점사가 거의 나오지 않는다. 이를 보면 『토정비결』에서 육효점법을 응용한 것도 일정한 것이 아니라, 판본에 따라 내용이 다르며, 이렇게 되면 『토정비결』이 육효점법을 응용했다고 말하기 어렵다.

육효에 해당되는 괘사는 후대에 첨가한 12월운의 저자 의중에 따라 육효의 점법과 점사로 첨가되었다고 할 수 있다. 그러므로 다양한 판본의 결정은 어떤 점술의 점사를 첨가할지는 저술가에 의해 결정된다고 볼 수 있다. 1구 8자를 뺀 나머지 점사가 각각의 판본마다 다른 이유라고 하겠다. 역마살(驛馬殺)[190]과 공망(空亡)[191] 등의 명

---

188) 정조(한국고전번역원 譯), 『홍재전서(弘齋全書) 제56권』, 「잡저(雜著)」(역림보유(易林補遺) 뒤에 쓰다).

189) 예를 든 판본의 (二一二 夬之革)는 명문당과 남산당본의 1구 8자만 원형에 해당되는 "金入鍊爐 終成大器"만 같고 나머지는 전혀 다르다.

190) 三合의 첫 자가 충이 되는 것을 역마살이라고 한다. 寅午戌에는 申, 亥卯未는 巳, 巳酉丑은 亥, 申子辰에 寅이 충 되는 것을 말한다.

리(命理)와 육효(六爻) 용어가 자주 쓰이고 있음을 알 수 있다. 그러나 이는 『토정비결』의 원형 점사에서 보이는 현상이 아니라, 후대에 확장된 점사에 보인다는 점을 간과해선 안 된다. 이는 단지 『토정비결』의 해석을 위해서 일부 응용한 측면이 있을 뿐이다.

3) 매화역수와의 비교

김수년은 『토정비결』의 점사가 또한 매화역수에서 나온 것이라는 점을 논증하려고 했다. 매화역수는 중국 송나라 소옹(邵雍)이 주역에 기초해서 만든 점법이다. 이는 심역(心易) 혹은 매화심역(梅花心易)이라고도 한다. 『역수(易數) 일촬금(一撮金)』에 의하면, 임의로 한 글자의 획수를 선택해서 그것에서 8을 빼고 남은 수로 괘(卦)를 정한다. 또 한 글자를 선택해서 거기에서 6을 빼고 남은 수로 효를 결정해서 이를 주역의 괘효를 정해서 길흉을 판단하는 것이다. 예를 들면 연월일의 수의 총획을 계산해서 그것에서 8을 제외한 나머지가 1이면 건괘(乾卦), 2면 태괘(兌卦), 3이면 이괘(離卦), 4면 진괘(震卦), 5면 손괘(巽卦), 6이면 감괘(坎卦), 7이면 간괘(艮卦), 8이면 곤괘(坤卦)로 상괘를 삼는다. 다시 연월일의 수에 시(時)를 더해서 같은 방법으로 하괘를 결정한다.

그리고 연월일시의 수의 총획에서 6을 제하고 나머지가 수가 1이면 초효, 2이면 이효(二爻), 3이면 삼효(三爻), 4면 사효(四爻), 5면 오효(五爻), 6이면 상효(上爻)가 동하는 것으로 본다.[192]

---

191) 공망은 十位의 天干과 十二位의 地支를 짝을 지어줄 때 천간이 부족하여 남게 될 지지가 공망이 된다. 甲子旬의 공망은 戌亥가 되고, 甲戌旬의 공망은 申酉가 되는 것 등을 말한다.
192) 김승동, 앞의 책, 341쪽.

여기에서 상괘와 하괘를 구할 때에 8로 나누는 것은 주역이 8괘로 구성되기 때문이며, 동효를 구할 때에 6을 쓰는 것은 한 괘에는 6개의 효가 있기 때문에 이 수들을 상수(常數)로 삼는다.

이 매화역수점법과 『토정비결』의 점법이 8로 제해서 상괘로 삼고 6으로 제해서 동효를 구하는 점은 상당히 유사하게 보이지만, 『토정비결』과는 큰 차이가 있다. 즉 『토정비결』의 하괘는 8로 제해서 그 나머지를 상괘처럼 팔괘에서 구하는 것이 아니라, 6으로 제하기 때문에 7간괘(艮卦)와 8곤괘(坤卦)가 『토정비결』에는 없다. 그리고 동효를 구할 때도, 매화역수에서처럼 초효에서 상효까지 여섯 효가 모두 동할 수 있는 것이 아니라, 『토정비결』은 3으로 제해서 남은 수를 쓰기 때문에 초효에서 3효까지밖에 동효가 없다는 점을 분명하게 할 필요가 있다.

예를 들어 『토정비결』 <1·1·1>의 「해왈」을 분석해보자.

> 해왈 동풍에 어름이 풀리고, 마른나무가 봄을 만났도다. 재물은 인해에 왕성하고, 일은 신유에 되리로다. 사오지월에는 사람의 구설을 조심하라.[193]

매화역수에 의거해본다면 본괘인 중천건괘는 상괘도 건(乾)괘, 하괘도 건(乾)괘이므로 월령으로는 신금(申金), 유금(酉金)이 되므로, 같은 금(金)이란 오행이 비화(比和)가 되어 길하게 해석된다. 그래서 이것을 "일은 신유(申酉)에 되리로다"라고 표현한 것이다. 이는 앞의 원문에서는 "사해신유(事諧申酉)"라고 한 것인데, 또 중천건괘가

---

193) 박건회 편집, 『改良增補 四柱吉凶自解法』, 박문서관, 1919, 105쪽. 명문당의 해왈이 이와 비슷하나, 남산당은 "(해설) 곤궁한 사람이 점점 힘이 펴이고 또 공명할 괘"로 내용이 다르다.

금체(金體)이므로 금에 응하는 시기는 가을이고, 신유(申酉)월이 8, 9월 즉 음력 7, 8월이 되면 가을에 해당되므로, 일이 된다고 이해할 수 있다. 이런 식으로 『토정비결』은 육효점과 더불어 매화역수 점단법을 차용한 것이라고 보았다.[194]

그런데 김수년도 역시 『토정비결』의 판본의 차이에 대해 그다지 주목하지 못했다. 왜냐면 그가 의거한 판본은 1919년 박건회가 편집한 14구본으로서 다른 판본들과는 점사 자체가 완전히 다르기 때문이다. 가령 48구본 남산당본이나 아래에 예시한 45구 명문당본 <1ㆍ1ㆍ1>을 보면 총운을 제외하면 점사 자체가 완전히 다르기 때문에, 김수년이 분석의 대상으로 삼은 "사해신유(事諧申酉)"같은 점사가 들어 있지 않기 때문이다.

一 一 一
乾之姤
[註解]: 有變化之意。
[卦象]: 東風解凍 枯木逢春

卦辭
東風解凍 枯木逢春 小往大來 積小成大 災消福來 心神自安
月明中天 天地明朗 春回故國 百草回生 卯月之中 必生貴子
君謀大事 何必疑慮 若逢貴人 身榮家安 春雖小通 勞方恒大

正月 春化日暖 鳳雛麟閣 災消福來 弄璋之慶 若非如此 進財添土
二月 東園桃李 逢時滿發 身數大吉 財物自來 若無財數 反爲傷心
三月 名山祈禱 必有安靜 所謀經營 不中奈何 心神無定 東奔西走
四月 財數平吉 口舌愼之 運數亦通 諸事順成 經過山路 前程大路
五月 此月之數 守口如瓶 莫近是非 不利之事 他鄉客地 親友愼之

194) 김수년, 앞의 논문, 90~91쪽 및 108쪽 참조.

六月 莫近女人 口舌可畏 若近安民 不利之事 莫動出行 安分最吉
七月 桃李逢春 花開成實 若非官祿 子孫有慶 若非如此 橫厄可畏
八月 有形無形 必有虛荒 財物自來 一身自安 此月之術 先困後旺
九月 歲月如流 財物自去 莫近訟事 損財可畏 勿近金姓 訟事不利
十月 驛馬有數 奔走之格 身數不利 慎之疾病 若非如此 堂上有益
十一月 財數不利 心神不安 東北之方 不利出行 在家有益 守分上策
十二月 勿謀經營 虛費心力 身旺才消 吉凶相半 大往小來 反爲無用

<1·5·2> 괘의 경우를 보자.

(一五二 姤之遯)
火及棟樑하니 燕雀知安아
自刑其身하니 不知其痛이라

위는 『토정비결』 1·5·2의 점사이다. 구지돈(姤之遯) 즉 구괘의
2효가 동해서 돈괘가 되었다. 이 괘를 도시해보면 다음과 같다.

건金궁 (천풍구) 2효동	
父 戌 ―	월
兄 申 ―	
官 午 ― 應	
兄 酉 ―	일
孫 亥 ―/(官 午)	(공망)
父 丑 -- 世	

『토정비결』의 원형인 총운은 화급동량(火及棟樑) 연작지안(燕雀
知安)으로 "불이 대들보에 미쳤으니 제비와 참새가 어찌 알겠는가?"
라고 되어 있다. 이 점사는 아마도 연작안지(燕雀安知)가 잘못 오식

된 것으로 추정된다. 하지만 또 다른 판본을 보면 약간 다르게 쓰여 있기도 하다.

一五二

火及棟樑 燕雀安居 불기둥과 들보에 미치니 제비새끼가 어찌 거할고.
投鼠忌器 大笑路上 쥐를 때리고 싶어도 그릇을 꺼려 크게 노상에서 웃는다.
三世玉女 半笑半哭 세 살 먹은 옥 같은 딸이 반은 웃고 운다.
해석) 재화가 당도함을 모르고 안락하며 마음대로 하자 하여도 끌리는 것이 있어서 못하고 타향에 외로이 다니는 험상괘195)

1964년도 향민사에서 펴낸 『가정백사길흉보감』에는 "화급동량(火及棟樑) 연작안거(燕雀安居)" 즉 "불기둥과 들보에 미치니 제비새끼가 어찌 거할고"로 되어 있다. 그리고 명문당 45구본에는 "화급동량(火及棟樑) 연작하지(燕雀何知)"로 표기되어 있으며, 남산당 48구본에는 "화급동량(火及棟樑) 연작안지(燕雀安知)"로 표기되어 있다. 각 판본의 원형의 글자가 이렇게 약간씩의 차이가 있음을 알 수 있다. 다행히 <1·5·2> 괘의 경우는 큰 의미의 변동은 없으나, 간혹 판본의 차이로 말미암아 엉뚱한 뜻으로 해석되는 경우가 비일비재하니 주의할 필요가 있다.

총운 뒤에 덧붙은 점사도 전혀 다르다. 김수년은 이런 판본 간의 차이점에 대해서는 언급하지 않고, 그 뒤의 점사에 대해 분석하고 있다. 그에 의하면 "자형기신(自刑其身) 부지기통(不知其痛)"은 스스로 그 몸을 형벌하되 그 아픔을 알지 못한다는 뜻으로, 여기서 자형(自刑)이란 2효 해(亥)수를 말한다.196)

---

195) 朴昌奎 편, 『가정백사길흉보감』, 鄕民社, 1964.

그러나 자신을 뜻하는 세효(世爻)에 축토(丑土) 부효(父爻)가 지세한 것이 확실한데 자형살이 세효에 임하였다고 하였다. 이 글은『토정비결』의 총운과 부합되게 하려다 보니 육효점 점단 방식으로는 잘못된 해석이 되었다고 했다.[197] 그렇다면『토정비결』에는 육효와 매화역수가 뒤섞여 있다는 결론에 도달하게 된다.

그래서 김수년은『토정비결』점사는 육효점뿐 아니라 매화역수점법도 혼용되어 사용되었고 사주명리의 신살도 섞여 있다고 판단했다. 그에 의하면 점사의 내용으로 볼 때 육효점의 납지, 육친, 동효 등의 내용이 언급되었지만 왕홍서나 야학노인의 점법과는 약간의 차이가 있으며, 대부분『토정비결』원점사인 총운에서 벗어나지 않으려고 노력한 점사들이 많았다. 또 매화역수의 체용관계로 풀이한 것들도 많이 있음을 알 수 있었다. 그리고 지금은 잘 쓰이지 않는 육수로 통변한 것들도 있었고 용신 위주의 자세한 해석 대신 전체적인 괘의 특징적인 부분만 설명한 구절이 많았다고 한다.

『토정비결』에는 이외에도『단역(斷易)』의 구절을 인용하고 있는 것들도 자주 보인다. 명문당 45구본에서 한 예를 들어보자.

八四二
復之臨 괘사: 豹隱南山

이는『단역』돈괘(遯卦)의 '표은남산지괘(豹隱南山之卦)'에서 인용한 구절이다. 그리고 명문당『토정비결』의 체제는『단역』에서 괘

---

196) 자형(自刑)에는 진오유해(辰午酉亥)가 있으나, 해수(亥水) 단독으로는 자형이 될 수 없고, 같은 해수 두 개가 스스로 형을 하는 경우를 말한다.
197) 김수년, 앞의 논문, 92~93쪽.

사를 기술하는 형식인 ○○○○之卦 ○○○○之象의 형식을 모방하고 있는 것도 확인된다. 그러나 45구본보다 훨씬 이른 시기에 등장한 것으로 추정되는 3구본에서도 다음과 같은 예가 보인다.

八二二
三陽同氣 萬物生光
被雲見月 點鐵成金
春燕歸巢 去舊生新

一三二
正月: 人口增進 廣置田庄 去舊生新

一六三
卦辭: 去舊生新

三三二
[註解]: 去舊生新之意

위 인용문에 공통적으로 보이는 '거구생신(去舊生新)'은 『단역』에서 박괘(剝卦) "거구생신지괘(去舊生新之卦)"를 인용한 구절이다. 이번에는 '금옥만당(金玉滿堂)' 구를 찾아보자. 3구본에는 다음과 같은 내용이 나온다.

三六三
虎榜雁塔 或名或字
日麗中天 金玉滿堂

五六二
寶鼎煮丹 仙人之藥

日麗中天 金玉滿堂

3구본에는 금옥만당이 2회 출현한다. 그런데 45구본에는 금옥만당(金玉滿堂)과 관련되는 구절이 훨씬 많이 나타난다.

二二二
兌之隨
[註解]: 吉變爲凶之意
[卦象]: 青天白日 陰雨濛濛
正月 先凶後吉 金玉滿堂

二五二
大過之咸
[註解]: 靜則吉 若而妄動 不利之數。
[卦象]: 靡室靡家 窮居無聊
十一月 飢者得食 金玉滿堂

三一二
大有之離
[註解]: 陰陽和合之意
[卦象]: 青鳥傳信 鰥者得配
二月 膝下有慶 金玉滿堂

四五三
恆之解
[註解]: 有圓滿之意
[卦象]: 望月玉兔 清光滿腹
卦辭
望月玉兔 清光滿腹 守分安居 必有因緣 春園松柏 喜含清露
若非移徙 人口增進 愼之盜賊 失物可畏 若非改業 生男之數
大明中天 金玉滿堂

五三一
家人之漸
[註解]: 有進就之象
[卦象]: 龍生頭角 然後登天
五月 貴人扶助 成功無疑 金玉滿堂

五五二
巽之漸
[註解]: 無險有順 必有安逸
六月 探景登山 花笑蝶舞 山高谷深 花滿春山 財福隨身 金玉滿堂

五六二
渙之觀
[註解]: 有能無憂 必有滿足之意
[卦象]: 寶鼎煮丹 仙人之藥
八月 山雖泰高 登則可達 所望如意 金玉滿堂

六一二
需之既濟
[註解]: 有吉和合之意
[卦象]: 植蘭青山 更無移意
五月 後園碧桃 春到自發 財福俱全 金玉滿堂

六四一
屯之比
[註解]: 有德有信 終得吉利之意。
[卦象]: 心小膽大 居常安靜
十一月 魚龍得水 造化無雙 財星照門 金玉滿堂

六四三
屯之既濟
[註解]: 有光明之意。
[卦象]: 暗中行人 偶得明燭

四月 四月南風 身遊外方 身上無憂 無事泰平 福祿陳陳 金玉滿堂

六五一
井之需
[註解]: 安靜待時 出世之象。
[卦象]: 籠中囚鳥 放出飛天
八月 人口增進 金玉滿堂

七三一
賁之艮
[註解]: 有通達之意。
[卦象]: 遍踏帝城 千門共開
三月 若非官祿 商路得財 財數亨通 日得千金 一朝功名 金玉滿堂

七四二
頤之損
[註解]: 有吉有益之象。
[卦象]: 前程早辨 榮貴有時
五月 一身高名 榮華彬彬 宜行南方 大財入手 大明中天 金玉滿堂

七六二
蒙之剝
[註解]: 隨時有吉之意。
[卦象]: 隨時應物 到處有榮
七月 財祿俱興 金玉滿堂

七六三
蒙之蠱
[註解]: 有大利之象。
[卦象]: 飛龍在天 利見大人
三月 財運旺盛 勿失此期 金玉滿堂

八二一
臨之師
[註解]: 心高有通達之意。
[卦象]: 乘龍乘虎　變化無雙
卦辭
乘龍乘虎　變化無雙　堀井見水　勞後有得　種竹待林　何時來吉
莫與人爭　恐或官訟　三春之數　財數大吉　枯木逢春　千里有光
金玉滿堂

八四三
復之明夷
[註解]: 有人助力之意。
[卦象]: 人有舊緣　偶來助力
七月　道高名利　名振四方　官祿隨身　喜色滿面　金玉滿堂

八六三
師之升
[註解]: 進達榮貴之意。
[卦象]: 東風淡蕩　春花富貴
六月　金玉滿堂　可期富名

　이렇게 『토정비결』 45구본에만 20여 곳에서 금옥만당(金玉滿堂)
구절이 나타난다. 이는 『단역』에서의 대유괘(大有卦) "금옥만당지괘
대명중천지상(金玉滿堂之卦　大明中天之象)"을 인용한 것이다. 또 다
음의 경우를 보자.

三五三
鼎之未濟
[註解]: 不能而行　有凶。
[卦象]: 弱小滕國　間於齊楚
正月　凶化爲吉　世事太平　在家則吉　莫出外方　船渡中灘

위는 『단역』에서 감괘(坎卦)의 "선도중탄지괘(船渡中灘之卦)"를 인용한 것이다.

二六三
困之大過
[註解]: 有困有凶禍之意 有凶咎。
[卦象]: 清風明月 獨坐扣盆
卦辭
清風明月 獨坐扣盆 每事不成 或有疾病 陰陽和合 萬物始生

六五一
井之需
[註解]: 安靜待時 出世之象。
[卦象]: 籠中囚鳥 放出飛天
卦辭
籠中囚鳥 放出飛天 雲散月明 別有天地 南北兩方 必有喜事
先困後泰 運數奈何 若非服制 或有家憂 春光再到 萬物始生

六六一
坎之節
[註解]: 有榮貴之象。
[卦象]: 九重丹桂 我先折插
卦辭
九重丹桂 我先折插 春回故國 萬物始生

七四一
頤之剝
[註解]: 他處有功之象。
[卦象]: 六馬交馳 男兒得意
正月 東風細雨 桃花微笑 春和日暖 萬物始生

위의 예는 『단역』에서의 둔괘 "만물시생지상(萬物始生之象)"에서 만물시생(萬物始生)을 인용한 것이다. 또 7, 8구본에도 개구종신(改舊從新)이란 구절이 나온다.

(二一二 夬之革)
金入鍊爐 終成大器
改舊從新[198] 捨遠取近

그런데 같은 구절이 45구본에도 보인다.

一三一
同人之遯
[註解]: 有危孤獨之意。
[卦象]: 老人對酌 醉睡昏昏
卦辭
老人對酌 醉睡昏昏 日中則傾 月盈則虧 若而移舍 晚時生光
若非如此 改業則吉 三春之數 勿謀他營 三夏之數 口舌紛紛
欲不可長 樂不可極 以下從上 改舊從新

八一二
泰之明夷
[註解]: 有順通達之意 不傷其身。
[卦象]: 入水不溺 入火不傷
八月 利在賣買 商路得財 南方貴人 偶來助我 改舊從新

이는 『단역』, 혁괘(革卦)의 "개구종신지상(改舊從新之象)"을 인용한 것이 틀림없다. 『단역』에 대해서는 소옹(邵雍)이 지었다느니, 진단(陳摶)이 지었다느니 명나라 역복노인(易卜老人)이 지었다는 설들이 있으나, 유기(劉基)[199]가 지었다는 설이 유력한 명대에 출판된 『복

---

198) 邵雍 『斷易』, 革卦 改舊從新之象 참조.

서전서(卜筮全書)』에 수록되어 있다. 단역은 경방(京房)·비복(飛伏)의 오행생극, 혹은 육친의 오행생극 같은 역학이론에 의해 길흉을 판단한 육효에 관한 점서이다. 이『복서전서』는 야학노인(野鶴老人)이 저술한『증산복역(增刪卜易)』과 더불어 육효의 양대 고전이다.『憎刪卜易(증산복역)』은 1690년에 이문휘(李文輝)가 고금의 복서에 관한 책들을 바탕으로 野鶴老人(야학노인) 작으로 알려진『야학노인점서전서(野鶴老人占卜全書)』를 고증하여 종류별로 나누어 편집한 책이다.

이상에서 보면『토정비결』의 점사 속에는 분명 육효나 매화역수 점사와 점법에서 나온 용어와 개념 및 이론들이 쓰이고 있음을 볼 수 있다. 그러나 이는『토정비결』의 원형 점사에서 보이는 현상이 아니라,『토정비결』의 해석을 위해서 일부 응용하였을 뿐이며, 또한 모두가 후대에 확장된 점사에서 보인다는 것을 확인할 수 있다.

3. 『토정비결』에 나타난 점법의 특성

토정비결의 특징은 일단 점자의 사주를 가지고 점괘를 뽑기 때문

---

199) 劉基(1311~1375)는 원말 명초의 浙江省 靑田 사람이며 자는 伯溫, 시호는 文成이다. 명나라의 개국공신으로 經史를 비롯해서 術數에도 아주 정통했다고 전한다. 일찍이 원말의 至順(1330~1332) 연간에 進士가 되었고 高安縣丞 江浙儒學副提擧을 역임했다. 江浙行省都事를 지낼 때 方國珍이 난을 일으키자 무력으로 진압할 것을 주장했으나 받아들여지지 않자 벼슬을 버리고 고향으로 돌아와서 병사를 모집하여 方國珍과 대항하였다. 후에 명태조가 된 朱元璋이 그의 명성을 듣고 초빙하자 時務十八策을 개진해서 주원장을 도와 천하를 차지하는 계책을 올림으로써 명나라를 세우는 데 커다란 공훈을 세웠다. 명 건국 후에는 李善長 宋濂 등과 명나라의 典制를 제정하였다. 명 태조 원년에 御史中丞兼太史令이 되었고 1370년(명 洪武 3년)에 誠意伯에 봉해졌는데, 다음해에 사직하였다. 뒤에 胡惟庸에 의해서 참소를 당해 억울하게 죽었는데 胡惟庸에 의해서 독살을 당했다는 말이 전해진다. 그는 詩文으로서도 이름이 높았으며, 저서로『郁離子』,『覆瓿集』,『寫情集』,『春秋明經』,『犁眉公集』,『誠意伯文集』 등이 있다.『적천수천미』김정혜 공역, 2013. 손씨의 서문(孫序)을 보면『적천수』는 경도(京圖)가 찬술하고 유성의(劉誠意) 곧 유기(劉基)가 주석하였다.

에 사주점으로 생각하는 이들이 많다. 무라야마 지준도 『토정비결』
에 대해서 "적중률이 우세한 사주점법으로 …… 민간에서 널리 행하
여지고 있다. 이 점법은 사주를 상중하 3괘로 하여 판단하는 것으
로" 운운하고 있다. 무라야마 지준은 『토정비결』을 볼 때 점치는 이
의 생년월일 간지를 가지고 본다는 점만 주목해서 사주점법의 하나
라고 단정했다.

그러나 이는 무지의 소치이다. 『토정비결』에서는 사주를 쓰는 것
이 아니라, 생년월일까지의 干支만 사용하고 있고, 또 생년월일의
간지 자체에 내장된 오행관계의 속성을 이용해서 길흉을 점치는 것
이 아니라, 이를 숫자로 바꿔서 얻은 숫자들의 조합으로 점을 친다
는 점에서 일반 사주명리와는 다르다는 점을 주목할 필요가 있다.
다시 말해 『토정비결』의 점법은 중국에서 발달한 사주점법이나 음
양오행이론에 의거하지 않는 한국에서 발전된 독창적인 점법이란
것이다.

박종덕은 주역점은 『토정비결』과 작괘나 해석에 있어서 큰 차이
가 있다. 주역점은 오히려 윷점의 원리와 부합 상통하는데 작괘 수
단의 차이가 있을 뿐이라고 해서[200] 주역점은 『토정비결』 점과는
큰 차이가 있고 오히려 윷점의 원리와 상통한다고 한 바 있다.[201]

그러나 이에 임채우는 윷점이 주역점과 상통하는 것이 아니라, 『토
정비결』과 관계있다는 주장을 하기도 했다. 『토정비결』의 숫자괘 점
법은 우리 민속에서 행해지던 척사점(擲柶占, 윷점)과도 유사하다고
지적한 바 있다.[202][203]

---

200) 박종덕, 앞의 논문, 35쪽.

201) 村山智順, 『朝鮮의 占卜과 豫言』, 東文選 文藝新書23 (金禧慶 譯, 東文選, 1990), 423쪽 참조.

척사점이란 윷점204)을 말하는데, 윷가락205)을 세 번 던져서 나온 끗수를 조합해서 숫자괘를 만들고, 그 숫자괘에 배속된 점사를 가지고 치는 우리 고유의 점법이다. 다시 말해서 윷가락을 3번 던져서 처음에 도, 두 번째 도, 세 번째에도 도가 나왔다면 <1·1·1>이란 숫자괘를 얻고, <1·1·1>에 배속된 점사 "어린아이가 어머니를 만난다(小兒見母)"를 가지고 점을 치는 것이다. 그래서 윷점은 <1·1·1>에서 <4·4·4>까지 1~4까지의 숫자괘가 나오게 되는데, 이는 각각 8·6·3의 수리를 쓰는 『토정비결』과 약간의 차이가 있다. 그러나 전체적으로 3종의 숫자 조합으로 괘를 만드는 방식은 유사하다고 할 수 있다.

그러나 앞에서도 『토정비결』과 주역점의 관계에 대해서 분석했던 바와 같이, 윷점도 주역의 서법(筮法)이 복잡하기 때문에 이를 대체하는 간편한 점법으로서 파생된 것이긴 하지만, 주역의 점법이나 괘효사와는 전혀 다른 독자적인 점법과 점사로 구성되어 있으므로, 실제적으로는 주역점에 포함된다고 볼 수는 없다.

---

202) 임채우, 유득공 『경도잡지』 윷점의 역철학적 해석, 『동방학지』 157집, 2012.

203) 오늘날 일부 사람들은 척사점을 '이충무공전서' 편찬에도 참여했던 유득공(1748~1807)의 '경도잡지(京都雜誌)'에 나오는 척사점, 즉 윷을 이용한 점이라고 보기도 한다. 그러나 '난중일기'에는 윷놀이 기록이 전혀 나오지 않고, 게다가 그 시기에 윷으로 '주역'을 활용한 작괘점을 친 기록이 없는 것을 보면, 윷점이 아니다. 이순신이 '난중일기'에 기록해놓은 종정도(從政圖)놀이가 5회 등장하는 것으로 볼 때 종정도놀이가 도구인 윤목(輪木)을 활용한 점으로 보인다. 즉 척사점은 윤목을 던져(擲) 얻어낸 숫자를 척자점을 해설하는 텍스트, 예를 들면 '토정비결'과 같은 책에서 찾아 읽는 방식이다. 【출처】 박종평(이순신연구가) [신동아]2015년 1월호 <유비무환 곱씹으며 겸손하게 하늘에 묻다>. 여기에서 『토정비결』 점괘를 척자점과 같은 우연의 방법으로 작괘할 수도 있음을 알 수 있다.

204) 작괘점의 하나로 윷을 던져 네 개가 모두 엎어지면 모, 네 개가 모두 뒤집히면 윷, 세 개가 엎어지고 한 개가 뒤집히면 도, 두 개가 엎어지고 두 개가 뒤집히면 개, 하나가 엎어지고 세 개가 뒤집히면 걸이라 한다. 도는 1, 개는 2, 모와 윷은 3, 걸은 4로 하여 윷을 세 번 던져서 괘를 얻고 나서 괘사를 본다.

205) 윷가락은 붉은 싸리나무 두 토막을 쪼개어 네 쪽을 만든다. 길이는 세 치가량, 혹 작게는 반 쪽의 콩만큼 만들기도 한다. 김희경 역, 『조선의 점복과 예언』, 425쪽.

그렇지만『토정비결』과 윷점은 주역점과 비교해보면 오히려 비슷한 점이 더 많다고 할 수 있다. 즉 3개의 숫자를 조합해서 하나의 괘를 만들고, 그 괘에는 1구 4자(윷점의 경우) 혹은 1구 8자(토정비결의 경우)의 매우 단순한 점사가 붙어 있어서, 그것을 가지고 점을 친다는 점에서는 동일하다고 할 수 있다.

또 이와 비슷한 경우가 절초점(折草占)이란 점도 있다. 이것은 풀잎을 한 움큼 따서 3으로 나누고 남은 수를 2회 반복해서 그 숫자괘에 배속된 점사를 가지고 점을 치는 우리 민속 점법이다. 이 절초점은 2자리의 숫자괘가 만들어지므로, 그 점사가 총 6가지밖에 없는 아주 단출한 점법이긴 하지만, 숫자의 조합으로 괘를 만들고 거기에 달린 점사를 가지고 점을 치는 방식은 윷점과『토정비결』과 유사하다.

그래서『토정비결』의 점사나 점법 등을 종합적으로 고려해본다면 주역점보다는 윷점이나 절초점 등에 보이는 숫자로 점괘를 짓는 우리의 민간 점속과 훨씬 더 유사하다.[206] 숫자로 점괘를 짓지는 않지만 오행점 역시 윷점이나 절초점처럼 우연의 방법으로 점사를 얻는 우리의 점속도 있다.[207]

임채우는 결론적으로『토정비결』은 주역에서 나왔다거나 주역점의 하나라고 하기보다는, 중국의 도가역 계통에서 발달했던 숫자괘 점법이 한국에서 독자적으로 발전해서 이뤄진 민간점의 하나로 분류하는 것이 더 정확할 것이라고 했다.[208]

---

206) 임채우는 절초점은 2개의 숫자 조합으로 괘를 만들어 점을 치지만 윷점은 3개의 숫자 조합으로 괘를 만든다는 점에서『토정비결』이 윷점의 숫자괘 전통과 보다 가깝다고 할 수 있다고 한다.

207) "오행에는 각기 점사가 있다. 나무에 金木水火土를 새겨서 장기알처럼 만들어 일시에 던져서, 부앙(앞뒤)의 상황을 보고 점사를 얻는다." 攤五行占, 以卜新年身數, 五行各有占辭, 木刻金木水火土如碁子, 一時攤之, 觀其俯仰而得占,『동국세시기』, 「元日」.

일단 생년월일을 중심으로 한 『토정비결』과 윷가락을 던져 나온 끗수로 점을 치는 윷점의 점법은 크게 다른 것처럼 보인다. 하지만 『토정비결』에서의 생년월일이란 사주명리학에서 말하는 것처럼 의미내용을 가진 것이 아니고, 순수하게 숫자를 얻기 위한 수단에 불과할 뿐이다. 그래서 양자는 모두 세 개의 숫자를 조합해서 점괘를 만든다는 점에서 동일하다. 『토정비결』은 앞에서 보았다시피, 첫 단위는 1~8까지이고, 둘째 단위는 1~6이고, 셋째 단위는 1~3으로 다음과 같은 숫자의 조합으로 되어 있다. 예를 들어보면 다음과 같다.

```
1 · 1 · 1
1 · 1 · 2
1 · 1 · 3
1 · 2 · 1
1 · 2 · 2
1 · 2 · 3
1 · 3 · 1
1 · 3 · 2
1 · 3 · 3
1 · 4 · 1
1 · 4 · 2
1 · 4 · 3
1 · 5 · 1
1 · 5 · 2
1 · 5 · 3
1 · 6 · 1
1 · 6 · 2
1 · 6 · 3
2 · 1 · 1 ...... 8 · 6 · 3
```

---

208) 임채우, 앞의 논문, 603쪽.

이와 같이 『토정비결』은 첫 단위는 1~8까지이고, 둘째 단위는 1~6이고, 셋째 단위는 1~3으로 순환한다.

윷점은 1에서 4까지의 숫자를 3중 조합한 것이다. 예를 들어보면 다음과 같다.

1·1·1
1·1·2
1·1·3
1·1·4
1·2·1
1·2·2
1·2·3
1·2·4
1·3·1
1·3·2
1·3·3
1·3·4
1·4·1
1·4·2
1·4·3
1·4·4
2·1·1 ...... 4·4·4

결국 윷점의 점괘는 모두 64개이지만, 세 번째 자릿수가 4인 14괘를 제외한 50괘가 숫자만으로는 『토정비결』과 겹친다. 그뿐만 아니라, 점사도 4언체로 되어 있는 것도 대단히 유사하다. 예를 들어보면 다음과 같다. 먼저 『토정비결』의 점사는 다음과 같다.

1·1·1 東風解凍 枯木逢春
1·1·2 望月圓滿 更有虧時

1 · 1 · 3　鶯栖柳枝　片片黃金
1 · 2 · 1　圍棋消日　落子丁丁
1 · 2 · 2　畵虎不成　反爲狗子
1 · 2 · 3　雖曰箕箒　舊主尙存
1 · 3 · 1　老人對酌　醉睡昏昏
1 · 3 · 2　草綠江邊　郁郁靑靑
1 · 3 · 3　雪滿窮巷　孤松特立
1 · 4 · 1　萬頃蒼波　一葉片舟
1 · 4 · 2　百人作之　年祿長久
1 · 4 · 3　夜雨行人　進退苦苦
1 · 5 · 1　緣木求魚　事事多滯
1 · 5 · 2　火及棟樑　燕雀安知
1 · 5 · 3　年雖値荒　飢者逢豊
1 · 6 · 1　春雨霏霏　一枝梅花
1 · 6 · 2　夏雲起處　魚龍浴水
1 · 6 · 3　白露旣降　秋扇停之
2 · 1 · 1　晝耕夜讀　錦衣還鄕

윷점의 점사를 보면 다음과 같다.

1 · 1 · 1　乾卦　小兒見母
1 · 1 · 2　姤卦　明月當軒
1 · 1 · 3　遯卦　往事沈吟
1 · 1 · 4　否卦　如龍得池
1 · 2 · 1　觀卦　如金在井
1 · 2 · 2　剝卦　枯木重榮
1 · 2 · 3　晉卦　萬物齊明
1 · 2 · 4　大有　雲間見月
1 · 3 · 1　坎卦　枯楊生花
1 · 3 · 2　節卦　行路未寧
1 · 3 · 3　屯卦　鞠躬望月
1 · 3 · 4　旣濟卦　光明安寧
1 · 4 · 1　革卦　滿江獻珠
1 · 4 · 2　豐卦　隱龍離井
1 · 4 · 3　明夷卦　留連遲滯

1・4・4 師卦 秋海澄淸
2・1・1 艮卦 登路米澤

    일단 양자는 숫자괘의 형식이 동일하다. 그리고 『토정비결』은 8자이고 윷점은 4자이지만 4언체로 동일하다. 그리고 『토정비결』은 본괘(本卦)와 지괘(之卦)를 배당하고 윷점은 본괘 하나만을 배당한다는 점에서는 다르지만, 일단 주역의 64괘와 연관시키고 있다는 점에서도 동일성을 보인다. 이런 동일성이 단지 우연의 일치라고 넘겨버리기보다는 양자의 관련성을 좀 더 주목해볼 필요가 있다. 앞으로 윷점과 『토정비결』의 관계를 위시해서, 한국 민중의 민간점법이란 측면에서 『토정비결』의 점법과 점사에 대해 더 깊이 있는 연구가 필요하다고 보인다.

제5장

『토정비결』
점사(占辭)의 성격

앞 장에서는 『토정비결』의 특성을, 그 작괘법에 대해 분석함으로써 중국의 주역점이나 육효점 등의 영향을 받은 것이 아닌 우리의 민간점법이란 점에서 찾을 수 있음을 보았다. 이제 이 장에서는 『토정비결』 점사의 구조를 분석해보고, 그 속에 담긴 특성과 가치관의 문제를 고찰해보고자 한다.

특히 여기에서 중요한 것은 『토정비결』의 여러 판본 중에서 원형이 무엇인지를 분명히 하는 것이다. 왜냐면 그 이전의 연구들에서는 그냥 현재 시중에서 판매되고 있는 판본을 저본으로 삼거나, 혹은 여러 판본 중에서 적당한 것을 골라서 원형으로 삼아서 연구한 결과 잘못된 결론에 이르는 경우가 많았기 때문이다. 이 장에서는 여러 『토정비결』의 판본 중에서 가장 오래된 원형으로 여겨지는 판본을 찾아서, 이를 중심으로 점사의 성격을 밝히고자 한다.

1. 『토정비결』 점사의 구조적 성격

『토정비결』의 점사 원래의 원형은 1구 8자로서 아주 단순하지만, 후대에 와서는 점점 더 복잡한 구조를 보이고 있다. 1937년 홍병석이 편집한 『26구 『토정비결』』의 체제를 보면 맨 앞에는 총운이 놓여 있고, 그다음에는 <해왈(解曰)>이 있어서 총운을 해석하고 있다. 그리고 다음에는 <월별상해(月別詳解)>가 있는데, 이는 12개월별로 각각 달마다의 운세를 기록한 점사이다. 근자에 들어서 나온 명문당의 45구본은 다음과 같이 구성된다.

─ ─ ─

乾之姤
[註解]: 有變化之意。
[卦象]: 東風解凍 枯木逢春

卦辭
東風解凍　枯木逢春　小往大來　積小成大　災消福來　心神自安
月明中天　天地明朗　春回故國　百草回生　卯月之中　必生貴子
君謀大事　何必疑慮　若逢貴人　身榮家安　春雖小通　勞方恆大

正月　春化日暖　鳳雛麟閣　災消福來　弄璋之慶　若非如此　進財添土
二月　東園桃李　逢時滿發　身數大吉　財物自來　若無財數　反爲傷心
三月　名山祈禱　必有安靜　所謀經營　不中奈何　心神無定　東奔西走
四月　財數平吉　口舌愼之　運數亦通　諸事順成　經過山路　前程大路
五月　此月之數　守口如瓶　莫近是非　不利之事　他鄉客地　親友愼之
六月　莫近女人　口舌可畏　若近安民　不利之事　莫動出行　安分最吉
七月　桃李逢春　花開成實　若非官祿　子孫有慶　若非如此　橫厄可畏
八月　有形無形　必有虛荒　財物自來　一身自安　此月之術　先困後旺
九月　歲月如流　財物自去　莫近訟事　損財可畏　勿近金姓　訟事不利
十月　驛馬有數　奔走之格　身數不利　愼之疾病　若非如此　堂上有益
十一月　財數不利　心神不安　東北之方　不利出行　在家有益　守分上策
十二月　勿謀經營　虛費心力　身旺才消　吉凶相半　大往小來　反爲無用

맨 앞에 괘명이 나오고 다음이 「주해(註解)」이고 「괘상(卦象)」이 있어서 한 괘의 총운을 설명한다. 그리고 「괘사(卦辭)」가 있어서 총운을 다시 18구로 부연 설명하고, 다음에 12달의 월운이 있는 복잡한 구조이다. 사실 이런 복잡한 구조 속에서 총운 1구 8자만이 원형이고 나머지는 후대에 편집자에 따라서 각기 추가된 점사들이다.

토정비결 연구가라고 하는 박종덕은 다음과 같이 말한 바 있다. "해석의 문구가 늘어난 배경을 하나로 단정할 수 없지만『토정비결』은 해방 이후 그 내용이 크게 늘어난 것으로 추정할 수 있는데 한문에 능한 한학자들이 가필(加筆)한 것이 아닌지 의심된다. 세창서관에서 발간한『원본『토정비결』』은 모두 4×144구로 돼 있다. 한국학중앙연구원 장서각 소장본『토정비결기타요감(土亭秘訣其他要鑑)』의 내용에 비교하면 4배가량 늘어난 것이다. 남산당의 대한역법연구소 편저,『원본토정비결』이나 명문당의 김혁제 주해,『원본토정비결』에서는 월별 괘사(卦辭)가 나타나면서 자구의 숫자가 대폭 늘어난 모양을 갖추고 있다. 가장 두드러진 변화는 매월 괘가 붙었다는 것이다. 내용면에서는 필사본과 인쇄본에 나타난 구절이 총괘에서 순서는 틀리나 비슷하게 나열돼 있다. 어떤 문구는 뜻은 비슷하나 다른 한자를 사용하고 있다. 예를 들면 필사본의 근독야서(勤讀夜書)가 인쇄본의 주경야독(晝耕夜讀)으로 나타나는 식이다. 필사본에서 인쇄본까지 다양한 자구의 숫자로 나타나는『토정비결』책들은 매년 민력(民曆)을 발간하는 명문당 출판사와 남산당 출판사에서 각각 45구와 48구로 된『토정비결』을 펴내면서 요즘 많이 보고 있는 40 대구『토정비결』로 일반화됐다. 이렇게 월별 운세까지 늘어난 부분을 어떻게 볼 것인지는 좀 더 많은 고증이 요구되는 것이다."209)

그는 아마도 12달에 대한 월운이 해방 후에 한학자들에 의해 덧붙여졌을 것으로 보고 있다. 하지만 12월운이 부가된 것은 이미 1930년대 판본에서부터 나타난다. 앞에서도 언급한 바와 같이 1937 년『26구『토정비결』』에는 <총운>이 있고, 다시 총운을 해설한 <해 왈(解曰)>, <월별상해(月別詳解)>를 두어서 12달의 길흉에 대해 상 세하게 설명하고 있는 체제로 구성되어 있다고 한다.210) 그렇다면 적어도 1937년 이전에는 12월운이 부가된 『토정비결』이 존재했었 음을 짐작할 수 있다.

박종덕은 총운 뒤에 12월운이 붙은 이유에 대해서 총운만 가지고 점을 치기에는 "아마 너무 간단하여 단조로움을 피하게 하고 독자들 에게 읽을거리를 제공하고자 하는 의도가 있는 것으로 의심해볼 수 있다"211)고 했는데, 분명히 그런 측면도 없지는 않을 것이다. 하지 만『토정비결』은 본래가 정초에 보는 신수점의 하나라는 점을 망각 해서는 안 된다. 신수점은 아주 간단하게 풍흉(豐凶)이나 길흉을 점 쳐보는 일종의 풍속이다. 이들 풍속은 대개 정월 초하루에서 대보름 사이에 집중되어 있다. 이 시기는 한 해가 시작되는 시점으로서 특 별한 의미를 지닌 기간이기 때문에, 이때에 한 해의 풍흉과 길흉을 점치는 습속이 있었다. 이 기간 중에 처음으로 듣는 동물의 소리로 길흉을 점친다든지 보리의 뿌리 모양을 보고 풍흉을 점치기도 하며, 마을 간 윷놀이나 줄다리기 시합을 벌여서 이긴 팀이 풍년이 든다고 예측하는 습속이다. 하지만 이들은 점속(占俗)으로서의 의미보다는 사실상 일종의 민속놀이나 풍속으로서의 성격이 더 강하다. 예를 들

---

209) 박종덕, 「土亭 李之菡의 사상과 『土亭秘訣』」, 45쪽.
210) 임채우, 앞의 논문, 592쪽 참조.
211) 박종덕, 앞의 논문, 45쪽.

어보자.

옥수수대에 콩 12개를 넣어 정월 보름날 물속에 넣어두었다가 밥을 지을 때 함께 찐다. 이렇게 하여 그 콩이 부풀어 띵띵한 달은 강우월로 하고 부풀지 않은 달은 가문다고 한다.

농가에서 다음해 농사의 풍흉을 알려면 9가지 곡식(수수, 옥수수, 조, 벼, 콩, 팥, 보리, 참밀, 깨)의 종자를 각각 헝겊 주머니에 담아서 간 토실(干土室)에 묻어둔다. 뒤에 이를 캐어 싹이 많이 나 있으면 그해는 풍년이 든다.

동짓날 베주머니에 곡물의 종류를 넣어 북쪽 음지에 묻어두었다가 50일 이후에 파내어 가장 온기를 많이 품고 있는 종자를 다음해에 재배하면 풍년이 든다고 한다.

정월 보름날 여러 종류의 볍씨를 같은 양으로 달아 종이에 싼 후, 집 처마 끝에 매달아두었다가 다음날 다시 저울에 달아보아서 가장 무거운 볍씨를 재배하면 그해 풍년이 든다고 한다.

입춘에 자라고 있는 보리 뿌리를 캐어 그해의 풍흉을 점친다. 뿌리가 3가닥 이상이면 풍년이고 두 가닥이면 평년이고 한 가닥이면 흉년이 든다고 한다.

정월 소보름날 보리밥을 지어 그 맛의 좋고 나쁨으로 그해의 풍흉을 점친다.[212]

이렇게 간단하게 정초에 한 해의 풍흉 내지는 신수를 점쳐보는 정도이다. 오히려 『토정비결』같이 144개의 괘와 독자적인 점사를 가진 『토정비결』은 신수점으로서 단조로운 것이 아니라 아주 복잡하고 치밀한 체계를 가진 초유의 점서라고 할 수 있다. 『토정비결』이

---

212) 『조선의 점복과 예언』, 366쪽.

너무 단조로워서 월운을 덧붙였다기보다는, 『토정비결』의 성격이 정초에 보던 신수점에서 1년 12달 길흉을 점치는 일반 점서로의 성격이 가미되었거나 변질되었다고 보는 것이 정확할 것이라고 본다.

1) 점사의 구조

『토정비결』은 본래 숫자괘와 1구 8자의 총운만 있었다. 이 원형이 되는 1구 8자본 『토정비결』은 원래 다음과 같은 간단한 형태였다.

<土亭秘訣>
1.1.1 東風解凍 枯木逢春
1.1.2 望月圓滿 更有虧時
1.1.3 鶯栖柳枝 片片黃金
1.2.1 圍棊消日 落子丁丁
1.2.2 畵虎不成 反爲狗子
1.2.3 雖曰箕箒 舊主尙存

이 원형 『토정비결』과의 비교를 위해, 『토정비결』 중 가장 최대의 점사를 자랑하는 64구본의 구조를 보자.

―――
乾之姤
[註解]: 有變化之意。
[卦象]: 東風解凍 枯木逢春
[해왈]: 이제야 좋은 운이 왔으니 재물은 왕성하고 경영하는 일은 칠팔월에 되리로다. 사월과 오월에는 다른 사람의 구설을 조심하라.

卦辭

東風解凍	枯木逢春	小往大來	積小成大	災消福來	心神自安	瑞日祥雲
身登龍門						
月明中天	天地明朗	春回故國	百草回生	卯月之中	必生貴子	商則橫財
仕則超昇						
君謀大事	何必疑慮	若逢貴人	身榮家安	春雖小通	勞方恒大	若非胎産
結終可期						
固守國城	賴生其福	虛慾無益	堅守儉約	若當金風	只可守分	千思白思
忍之爲貴						

正月

| 春化日暖 | 鳳雛麟閣 | 災消福來 | 弄璋之慶 | 若非如此 | 進財添土 | 旱苗逢雨 |
| 豈非生光 | | | | | | |

二月

| 東園桃李 | 逢時滿發 | 身數大吉 | 財物自來 | 若無財數 | 反爲傷心 | 自公得財 |
| 勿爲虛慾 | | | | | | |

三月

| 名山祈禱 | 必有安靜 | 所謀經營 | 不中奈何 | 心神無定 | 東奔西走 | 堅志力行 |
| 先困後通 | | | | | | |

四月

| 財數平吉 | 口舌慎之 | 運數亦通 | 諸事順成 | 經過山路 | 前程大路 | 貴人助我 |
| 所望如意 | | | | | | |

五月

| 此月之數 | 守口如瓶 | 莫近是非 | 不利之事 | 他鄉客地 | 親友慎之 | 三夏虛送 |
| 當秋則吉 | | | | | | |

六月

| 莫近女人 | 口舌可畏 | 若近安民 | 不利之事 | 莫動出行 | 安分最吉 | 居處不安 |
| 徒反觸患 | | | | | | |

七月

| 桃李逢春 | 花開成實 | 若非官祿 | 子孫有慶 | 若非如此 | 橫厄可畏 | 誠心佛祈 |
| 可得免運 | | | | | | |

八月

| 有形無形 | 必有虛荒 | 財物自來 | 一身自安 | 此月之數 | 先困後旺 | 吉運終回 |
| 身榮財旺 | | | | | | |

九月

歲月如流 財物自去 莫近訟事 損財可畏 勿近金姓 訟事不利 戌亥子月
漸入佳境
十月
驛馬有數 奔走之格 身數不利 愼之疾病 若非如此 堂上有益 如得木姓
改業建屋
十一月
財數不利 心神不安 東北之方 不利出行 在家有益 守分上策 年運正吉
自有助人
十二月
勿謀經營 虛費心力 身旺才消 吉凶相半 大往小來 反爲無用 財運雖吉
年中用大[213]

원래 "동풍해동 고목봉춘(東風解凍 枯木逢春)"의 8글자에 불과했
던 하나의 점사가 이렇게 5백여 자로 불어났다. 우선 이렇게 점사가
불어난 가장 직접적인 이유는『토정비결』의 원형이라고 할 수 있는
총운을 보고 바로 길흉을 판단하기 어렵기 때문이다. 총운은 글자
자체는 어려운 것은 아니지만 바로 길흉을 점칠 수 있는 점사는 아
니다. 뒤에 부가된 12월운은 각월별로 총운을 부연한 것이라고 할
수 있다. 하지만 판본에 따라 월운이 각기 다르기도 하고, 또 월운이
아예 없는 경우도 있으니, 이것은『토정비결』이 민간에서 유행하면
서 제멋대로 첨가되었다고 밖에는 말할 수가 없다. 일제강점기 이후
로 수많은『토정비결』의 판본들이 등장했지만 모두가 이 총운만은
불변의 원형을 유지하고 있었고, 이렇게 총운을 근거로 삼아서 계속
2차 3차로 재해석되고 내용과 형식이 덧붙여지면서 여러 판본들이
등장하게 되었던 것이다.

---

213) 김혁제 校閱, (六十四句 月別吉凶)『原本土亭秘訣』, 명문당, 1955.12. 松亭 金赫濟 校閱, (六十
四句 月別吉凶)『一年身數祕訣』, 명문당, 1972.6. 64구본은 45구본을 기준하여 괘사 7구와 12
월운에 12구가 더 첨가되었다.

2) 총운과 월운의 확장

조선후기에『토정비결』의 점사가 1구본(8자)으로 처음 등장한 이후로 100년이 지난 뒤에는 괘사·총평 등이 덧붙여지고, 원래 없었던 12달마다의 월운이 첨가되는 등 64구본까지 점사가 무려 64배까지 확장되었다. 원래의 총운이『토정비결』의 원형이지만, 그 후에 추가된 총평이나 월운 등에 대해서도 분석할 필요가 있다.

『토정비결』은 144개의 괘 중 해당하는 괘의 점사를 보고서 한 해의 길흉을 판단하는데, 원래는 1구 8자의 총운만 있었다. 이 총운을 보고서 정초에 한 해의 신수점을 보던 것이었는데, 임채우는 일제강점기에 들어와서 1년 12달의 월운이 첨가되었다고 했다. 그래서 1년 내내 길흉을 점치는 점서로서 비약적인 발전을 이루었다고 했다.[214]

『심원권일기(沈遠權日記)』에 수록된『토정비결』에 관한 최초의 기록을 분석해보자. 심원권이 쓴 1877년 동짓달 25일의 일기를 보면 다음과 같이 기록되어 있다.

> 동짓달 25일 병자, 온화가 아침에 용연에 갔다가 저녁에 집에 돌아왔다. 내년의 신수가 '꽃밭 속에 벌 나비가 와서 희롱한다'고 나왔다.[215]

여기에서 점사는 "화소원중(花笑園中) 봉접래희(蜂蝶來戲)"이다. 이는 1구본『토정비결』판본을 보면 심원권일기의 기록과 동일하게 수록되어 있다. 그 원문을 보면 다음과 같다.

---

214) 임채우,『토정비결』점법의 역학적 의미,『동서철학연구』77호, 2015, 참조.

215)『심원권일기』上 (한국사료총서 제48집) > 光緖三年(1877, 光緖 3, 丁丑, 高宗 14) > 至月 二十五日丙子, 溫和, 朝去龍淵, 夕陽還家矣. 明年身數, 花笑園中, 蜂蝶來戲.

"四.二.三 花笑園中 蜂蝶來戲"

위와 같이 본래의 『토정비결』에서는 "4.2.3 화소원중 봉접래희"로 숫자괘와 총운 1구 8자로 되어 있을 뿐이다. 그런데 뒤에 여기에 여러 내용들이 첨가되었다. 원본 『토정비결』에서 현재까지 가장 많은 양을 부연한 64구본 『원본토정비결』을 예로 들어보자.

四二三
歸妹之大壯
[註解]: 志高心正 必有亨通之意。
[卦象]: 花笑園中 蜂蝶來戲
[해왈]: 좋은 일을 좋을 줄 모르고 남모르게 하고자 하여도 자연히 안다. 두 번 장가들고 생남하여 경사가 있을 괘

卦辭
花笑園中 蜂蝶來戲 年運旺盛 必有慶事 若非慶事 改業之數 事不如意 守舊安常
꽃이 동산 가운데 피니 봉접이 와서 희롱한다. 연운이 왕성하니 반드시 경사가 있다. 만약 경사가 아니면 업을 고칠 수다. 일이 뜻과 같지 아니하니 옛을 지켜 평안이 있으라.

寅卯之月 別無所望 勿爲妄動 謀事難成 若非移徙 親憂可慮 以下剋上 家宅不寧
정월과 이월에는 별로 유익함이 없다. 망녕되이 이동하지 마라. 꾀하는 일을 이루지 못한다. 만일 이사하지 아니하면 친환이 염려로다. 아래로써 위를 이기니 가족이 편치 못하도다.

積小成大 漸漸亨通 二人同心 其利斷金 山澤通氣 至誠感天 自天祐之 吉無不利
작은 것으로 큰 것을 이루니 점점 형통한다. 두 사람이 마음을 같이 하니 그 이가 쇠를 끊는다. 산과 못이 기운을 통하니 지성이면 감천이라 하늘로서 도우니 길하여 이롭도다.

功成利遂 事業日就 楊柳青青 時聞黃鳥 長男用事 家道日盛 若不移居 利益難望
공이 이루고 이가 이루니 사업이 날로 이루도다. 양류가 청청하니 때로 꾀꼬리를 듣도다. 장남이 일을 하니 가도가 날로 정하도다. 만일

이사하지 아니하면 이익을 바라기 어렵도다.

正月
上下和睦 一室和樂 黃龍弄味 必有婚姻 若非如此 弄璋之數 花風綠陰 蜂蝶相戲
상하가 화목하니 집안이 화락하다. 황룡이 구슬을 희롱하니 반드시
혼인이 있다. 만약 이 같지 아니하면 생남할 수다. 꽃바람 녹음에 봉
접이 서로 희롱하도다.

二月
災消福來 萬事泰平 守分安居 福祿自來 所望如意 可得大財 月明梧桐 鳳凰生雛
재항이 사라지고 복이 오니 만사가 태평하다. 분수를 지키고 편히 있
으면 복록이 스스로 온다. 소망이 여의하니 가히 큰 재물을 얻는다.
달이 오동에 밝으니 봉황이 새끼를 낳도다.

三月
若非橫財 娶妻之數 財星隨身 日得大財 對人對酒 生計其中 人藏煙草 萬物始生
만일 횡재수가 아니면 장가들 수다. 재성이 몸에 따르니 날로 큰 재
물을 얻는다. 사람과 술을 대하니 살계교가 그 가운데 있다. 사람이
연초에 감추이니 만물이 비로소 나도다.

四月
小往大來 積土成山 赤手起家 富如石崇 財星入門 橫財之數 玉盤佳肴 見而不食
작은 것이 가고 큰 것이 오니 흙을 쌓아 산을 이룬다. 적수로 집을
일으키니 부하기가 석숭 같다. 재성이 문에 드니 횡재할 수다. 옥반
에 가효는 보고도 먹지 못하도다.

五月
雲散月出 天地明朗 幸逢貴人 生色五倍 一室和平 心神安樂 身尊名高 榮光無雙
구름이 흩어지고 달이 뜨니 천지가 명랑하다. 다행히 귀인을 만나면
생색이 오배나 된다. 집안이 화평하니 마음이 안락하다. 몸이 높고 이
름이 높으니 영광이 무쌍하도다.

六月
若無科甲 膝下有慶 暗中行人 偶得明燭 到處有財 百事俱吉 貴人來助 喜事重重
만일 과거가 없으면 슬하에 경사가 있다. 어둔 가운데 행하는 사람이
우연히 촛불을 얻는다. 도처에 재물이 있고 백사가 다 길하다. 귀인
이 와서 도우니 기쁜 일이 중중하다.

七月

祿重權多 人人仰視 吉星照門 家庭有慶 若非橫財 子孫榮貴 財旺福興 膝下有慶

녹이 중하고 권리가 많으니 사람들이 우러러본다. 길성이 문에 비치니 가정에 경사가 있다. 만약 횡재가 아니면 자손이 영귀하다. 재가 왕하고 복이 흥하니 슬하에 경사가 있도다.

八月

謀事速圖 遲則不利 害在何姓 必是金姓 陰陽化合 必有慶事 出入西南 偶然橫財

꾀하는 일은 속히 도모하라 더디면 불리하다. 해는 어느 성에 있는고 필시 금성이다. 음양이 화합하니 반드시 경사가 있다. 서남에 출입하다가 우연히 횡재하도다.

九月

天賜其福 百事必成 利在木姓 可交橫財 所望如意 世事太平 蚊負泰山 非其所任

하늘이 그 복을 주니 백사를 반드시 이룬다. 이익이 목성에 있으니 가히 사궤서 횡재한다. 소망이 여의하니 세상 일이 태평하다. 모기가 태산을 지니 그 소임이 아니로다.

十月

正心修德 福祿自來 與人和睦 求財如意 此月之數 口舌愼之 秋雁春燕 各自不同

마음 바로 하고 덕을 닦으니 복록이 스스로 온다. 남과 화목하니 재물을 구하면 여의하다. 이달의 수는 구설을 조심하다. 가을 기러기와 봄 제비가 각각 스스로 같지 않도다.

十一月

東園桃李 逢時爛漫 財祿臨身 意外橫財 膝下有慶 一室和氣 東園桃李 漸至成林

동원의 도리가 때를 만나 난만하다. 재록이 몸에 임하니 뜻밖에 횡재한다. 슬하에 경사가 있으니 집안에 화기가 돈다. 동원에 도리가 점점 수풀을 이루도다.

十二月

西北有吉 必得財利 心神安樂 百事俱順 勿聽他言 別無所得 投竿江湖 銀鱗自至

서방에 길함이 있으니 반드시 재물을 얻는다. 마음이 안락하니 백사가 구순하다. 다른 말을 듣지 마라. 별로 소득이 없다. 낚싯대를 강호에 던지니 은비늘이 스스로 이른다.216)

---

216) 김혁제 校閱, (六十四句 月別吉凶)『원본토정비결』, 明文堂, 1955. 김혁제 校閱, (六十四句 月

〈그림 5-1〉 명문당 64구본

『토정비결』의 원형은 1구 8자이지만, 위에서 본 바와 같이 64구
본에서는 주역의 괘가 첨가되고, 주해(註解)와 괘사(卦辭)와 월운(月
運)까지 덧붙여지는 등, 그 점사의 형식과 내용이 대단히 확대되었
음을 볼 수 있다.

김만태에 의하면『토정비결』의 내용이 시기별로 계속 늘어났다고
지적한 바 있다. 1918년에 간행된『토정비결』의 괘사는 은유적이고
개괄적이어서 길흉의 뜻이 분명하지 않으며 두루뭉술하면서 애매한
반면, 1923년에 간행된『토정비결』은 주역의 괘가 첨부되었으며, 괘
사도 예를 들어보면 "재물은 寅亥(정월·상달)에 왕성하고 일은 申
酉(7·8월)에 되리로다. 사오월에 난 사람의 구설을 조심하라"고 한

別吉凶 十二朔運)『一年身數祕訣』, 서울 明文堂 發行, 1972년.

데에서 보는 것처럼 보다 구체적이며 단정적으로 바뀌었다고 했다. 그리고 1964년에 간행된『토정비결』과 2003년에 간행된『토정비결』 에서는 주역괘에 대해 별도의 해석이 추가되었으며, 전체적인 괘사 외에도 월별로도 괘사가 추가되었으며, 1964년『토정비결』의 4언 27구에 비해 2003년『토정비결』은 4언 48구로 괘사가 더욱 많아지 고 복잡·다양해졌다고 했다.

　이상에서『토정비결』에 대해 살펴본 여러 상황을 모두 종합해볼 때,『토정비결』은 19세기 후반에서 20세기 초반 무렵 술수에 능한 역술가의 작인데, 천문·음양·복서에 통달했다고 알려진 토정 이지 함의 이름에 가탁을 해서 성립되었던 것이다. 그 후에 점차 복잡화 되는 사회적 상황 속에서 보다 세분화된 예언을 갈망하던 당시 사람 들의 요구에 윷점·오행점에 비해 보다 세분화된 점괘를 가진『토 정비결』이 부합되면서 대표적인 정초 점복풍속으로 정착되었다. 이 후『토정비결』의 신뢰성을 높이기 위해 주역의 본괘·지괘를 표기 하기 시작했으며, 점차 복잡·다단해지는 사회생활에 부응하여『토 정비결』의 괘사도 점차 추가되어 왔으며 4언 4구에서 시작하여 지 금은 4언 48구까지 확장되었고, 길흉에 대해 막연하면서도 애매한 표현보다는 분명하면서도 단정적인 괘사들이 더욱 추가되는 경향을 띠어 왔던 것이라고 했다.217)

　대체로 사실과 부합되는 추론이다. 다만『토정비결』은 1년의 신수 를 점치는 점서이지, 미래의 정해진 운수와 흥망성쇠를 예언한 예언 서라고 할 수는 없다는 점을 혼동해서는 안 된다고 본다. 또『토정

---

217) 김만태, 앞의 논문, 26쪽.

비결』이 4언 4구에서 시작해서 4언 48구까지 확장된 것이 아니라, 4언 1구에서 시작해서 4언 64구본까지 확장되었음을 분명히 밝혀둘 필요가 있다.

현재 유행하고 있는『토정비결』은 45구 48구본인데 모두 월운은 3구씩 되어 있다. 이에 대해 김중순은 한 달을 3등분해서 각각 상순, 중순, 하순의 운을 나타낸다고 해석한 바 있다.[218] 일리는 있는 해석이다. 하지만『토정비결』어디에도 상중하순으로 구분해서 보라는 언급을 한 곳은 없기 때문에, 그렇게 보기는 어렵다고 본다. 예를 들어 분석해보자.

<1·2·1>괘의 월운을 보자.

正月
和氣到門 無憂自樂 上下和睦 人聲四鄰 福德臨身 身無憂慮
화기가 집에 이르니 근심 없이 즐거워한다. 상하가 화목하니 어진 소리가 이웃에 들린다. 복덕이 몸에 임하니 신상에 근심이 없다.

二月
魚入池中 活氣洋洋 添口添土 財物自旺 桃李逢春 花落結實
고기가 못 가운데 드니 활기가 양양하다. 식구와 토지를 더하니 재물이 스스로 왕성한다. 도리가 봄을 만나니 꽃이 떨어지고 열매가 연다.

三月
辰月之數 外笑内愁 是非莫近 官災可畏 此月之數 凶多吉少
삼월의 운수는 밖은 웃고 안은 근심한다. 시비를 가까이하지 마라. 관재가 두렵다. 이달의 운수는 흉함은 많고 길함은 적다.

정월의 경우는 상중하순으로 볼 수도 있지만 그 의미가 3단계로 구분되어 있지 않은 것으로 보인다. 2월의 경우는 상순, 중순, 하순

---

218) 김중순, 앞의 책, 24쪽 참조.

으로 나눠볼 수도 있지만, 의미가 하나로 이어진 듯 보인다. 특히 3월의 경우는 맨 마지막 구에서는 한 달 전체의 운수를 논한 언급으로 되어 있다. 이는 상순, 중순, 하순의 3단계로 나누어진다는 해석이 반드시 옳은 것만은 아니라는 점을 말해준다고 해석할 수 있다.

『토정비결』은 시간이 경과할수록 계속 그 점사가 확장되었다. 결국 마지막에는 64구 512자 본까지 나오게 되었다. 512자 본은『토정비결』의 총 글자수가 아니라, 한 괘당 글자수이니, 이를 144괘에 곱하면 73728자이다. 이는 총운을 제외하고 총평과 월운만을 합한 것이고, 여기에 총운 및 해설 점괘 끗수 등을 더한다면 한글을 제외한 한자만으로도 7만 6천 자가 훌쩍 넘을 것이다. 김용덕은 6480괘라고 했고 김중순은 7056괘라고 했지만, 이는 각각 45구본과 48본을 말하는 것으로 판본이 다르다는 점을 정확히 인식하고 있지 못한 상태에서 각자의 기준으로 자구수를 말함으로써 혼동을 일으키고 있다. 그래서 판본을 정확하게 제시하지 않으면『토정비결』의 내용 전체를 완전히 오해하는 결과에 가져오게 된다.

현대에 시판되고 있는 48구본 남산당본과 45구본 명문당본은 그 앞부분에 있는 숫자괘와 64괘 그리고 총운은 같지만, 괘사 이하의 내용은 완전히 다르다. 글자의 수로만 말하면 다른 정도가 절반을 훌쩍 넘어서고, 다른 부분들 간에는 상호 간에 어떤 연관성도 찾을 수가 없는 실정이다.

토정비결의 점사는 공통적인 총운을 기본으로 삼을 수밖에 없다. 하지만 총운의 내용이 너무 추상적이고 간결해서 구체적으로 내용 분석을 하기가 어려운 점이 있다. 총운 자체는 8자의 평범한 내용의 문장이지만 그 의미는 대단히 함축적이어서 해석하기가 결코 쉽지는 않다. 미국 테네시대학교 인류학과 교수였던 김중순이 『토정비결』
에 대해 학문적으로 분석한 결과, 그는 『토정비결』의 점사 7056조
중에서 266조를 이해 못 했다고 말했을 정도이다. 그 점사의 구체적
인 의미는 차치하고 전체적으로 좋은 운인지 나쁜 운인지조차 이해
하지 못했다는 것이다.[219]

그는 이해하지 못한 점사의 예를 들었다. '맑은 여울 흰 돌에 빨
래하는 여자가 있다(淸灘白石 有女漂衣)'는 점사가 도무지 무슨 뜻
을 말하는지 모르겠다고 했다. 또 '못에 놀던 고기가 바다에 나가니
의기양양하다(沼魚出海 意氣揚揚)'는 말도 보통 길하게 해석하지만
담수어가 바다에 가면 죽는데 어떻게 이것이 길하다는 것인지 그 점
사를 이해하기가 어려웠다고 말한다.[220]

'맑은 여울 흰 돌에 빨래하는 여자가 있다'는 말이 도대체 무슨
뜻인지, 이 구절만을 뚝 떼어내서 길흉을 논하기는 어렵다. 이는 문
맥을 살펴보아야 한다. 그 원문을 보면 다음과 같다.

六一三

☰☰ 需之節 ☰☰

[註解]: 逢時成就之意。
[卦象]: 若有緣人　丹桂可折
卦辭　若有緣人　丹桂可折　若偶人助　官祿臨身　君子得祿　小人有咎
如干財數　少得多用　家人和合　泰半之數　今年之數　登科之數
淸灘白石　有女漂衣　遠近出行　事事如意　乘舟待風　遠出西南

청탄백석 유녀표의(淸灘白石 有女漂衣)의 다음 구는 출행하는 데

---

219) 김중순, 같은 책, 68~69쪽.
220) 김중순, 같은 책, 68~69쪽.

일마다 순조롭다는 것이다. 또한 이 괘의 전체적인 뜻도 인연 있는 사람이 있다면 붉은 계수나무를 꺾으리라고 했으니, "청탄백석 유녀 표의"의 뜻은 맑은 물가에서 평화롭게 빨래를 하고 있는 모습을 노래한 것이라고 이해할 수 있다.

마찬가지로 소어출해 의기양양(沼魚出海 意氣揚揚) 역시 문맥을 보아야 한다.

一二一

三三 履之訟 三三

[註解]: 天降雨水 平安之意。
[卦象]: 圍碁消日 落子丁丁
卦辭
圍碁消日 落子丁丁 井魚出海 意氣揚揚 家人和合 一家和平

여기에서는 원문이 정어출해 의기양양(井魚出海 意氣揚揚)으로 되어 있어서 한 글자가 약간 다르지만 뜻은 같다. 전체적인 맥락은 평화롭게 바둑을 두면서 무사평안을 즐기는 가운데 물고기가 바다를 나가 의기양양하고 온 가족이 화합하는 모습이다. 못물에 놀던 물고기가 바다에 들어간다는 것은, 비좁은 공간에서 드넓은 세계로 진출하는 뜻을 함축한 것이다. 요샛말로 바꾸면 국내에서 해외로 진출하였다. 혹은 비좁은 단칸방에 살다가 넓은 저택으로 이사 간 격이라고 하면 적절하지 않을까 싶다. 『토정비결』의 구절을 가져다가 담수어는 염분이 섞인 바닷물에 들어가면 죽는다는 과학적 설명으로는 이해할 수가 없다.

2. 『토정비결』 점사 속에 보이는 가치관

1) 길흉으로 본 『토정비결』의 점사

김중순은 48구 『토정비결』(남산당 간행)에 의거해서 1980년대 '토정비결에 나타난 한국인의 가치관'이란 논문에서 7056개에 달하는 『토정비결』의 괘를 분석한 결과 좋은 괘와 나쁜 괘가 대략 70%, 30%인 것으로 분석했다.

한중수는 "토정비결에 나타난 내용을 어림짐작으로 보면 좋은 괘와 나쁜 괘가 6 대 4 정도"라고 말했다. 한중수는 어림짐작으로 6 대 4로 보았지만, 김중순은 사회과학적 방법론을 적용해서 통계를 낸 수치이니, 김중순의 수치가 더 신뢰도가 있다고 할 수도 있다. 그러나 앞에서도 보았다시피, 판본에 따라 점사의 내용이 다르기 때문에, 김중순의 통계는 남산당 간행 48구본에 의거한 결과란 점을 분명히 할 필요가 있다.

토정비결이 나쁘게 나올 경우 조심하거나 아니면 정월 대보름 때 물을 떠놓고 달에 비는 식으로 액땜하는 방법도 있다. 한중수는 "나쁜 문구를 보더라도 부모 또는 자신이 절이나 교회에 가서 기도하면 오히려 긍정적으로 작용할 수 있고 무언의 교훈이 된다"면서 "토정비결도 좋게 받아들이면 약이 되고 그렇지 않으면 독이 된다"고 했다.[221] 『토정비결』의 점사는 그 의미를 잘 음미해서 어떻게 해석하고 어떻게 받아들이느냐가 중요하다는 뜻이다.

그러나 이렇게 길흉이 분명하게 나뉘는 것만은 아니다. 특히 『토

---

221) 『토정비결』의 저자는 토정이 아니다, 『주간경향』, 2009.01.28.

정비결』의 원형인 총운에서 길과 흉이 분명하게 나뉘는 경우도 있지만, 많은 경우 길흉이 모호하게 표현된 경우도 많다. 최대의 양을 자랑하는 64구본 『토정비결』의 맨 첫 번째 괘를 예로 들어보자.

─── ──

乾之姤

[註解]: 有變化之意。

[卦象]: 東風解凍 枯木逢春

[해왈]: 이제야 좋은 운이 돌아왔으니 재물은 왕성하고 경영하는 일은 칠팔월에 되리로다. 사월과 오월에는 다른 사람의 구설을 조심하라.222)

『토정비결』의 맨 첫 번째 괘의 점사는 동풍이 불어와 고목이 봄을 만났다는 내용이다. 누가 보더라도 이런 경우는 길한 의미를 갖는다고 판단할 수 있다. 그러나 이를 풀어놓은 [해왈]을 보면 경영하는 일은 칠팔월이 되어서야 이뤄진다고 했고, 4, 5월에는 구설수가 있다고 한다. 완전히 길한 것만은 아니라는 것이다. 바로 그다음 112 괘를 보자.

─── 二

乾之同人

[註解]: 先滿後虧之意。

[卦象]: 望月圓滿 更有虧時

[해왈]: 영업은 원만하게 하나 만일 뜻밖에 손재수가 없으면 근심이 있도다. 만약 그렇지 아니하면 구설수가 있으니 조심하라.

둥근 달을 바라볼 때는 길한 듯하나, 이즈러질 때가 있다고 한 것

---

222) 김혁제 校閱, (六十四句 月別吉凶 十二朔運)『一年身數祕訣』, 서울 明文堂 發行, 1972년.

은 흉하게 될 때도 있다는 의미이다. 그렇다면 이 괘는 길한 것인가 흉한 것인가? 그 길흉은 단번에 판단하기 어렵다. 둥근 보름달을 감상하는 때는 좋지만, 이즈러질 때는 흉할 것이다. 그러나 앞으로 조심하라는 것은 언제 어디서나 필요로 하는 인간행위의 덕목이다. 유비무환(有備無患) 그런 의미로 본다면, 그다지 흉할 것 같지는 않다. 아무튼 이 괘의 경우는 여러 상황에 따라서 길흉을 달리 판단하게 된다. 다음 121괘의 경우를 보자.

一二一
履之訟
[註解]: 天降雨水 平安之意。
[卦象]: 圍碁消日 落子丁丁
[해왈]: 근심과 걱정은 조금도 없고 집안이 화합한다. 간혹 조그만 해가 있으니 조심하라. 여름철에는 믿는 사람이 도리어 해롭게 하니 편안한 것을 부러워하지 마라. 출행하여 외방에 가면 좋으리라.

일단 한가롭게 바둑을 두고 있는 정경이다. 참으로 여유 있는 모습으로 팔자 좋은 사람을 지칭하는 것으로 보인다. 당연히 길하다고 판단할 수 있다. 그러나 오늘날의 입장에서 살펴본다면, 프로기사가 아니라면 현대사회에서 한가롭게 바둑을 두고 있는 신세는 결코 길하다고 볼 수는 없다. 자칫 실업자나 은퇴한 사람이 할 일이 없어서 한가한 모습을 말한다고 볼 수도 있다. 그렇다면 이 괘 역시 길흉 판단이 쉽지 않으며, 보는 각도에 따라서 길흉이 달라질 수 있다. 『토정비결』의 총운을 몇 가지 더 보자.

一二三
雖曰箕箒 舊主尙存
[해왈]: 비록 그 처첩이나, 옛 집이 오히려 있도다.

一三一
老人對酌 醉睡泥泥
[해왈]: 노인이 술을 잔질하매 취흥이 도도하도다.

一三三
雪滿窮巷 孤松特立
[해왈]: 눈이 궁항에 가득하매 외로운 소나무가 특별히 섰도다.

一四二
千人作之 年祿長久
[해왈]: 천인이 지으니 녹밥이 장구하리로다.

一五三
年雖値荒 飢者逢豊
[해왈]: 연사는 황년이나 주린 자 풍년을 만나리로다.

一六一
春雨新霽 一枝梅花
[해왈]: 봄비가 새로이 개이니 한 가지 매화로다.

一六三
秋扇停之 白露旣降
[해왈]: 가을 부채가 정지하니, 백로가 이미 나렸도다.223)

三六一
狡兎旣死 走狗何烹
간사한 토끼가 이미 죽었으니, 닫는 개를 어찌 삶을고.

五四一
三十六計 走行第一
삼십육계에 달아나는 것이 제일이다.224)

_____

223) 『가정백과보감』, 대동문화사, 1954, 218~219쪽.

위의 점사들은 모두『토정비결』의 원형인 총운을 들은 것인데, 이렇게『토정비결』의 앞부분 몇 괘를 들어보아도 길인지 흉인지가 판단하기 어려운 경우가 많다. 물론 대체로 희망적인 점사가 많은 것은 사실이지만,[225) 그럼에도 불구하고 길흉을 판단하기는 어렵다. 그것은 총운(괘상)의 문체가 직접적으로 길흉을 말하는 대신에, 기본적으로 비유와 상징을 많이 쓰고 있기 때문이다.

박종덕은 "월의 괘사에 관한 설명은 신빙성에서도 문제가 있으므로 144괘의 길흉 비율과 전체적인 길흉 비율만 참작하기로 한다"[226)고 하면서 김중순의 144괘 길흉 비율을 기준하여 연구하였다. 그러면서『토정비결』의 전체 144괘 중에 조건부 행운이나 중립적인 운도 25괘나 된다고 한 바 있다. 이점에서 한중수는 길흉의 비율이 6 대 4라고 했고, 김중순은 7 대 3이라고 했지만, 이렇게 이분법적으로 길흉을 구분하기 어렵다. 모두 144괘의 분석근거를 명확히 제시하지는 못했다.

이에 필자가 144괘의 괘상의 길흉 점사를 분류해보려고 한다.

東風解凍 枯木逢春

동풍에 얼음이 풀리니 마른나무가 봄을 만나도다.

---

224) 명문당 45구본, 2001.

225)『토정비결』의 원형은 111 東風解凍 枯木逢春으로 시작하여 863 東風淡蕩 春花富貴로 끝을 맺음으로써 점괘나 점사가 봄의 희망을 필두로 하여 봄이 끝나갈 무렵 아니면 봄이 가기 전에 富貴의 결실을 말한다. 그리고 길과 흉에 관한 점사의 빈도수는 비슷하게 나왔다 할지라도,『토정비결』의 점사는 희망으로 시작하여 여러 가지 길흉과 고단함이 있어도 결과는 봄이 가기 전에 富貴로 행하였다. 이는 곧『토정비결』이야말로 민중들에게 희망을 주기 위한 점서로 저작되었음을 말해준다.

226) 박종덕, 앞의 논문, 49쪽 참조.

―――― 점사에 동풍해동(東風解凍)은 『예기』「월령」에 나오고,

동풍에 얼음을 녹이니, 겨울잠을 자던 동물들이 비로소 떨쳐 일어
난다.
물고기는 얼음 위로 오르고 수달이 물고기를 잡아 사방 늘어놓는
다.227)

고목봉춘(枯木逢春)은 이언적의 『회재집』「서천록」에서 볼 수 있다.

성조의 비와 이슬 응당 두루 적실 테니 聖朝雨露霑應遍
고목도 봄을 만나니 절로 영화로우리라 枯木逢春亦自榮228)

五一三

沼魚出海 意氣洋洋

고기가 바다에 나가니 의기양양하다.

六四一

心小膽大 居常安靜

마음이 작고 담이 크니 항상 안정되어 있다.

六四一 괘 점사는 「정조실록」에 나온다.

손사막(孫思邈)229)이 이르길 "욕심은 적게 하면서도 담이 커야 한

---

227) 東風解凍 蟄蟲始振 魚上冰 獺祭魚 鴻鴈來 ……

228) 이언적 (한국고전번역원 역), 『회재집(晦齋集)』,「서천록(西遷錄)」(上林郵館 次舍弟韻).

229) 손사막(581~682) 당대의 이름난 의학자이다. 경조(京兆) 화원(華原, 지금의 섬서성(陝西省))
요현(耀縣) 사람이다. 당나라 이전의 중국의학 발전의 풍부한 경험을 체계적으로 총결하고

다고 하였다. 무왕(武王)이 군사를 거느리고 맹진(孟津)을 건넌 것
은 바로 씩씩한 기상이었다. 그런데도 오히려 '밤낮으로 두려운
심정이다'고 하였으니 성인의 심소담대(心小膽大)한 점을 여기서
도 역시 알 수 있다"고 하였다.[230]

八六三

東風焱蕩 春花富貴

동풍이 담탕하니 봄꽃같이 부귀하다.

위의 괘상들을 보면 ━━━ 동풍에 봄이 오니 희망을 뜻하고, 五
一三 연못에 물고기가 바다로 나가는 것은 큰 발전을 의미한다. 八
六三 봄꽃이 만발하여 그 풍성함같이 부귀하다고 한 이런 점사들은
뜻하는 바가 분명하여 누구나 길운에 속함을 알 수가 있다. 六四一
괘 점사는 이루고 성취하였는데도 여유를 부리지 않고 지키려는 자
세 겸손과 염려하는 마음이 엿보인다. 그래서 이 점사는 비유된 고
사로 미루어 본다면 길사로 분류할 수 있다.

다음에는 길흉이 분명치 못하거나 중립적인 점사의 예를 들어보자.

三五三

弱小滕國 間於齊楚

약소한 등나라가 제와 초나라 사이에 있다.

개인의 임상경험을 결합하여 『천금요방』 30권과 『천금익방』 30권을 지었다. 후세 사람들은
이 두 저서를 합쳐 『千金方』이라 부르고 있다. 이 저서들은 당나라 때 우리나라에 전해졌다고
한다.

230) 한국고전번역원 역, 『국역조선왕조실록』 「정조 13년 기유(1789, 건륭54)」(어제 장헌 대왕 지
문). 又曰 孫思邈云 心欲小而膽欲大. 武王師渡孟津, 政是發揚蹙勵氣象, 而猶曰 夙夜祇懼, 聖人
之心小膽大, 此亦可見.

三五三 괘는『맹자(孟子)』「양혜왕장구 하(梁惠王章句下)」편에 나오는 고사를 인용한 점사이다.

등(滕) 문공이 물었다. "등나라는 작은 나라인데, 제와 초의 사이에 끼어 있으니, 제나라와 초나라 중에 어디를 섬겨야 합니까?" 맹자가 말하길 "이 계책을 기어이 말하라 하신다면, 못을 깊이 파며 성을 높이 쌓아서 백성과 더불어 지켜서 백성들이 목숨을 바치고 떠나가지 않는다면 이것은 해볼 만한 일입니다"[231]라고 하였다.

五四一

三十六計 走行第一

삼십육계에 달아나는 것이 제일이다.

五四一 괘 점사는 손자병법 삼십육계(三十六計, 계략) 중에서 패전의 計(31계부터 36계)로 "삼십육계 줄행랑이 제일이다"는 마지막 계략이다. 병법에서는 상황에 따라서 일부러 후퇴하는 것도 불사한다[232]고 나와 있는데 이 또한 병법의 철칙이다.

三五三 괘사는 불리한 것 같지만 준비를 잘하고 그 상황을 잘 이용한다면 잘 헤쳐 나갈 수 있는 점사로 보이므로 중립적이거나 반흉반길로 해석할 수 있다고 보았다. 五四一 괘의 점사는 불리할 때는 피하여 상황을 더 악화시키지 않는 것도 더 큰 피해를 막고 때를 기다려 재정비할 수 있는 것이 현명한 방법이라 하겠다. 또 달아날 퇴로와 기회가 있다는 것만으로도 긍정적으로 볼 수 있다. 이 괘상은

---

231) 滕文公 問曰 滕 小國也 間於齊楚 事齊乎事楚也 孟子對曰 是謀 非吾所能及也 無已則有一焉 鑿斯池也 築斯城也 與民守之 效死而民弗去 則是可爲也.

232) 南北朝時代에 宋나라 명장 단도제(檀道濟)가 북위(北魏)와 싸울 때, 자신 없는 접전이면 그 상황을 피하여 달아나곤 하였기 때문에 "단공은 서른여섯 가지 꾀 중에서는 달아나는 것이 최상이 된다"고 한데서 유래되었다고도 한다.

빠른 선택으로 앞길을 기약할 수 있다고 판단하여 중립, 반길반흉으로 분류하였다.

一六三

白露旣降233) 秋扇停止

이슬이 내렸으니, 가을 부채를 접는다.

一六三 괘 추선(秋扇)에 관한 고사가 있다.

추선정지(秋扇停止)에서 추선은 가을부채로 이에 대한 고사는 반첩여(班倢伃)의 고사가 있다. 한(漢)나라 성제(成帝)의 궁녀 반첩여가 시가에 능하여 총애를 받다가 허태후(許太后)와 함께 조비연(趙飛燕)의 참소를 받고는 물러나 장신궁(長信宮)에서 폐위된 태후를 모시고 시부를 읊으며 슬픈 나날을 보냈다. 그대 단선가(團扇歌)를 지어서 여름철에 사랑받다가 가을이 되면 버려지는 가을 부채(秋扇)에 자신의 처지를 비유했다.234)

三六一

狡兔旣死 走狗何烹

간사한 토끼가 죽었으니 닫는 개를 어찌 삶을고.235)

『사기』에 때를 놓치고 오히려 천하를 통일한 유방에게 체포된 통

---

233) 이이(한국고전번역원역), 『栗谷全書 권27』 「祭儀鈔 墓祭儀, 韓國文集叢刊 45輯」, 靑陽載回 此正朝祝也 寒食則曰 雨露旣濡 端午則曰 草水旣長 秋夕則曰 白露旣降. 백로기강은 『율곡전서』에서 나온다. "정월초하루는 청양재회, 한식에는 우로기유, 단오에는 초수기장, 추석에는 백로기강"이라고 쓴다.

234) 한국고전번역원 역, 운양 김윤식의 시 중에서 둥근 부채 아직 한나라 궁전 가을을 생각하네. 團扇猶思漢殿 추의 각주 해설.

235) 명문당 45구본.

일 공신 한신이 자기 자신을 탄식하며 비유한 내용이다. "사람들의 말이 하나 틀린 것 없구나. 교활한 토끼가 죽고 나면 사냥개는 삶기고, 나는 새를 다 잡고 나면 좋은 활은 치워버리고 …… 천하가 이미 평정되었으니 내가 삶기는 것이 당연하겠지"[236]라고 하였다.

위의 一六三괘의 점사는 얼핏 보면 일을 마치고 한가로움과 편안함으로 생각할 수 있다. 그러나 이 고사 내용을 살펴보면, 이제 쓸모없게 된 부채 같은 처지와 환경이 되었으니 흉사로 분리되어야 한다. 三六一 괘상은 토사구팽(兎死狗烹)에 관한 고사로 우리들에게 잘 알려진 한신의 한탄을 인용하였다. 이 괘사 역시 지금 처한 비참한 처지를 한탄하는 내용을 비유한 흉한 점사로 분류된다.

이런 방식으로 『토정비결』의 점사들에 대한 길흉을 대략적으로 판별하였다. 그러나 모든 점사가 길흉이 분명하게 드러나 있는 것만은 아니다. 왜냐하면 『토정비결』 괘상의 점사들은 고사나 문헌에서 인용하거나 비유한 내용이 많기 때문이다. 그래서 길흉을 판가름하기 어려운 것은 가능한 한 고사와 문헌을 찾아 그 뜻을 알아보고 분석하였다. 또 이와 더불어 한학에 능통했다는 김혁제 명문당본에서의 주해(註解)를 참고하였다. 이들을 근거로 하여 144괘 원형의 길흉을 분류하여 그 빈도수를 알아보았다.

〈표 5-1〉 144괘 1구 8자 괘상의 길흉 분류

길(吉)	半吉과 半凶・中立	흉(凶)
111 東風解凍 枯木逢春	112 望月圓滿 更有虧時	122 畫虎不成 反爲狗子
113 鶯上柳枝 片片黃金	131 老人對酌 醉睡昏昏	123 雖曰箕箒 舊主尚存
121 圍碁消日 落子丁丁	153 年雖値凶 飢者逢豐	133 雪滿窮巷 孤松獨立

---

236) 김영수, 『지혜로 읽는 사기』, 2002, 142쪽 참조.

길(吉)	半吉과 半凶·中立	흉(凶)
132 草綠江邊 郁郁靑靑	161 春雨霏霏 一枝梅花	141 萬頃滄波 一葉片舟
142 百人作之 年祿長久	223 一枝花凋 一枝花開	143 夜雨行人 進退苦苦
162 夏雲起處 魚龍浴水	241 居家不安 出他心閑	151 緣木求魚 事事多滯
211 晝耕夜讀 錦衣還鄉	242 古人塚上 今人葬之	152 火及棟樑 燕雀何知
212 金入鍊爐 終成大器	343 駈馳四方 山程水程	163 白露旣降 秋扇停止
233 潛龍得珠 變化無窮	353 弱小縢國 間於齊楚	213 平地風波 驚人損財
253 花爛春城 萬和方暢	432 交趾越裳 遠獻白雉	221 不知安分 反有乖常
261 千里他鄉 喜逢故人	451 靑山歸客 日暮忙步	222 靑天白日 陰雨濛濛
312 靑鳥傳信 鰥者得配	452 夢得良弼 眞僞可知	231 逢時不爲 更待何時
322 暮春三月 花落結實	511 梧竹相爭 身入麻田	232 夜逢山君 進退兩難
331 陽翟大賈 手弄千金	531 龍生頭角 然後登天	243 傳相告引 罪及念外
333 射虎南山 連貫五中	541 三十六計 走行第一	251 蓬萊求仙 反似虛妄
342 年少靑春 足踏紅塵	653 雪裡梅花 獨帶春光	252 廛室廛家 窮居無聊
351 靑龍朝天 雲行雨施	711 銀鱗萬點 金角未成	262 三年不雨 年事可知
362 太平宴席 君臣會坐	823 九秋霜降 落葉歸根	263 淸風明月 獨坐扣盆
363 虎榜雁塔 或名或字	831 入山修道 本性可見	311 忙忙歸客 臨津無船
412 馳馬長安 得意春風	842 採薪飮水 樂在其中	313 事多悄忙 晝出魍魎
413 渴龍得水 濟濟蒼生		321 方病大腫 扁鵲難醫
423 花笑園中 蜂蝶來戲		323 有弓無矢 來賊何防
443 六月炎天 閑臥高亭		332 北邙山下 新建茅屋
453 望月玉兎 淸光滿腹		341 萬里長城 去去高山
462 萬里無雲 海天一碧		351 未嫁閨女 弄珠不當
463 玉兎升東 淸光可吸		361 狡兎旣死 走狗何烹
513 沼魚出海 意氣洋洋		411 落木餘魂 生死未辨
522 二月桃李 逢時爛漫		421 僅避狐狸 更踏虎尾
552 四皓圍棋 消遣世慮		422 兄耶弟耶 庚人之害
553 四皓圍棋 消遣世慮		431 天崩地陷 事事倒懸
562 寶鼎煮丹 仙人之藥		433 伏於橋下 陰事誰知
612 植蘭靑山 更無移意		441 群雌陣飛 胡鷹放翼
613 若有緣人 丹桂可折		442 茫茫大海 遇風孤棹
623 投入于秦 相印纏身		461 避嫌出谷 仇者懷劍
631 桂花開落 更待明春		512 池中之魚 終無活計
641 心小膽大 居常安靜		521 敗軍之將 無面渡江
643 暗中行人 偶得明燭		523 兩虎相鬪 望者失色

길(吉)	半吉과 半凶・中立	흉(凶)
651 籠中囚鳥 放出飛天		532 見而不食 畫中之餅
661 九重丹桂 我先折揷		533 隻手提弓 射而不中
662 六里靑山 眼前別界		542 一把刀刃 害人何事
663 九月丹楓 勝於牡丹		543 先人丘墓 都在大梁
711 尋芳春日 却見花開		551 妖魔入庭 作孼芝蘭
713 龍蟠虎踞 風雲際會		561 風起西北 帽落何處
721 陰陽和合 萬物化生		563 深入靑山 先建茅屋
731 遍踏帝城 千門共開		611 平地風波 束手無策
732 雷門一聲 萬人驚倒		621 三顧未着 吾情怠慢
733 魚變成龍 造化不測		622 僅避釣鉤 張綱何免
741 六馬交馳 男兒得意		632 怒奔燕軍 無處不傷
742 前程早辯 榮貴有時		633 骨肉相爭 手足絶脈
752 天心月光 正照萬里		642 捕兎于海 求魚于山
753 一渡長江 非淺非深		653 成功者去 前功可惜
762 隨時應物 到處有榮		722 日中不決 好事多魔
763 飛龍在天 利見大人		723 一渡滄波 後津何濟
811 萬里長空 日月明朗		743 早朝起程 女服何事
812 入水不溺 入火不傷		751 三日之程 一日行之
813 凶方宜避 吉方宜隨		761 一人之害 及於百人
821 乘龍乘虎 變化無雙		841 碌碌浮生 不知安分
822 三陽漸生 萬物生榮		851 蠱食衆心 事不安靜
832 往釣于淵 金麟自至		852 一入山門 人不知仙
833 靜中滋味 最不尋常		853 入山擒虎 生死難辨
843 人有舊緣 偶來助力		861 夕陽歸客 步步忙忙
863 東風焱蕩 春花富貴		862 一聲砲響 禽獸皆驚
62괘(43.05%)	**20괘(13.89%)**	**62괘(43.05%)**

명문당본이나 남산당본 등을 포함하여 여러『토정비결』판본에는
1구 8자의 총운의 원형은 한두 글자 차이가 있을 수는 있지만 대체
로 동일하다고 할 수 있다. 필자가 144괘의 운을 '길'과 '흉' 그리고
'반길과 반흉, 길흉과 무관한 중립'의 3종류로 하나하나 분류하고

보니 앞선 연구자들과 다른 결과를 얻을 수 있었다. 박종덕은 김중순의 총운의 길흉과 12월 각 달의 6912의 괘를 길흉 빈도수를 참고하여 논하였다. 김중순이 중립적인 운이 25괘나 된다고 했으나, 필자의 견해로는 반길반흉 중립적인 운이 20괘 정도로 약간의 차이가 있었다. 그런데 길흉부분에서는 빈도수에서 상당한 차이가 있었다.

〈표 5-2〉 필자의 144괘 원형의 길흉분류
빈도수

운수의 종류	144괘	
	총수	%
길운	62괘	43.05
반길반흉, 중립	20괘	13.89
흉운	62괘	43.05
합계	144괘	99.99

〈표 5-3〉 김중순의 144장의 길흉 분류[237]
빈도수

운수의 종류	144장 전체운 괘	
	총수	%
좋거나 나쁘지 않은 운의 괘	104괘	72.22
나쁜 운의 괘	40괘	27.77
합계	144괘	99.99

144괘의 길흉을 판가름하는 데에서도 어느 정도의 주관적 평가가 개입되므로, 개인적 시각차가 발생하는 것도 사실이다.

144괘의 원형인 총운에 관한 필자의 길흉 분류에서는 '반길반흉 중립' 운을 제외하면 길운(62괘, 43.05%)과 흉운(62괘, 43.05%)의

---

237) 김중순, 앞의 책, 133쪽.

비율이 같게 나왔다. 그러나 김중순의 분류는 흉운(27.77%)이 40괘 밖에 되지 않으니, 필자 분류 흉운(43.05%) 62괘보다 흉운에서 22괘 정도의 커다란 차이를 보였다. 그러나 토정비결 1구 8자의 원형에선 흉한 점사도 해석하는 바에 따라 결과는 긍정적으로 풀이가 될 수 있는 특징을 가지고 있다.

『토정비결』의 총운에 비해 월운에서는 대부분 길흉이 직접적으로 드러난다. 12월의 운에 관한 빈도수는 기준으로 삼는 출판사나 저자에 따라 빈도수가 다를 수 있다.[238] 그렇더라도 12월운은 대개 길흉을 직접적이고 확실하게, 제시하고 있는 경우가 많다.

가령 위의 마지막 121괘의 월운을 보자.

正月
和氣到門 無憂自樂 上下和睦 人聲四鄰 福德臨身 身無憂慮
화기가 집에 이르니 근심 없이 즐거워한다. 상하가 화목하니 어진 소리가 이웃에 들린다. 복덕이 몸에 임하니 신상에 근심이 없다.

二月
魚入池中 活氣洋洋 添口添土 財物自旺 桃李逢春 花落結實
고기가 못 가운데 드니 활기가 양양하다. 식구와 토지를 더하니 재물이 스스로 왕성한다. 도리가 봄을 만나니 꽃이 떨어지고 열매가 연다.

三月
辰月之數 外笑內愁 是非莫近 官災可畏 此月之數 凶多吉少
삼월의 운수는 밖은 웃고 안은 근심한다. 시비를 가까이하지 마라. 관재가 두렵다. 이달의 운수는 흉함은 많고 길함은 적다.

四月
出路逢山 無路不進 莫近是非 口舌可畏 春節多逆 夏節亦滯

---

238) 명문당본, 남산당본, 필사본(석중결), 4구본, 8구본, 1919년 박건회 편집본 등 처음 나오는 1구 8자만 거의 동일하고 나머지 괘사, 해석, 12월운 등은 전체적으로 다르다.

길에 나가서 산을 만나니 길이 없어 가지 못한다. 시비를 가까이하지 마라. 구설이 두렵다. 봄에는 거슬림이 많고 여름에는 막힘이 있다.

五月 謀事不利 勿謀他營 夏三月數 信人爲賊 在家無益 動則爲吉
모사가 불리하니 다른 경영을 하지 마라. 여름 석 달의 수는 믿는 사람이 도둑이 된다. 집에 있으면 이익이 없으니 활동하면 길하다.

六月
莫出遠程 怪賊可畏 若有家憂 安宅爲吉 身在路上 一次遠程
먼 길을 가지 마라. 도둑이 두렵다. 만약에 집에 우환이 있으면 안택하면 길하다. 몸이 노상에 있으면 한 번 먼 길을 가리라.

七月
外方得財 錦衣還鄕 不利水姓 去來愼之 事有支障 豫先愼之
외방에서 재물을 얻으니 금의로 고향에 돌아온다. 수성이 불리하니 거래를 조심하라. 일에 지장이 있으니 미리 조심하라.

八月
天地相合 利在其中 財數大吉 積小成大 此月之數 西方不利
천지가 서로 합하니 이가 그 가운데 있다. 재수가 대길하니 작은 것을 쌓아 큰 것을 이룬다. 이달의 운수는 서방이 불리하도다.

九月
三秋之數 財生不大 有人相助 安過太平 有益水物 魚商則吉
칠 팔 구 석 달 수는 재물은 생기나 크지 못하다. 사람이 있어 서로 도와주니 편안하고 태평하다. 이익이 어물에 있으니 어물장사를 하면 좋다.

十月
福星照臨 外財入門 勿近女人 口舌臨身 所爲經營 有頭無尾
복성이 임하여 비치니 외재가 문에 들어온다. 여인을 가까이하지 마라. 구설이 몸에 임한다. 경영하는 일은 머리는 있고 꼬리는 없다.

十一月
土姓不利 交則有害 財運亦好 橫財之數 若遇貴人 官祿臨身
토성이 불리하니 사귀면 해가 있다. 재수가 또 좋으니 횡재할 수로다. 만약 귀인을 만나면 관록이 몸에 임한다.

十二月
吉方何處 西南兩方 吉星照門 貴人來助 諸事愼之 或有損害
길한 방위는 어디인고 서쪽과 남쪽 두 방위라. 길성이 문에 비치니
귀인이 와서 도와준다. 모든 일을 조심하라. 혹 손해가 있다.

정월에는 "화기가 집에 이르니 근심 없이 즐거워한다. 상하가 화
목하니 어진 소리가 이웃에 들린다. 복덕이 몸에 임하니 신상에 근
심이 없다." 2월에는 "식구와 토지를 더하니 재물이 스스로 왕성한
다." 3월에는 "삼월의 운수는 밖은 웃고 안은 근심한다. 시비를 가까
이하지 마라 관재가 두렵다. 이달의 운수는 흉함은 많고 길함은 적
다." 4월에는 "시비를 가까이하지 마라. 구설이 두렵다. 봄에는 거슬
림이 많고 여름에는 막힘이 있다." 5월에는 "모사가 불리하니 다른
경영을 하지 마라. 여름 석 달의 수는 믿는 사람이 도둑이 된다. 집
에 있으면 이익이 없으니 활동하면 길하다" 등등 12달의 어느 하나
도 길흉이 모호하게 보이거나, 여러 가지로 해석될 수 있는 것은 없
다. 모두가 길흉을 직접적으로 언급하고 있고, 읽는 이는 바로 길흉
을 판단할 수 있다.

이것은 『토정비결』이 총운에서 월운으로 확장된 것은, 총운만 가
지고는 길흉을 직접적으로 바로 판단할 수 없어서, 이를 풀어 해석
하는 과정에서 월운의 점사가 발생했다고 볼 수 있다.

2) 『토정비결』 점사의 내용과 가치관

그렇다면 『토정비결』 점사는 어떤 내용들을 담고 있을까? 명문당

45구본을 가지고 144개의 괘에서 12달을 기준으로 몇 가지 주제를 가지고 분류해보았다. 가장 많은 빈도수는 어디 방향으로 가면 길한지 흉한지를 알려주는 내용이 가장 많았고, 그다음이 구설 및 시비수에 관한 내용이었고, 3번째가 어떤 성씨를 만나면 유리한지를 언급한 내용이었다. 다음으로는 귀인이나 은인의 도움, 액운 예방, 관록(官祿) 및 남성중심과 재물에 관련된 내용들이었다. 이들의 빈도수를 간단히 정리하면 다음과 같다.

1. 吉凶方向 (330)
2. 구설수 (255)
3. 姓氏 (229)
4. 貴人 (166) * 귀인은 은인, 길인이 포함된 숫자
5. 예액(預厄)과 기도(祈禱) (106)
6. 관록 (93)
7. 남성중심주의 (83) * 남성중심에는 남아선호(70)와 가부장권
   (13) 포함
8. 토지 및 재물 (81)

위를 보면 전통시대의 가치관을 짐작할 수 있다. 이중에서 어느 방향이 유리하고 어느 성씨를 만나면 길한지 흉한지가 가장 많은 빈도수를 보이는 이유는 무엇일까? 이에 대해 이해하기 위해서는 먼저 『토정비결』은 조선후기에 출현해서 조선의 패망과 일제강점기와 해방 한국동란 등을 겪으며 민중들과 애락을 같이해온 점서라는 점을 이해할 필요가 있다. 난리를 겪으면서 힘없는 백성들에게는 어느 방

향으로 길할지, 어느 성씨를 가진 사람을 만나야 좋을지, 어떤 사람이 와서 나에게 도움을 줄지 등이 가장 기본적인 문젯거리였음을 짐작할 수 있다.

귀인(貴人), 은인(恩人), 길인(吉人) 등의 도움에 대한 내용이 많이 등장하는 것은 평화 시에도 길흉을 정하는 중요한 문제일 수 있지만, 이보다는 난리를 겪으면서 피난 생활 속에서, 사회적 대변동 속에서 더욱 절실한 것이 귀인의 도움이 필요하다 할 수 있다. 몇 가지 예를 들어보자.

一三三
二月 幸偶貴人 苦盡甘來 다행히 귀인을 만나면 쓴 것이 다가고 단 것이 온다.
八月 花林路上 貴人相逢 꽃 숲길 위에서 귀인을 서로 만난다.

一五二
三月 貴人何在 西北地方 귀인은 어디 있는고 서쪽과 북쪽 지방이다.
九月 貴人何在 西北兩方 귀인은 어디 있는고 서쪽과 북쪽이다.

一五三
四月 厄消福來 貴人在傍 액이 사라지고 복이 오니 귀인이 곁에 있다.
五月 貴人來助 其功不少 귀인이 와서 도와주니 그 공이 적지 않다.

一六三
正月 若逢貴人 官祿臨身 만약 귀인을 만나면 관록이 몸에 임한다.

四一二
八月 東北兩方 貴人來助 동쪽과 북쪽 양방에서 귀인이 와서 돕는다.

四一三
八月 幸逢貴人 生活太平 다행히 귀인을 만나니 생활이 태평하다.

위 예를 보면 귀인이 도와서 관록을 얻고 성공하는 내용도 있지만, 고생을 면한다거나 다행히 귀인을 만나서 평화롭게 살 수 있다는 내용이 자주 등장하고 있음을 알 수 있다. 전통시대 보통의 일상생활에서라면 대개 고향에서 잘 아는 친지들 사이에서 살아가기 때문에 귀인의 도움이 그렇게 필요한 경우는 흔치 않을 것으로 보인다. 이는 앞에서 피난길에서 어느 방향으로 가야 길하고 어떤 성씨를 만나면 길한지의 문제와도 일맥상통한다고 할 수 있다. 또 이외에도 액을 막기 위해 기도를 드리는 문제가 많이 언급된 것도, 믿을 곳 없고 호소할 곳 없는 백성들에게 액운을 면하게 해달라고 기도하는 수밖에 없었으리니, 그야말로 난리통 속에 생명을 유지할 수 있는 주제라고 할 수 있다.

다음으로 구설수 문제는 길흉방향에 관한 언급 다음으로 2위의 빈도수를 보인 문제이다. 이는 구설과 시비에 휘말리는 것을 꺼리는 것은 공동체사회를 이루고 사는 전통시대의 사회구조에서 서로 간에 분쟁이 생기는 것을 극도로 꺼렸음을 알 수 있다. 그런데 사회적 교류가 많아지는 것도 구설과 시비가 발생하는 원인이 될 수 있고, 산업화로 인해 경제적 이익 문제가 최우선으로 변하게 됨은 구설과 시비가 흔히 있는 사회현상이라고 할 수 있다.

그리고 관록과 재물을 중시하는 것은 일반 민중들이 출세를 하거나 재물을 얻기를 희망하는 소박한 바람의 표현이라고 할 수 있다. 그리고 남아선호사상이나 가부장적인 요소가 보이는 것도 전통 봉건사회가 갖고 있던 남성중심주의를 보여준다고 할 수 있다.

이상의 키워드와 빈도수를 조사한 결과를 간단하게 도표로 만들어보면 다음과 같다.

괘	방향	성씨	貴人	구설수		토지 재물	관록	預厄, 기도	남성 중심
				구설	시비				
	330	229	166	191	64	81	93	106	83
111	1	1		2	1		1	1	1
112	4			1	1				
113	1	1	2	1				1	2
121	2	2	2	2	2	1	1		
122	3	3	1	2	2	1		1	
123	3	2		4					
131	2	1	2	1	1		1		
132	4		2	2	2	1	2		1
133	2		3	2	1				
141	1			1	1				
142		2	1	2	1	1	2		1
143	4	1		1		1			
151	2	1	1	1					1
152	5	2	2				1	3	
153	4	1	2	4	1	1	1		1
161	3	3	1	1	1		1		1
162	5	2	1	1	1				
163	2		4	2		1			
211	1	3	1				1		1
212	3	2	2	1		1			1
213	1			1				2	
221	3	2	2	1					
222	4	6	1	3	1				
223	3	1	1	1	1		2	2	1
231	5	3	3			1	1		
232	3	1		1	1				
233	4	2	1	1	1	1	2		2
241	4	1	2	2	1	1		1	

---

239) 12월운의 빈도수 도표는 김혁제 주해 45구본 『원본토정비결』, 명문당본을 기준하여 도표를 작성하였다.

괘	방향	성씨	貴人	구설수		토지재물	관록	預厄,기도	남성중심
				구설	시비				
	330	229	166	191	64	81	93	106	83
242	5			2	1			2	
243	1	3		4	1	1			
251	2	3	1			1			
252	1	1	1	3				1	
253	4	4	2				4		3
261	4	1	2			1	1		2
262	3	2		4	1			1	
263	5	1	2	3	1		1		1
311	6			2	1	1			
312	1	3	3			2		2	1
313		2		3	1			1	
321	3	3	1	3	1				
322	3	2	2	3	2		1		1
323	3	3	1	2	1				
331	1		3				1		1
332	2	3	2			1		4	
333	3	3	3	1			1		1
341	2	2	1	1	1			2	
342	1	1	3	2			1		1
343	5	5		1					
351		2	1	2		1			
352	2	2	2	1	1		2		1
353	1	2		2	1				1
361	3	1		1			1		1
362	1	1	2				1		
363	4	1	2			1	1		
411		2		2	1			1	
412	1		1					1	1
413	4	1	1				1		1
421		1		2	3				
422	3	3		2	1				
423	1	2	1	1			1		1

괘	방향	성씨	貴人	구설수		토지재물	관록	預厄, 기도	남성중심
				구설	시비				
	330	229	166	191	64	81	93	106	83
431	5	2		1				3	
432	2		2	2			2	2	1
433	2	2		4			1		
441	2	1	1					1	
442	4	1		1				2	
443	1	3	3	2			1	1	1
451	3	2		1	1	1		2	
452	2	1	1	3	1	1			1
453	1	1	2			2			1
461	3	1		2	1	1		1	
462	3		2	2			1		
463	2	1		1		2			1
511	1	1		1					
512	2	1	3	1	1				
513	2	1	1	1		1	1	1	
521	1							1	
522	4	2	1	1			2		2
523		2		3	2		2	3	1
531	2	2	3	1	1				
532	1	2		2				1	
533	4							1	1
541	3			1		1	1		1
542	2	2		1	1				
543	2	3		3					
551	5	1	2	2				4	
552			1				1	1	1
553	2	4	2	1		1	1		2
561	1	1		2				1	
562	3	2	1			1	2		
563	2	1						2	
611	2	1		3			1	1	
612	1		2				1	3	

괘	방향	성씨	貴人	구설수		토지재물	관록	預厄,기도	남성중심
				구설	시비				
	330	229	166	191	64	81	93	106	83
613	2	1	2	1	1		1		1
621	1	1		1					
622	2	1		1	1			1	
623	3	1	1				3		1
631	1	2		3	2				
632	1	3						3	1
633	2			1	2		1	2	1
641	2	1	**1**	1	1			1	
642	1	4	1	1	.			3	
643	1		1			1	2	1	2
651	2	1	2	1			2	2	
652		2	**2**	1					
653	3	5		4	1			2	
661	3	4	**2**						
662				1			1	3	
663	2	2	2			1	1	1	1
711	1	2	3	1		1	2		1
712	1	3		1	1				
713	4	1	1	1	1	1	1	1	
721	2	1				1			1
722	2	3		3	1			1	1
723	3	1	**4**	1	1			1	1
731	3	2	3	2			2	1	
732	3	2	1	2				2	
733	1	1	2	1		1	2		1
741	2		2			1	2		1
742	3	3	2	2		1	1	2	1
743	1	2		1				1	
751	4	1	1	1		1	2	1	1
752	2	1	1				2	3	1
753	6	1	1	3			1		
761	3	2		1				2	

괘	방향	성씨	貴人	구설수		토지 재물	관록	預厄, 기도	남성 중심
				구설	시비				
	330	229	166	191	64	81	93	106	83
762	3	1	1	1			3		2
763	4	1	4				1	2	1
811	4	2	1	1		2			1
812	3	1	1					1	1
813	5	2	2	1					
821	1	2	1			1	3		
822	2	2	1	1		1	1		
823		2	3			1	1	1	1
831	1	1	2	3	1				
832		4			1			1	2
833	1	4	2	3		1	1		1
841	1	2	1						
842	3	1	2	1		2	3		1
843	2	1	3				1	1	1
851	2	4		1	1			1	
852	4	1	2	1					
853	1	2		2	1			1	
861	3	2	1	2	1				
862	2	1						1	
863	2		2	1		2	1		1

　위 분류를 토대로 144개의 점괘에 대해 통계를 내보면, 먼저『토
정비결』의 한 괘에서 말하는 1년 12월운에서, 길흉방향에 관한 제시
는 매해에 평균 2.29회이다. 吉凶의 방향을 보여주는 몇 가지 점사
의 예를 들어보면 다음과 같다.

111
11월 東北之方 不利出行 동북지방에는 출행하면 불리하리라.

112
2월 東北之方 財物自來 동북지방에서 재물이 스스로 오리라.
6월 南方不利 勿爲出行 남방은 불리하니 출행하지 마라.
11월 北方不利 出行則害 북방이 불리하니 출행하면 해롭다.

113
12월 東西兩方 貴人來助 동서 양 방에서 귀인이 와서 도와준다.

121
8월 此月之數 西方不利 이달의 운수는 서방이 불리하도다.
12월 吉方何處 西南兩方 길한 방위는 어디인고 서쪽과 남쪽 두 방위라.

122
3월 東南之方 終有來吉 동방과 남방에는 마침내 길함이 있다.
8월 東西有憂 동서에 근심이 있다.
11월 利仔他處 西北兩方 이는 어느 곳에 있는고 서북양방이다.

123
3월 害方何處 北方不利 해로운 방위는 어디인고 북방이 불리하다.
8월 東南之方 必有生財 동남지방에서 반드시 재물이 생긴다.
10월 利在何處 西方爲吉 이익은 어느 곳에 있는고 서방에 있다.

이상의 각 점괘에는 월운(月運) 속에 구체적인 지역이 아닌 넓게 동서남북을 지정해서 길하고 흉이 됨을 말하고 있다. 사실 전통사회에서 동서남북을 돌아다닌다는 것은 쉬운 일이 아니었다는 점을 고려해본다면, 이는 혼란이 극했던 근현대시기에 어느 방향으로 피난을 가면 좋을지를 묻는 상황으로 보면 가장 이해하기 쉽다. 아울러 생업활동의 범위가 점차 넓어지는 양상으로도 이해해볼 수 있는 점이다.

길흉에 영향을 주는 성씨가 해마다 1.6번 이상으로 많이 보인다. 길흉의 성씨를 언급한 내용을 몇 가지 찾아보면 다음과 같이 나타난다.

111
9월 勿近金姓 訟事不利 금성을 가까이하지 마라. 송사는 불리하리라.

112
4월 若近火姓 損財可畏 만약 화성을 가까이하면 손재할까 두렵다.

113
9월 火姓可親 其利不少 화성을 친하면 그 이익이 적지 않다.

121
7월 不利水姓 去來慎之 수성이 불리하니 거래를 조심하라.
11월 土姓不利 交則有害 토성이 불리하니 사귀면 해가 있다.

122
8월 土姓不利 可親則害 토성이 불리하니 가히 친하면 해롭다.
10월 權金兩姓 近則多害 권가와 김가 두 성은 가까이하면 해가 많다.
11월 木姓害我 勿近爲吉 목성이 나를 해하니 가까이 않으면 길하다.

123
9월 害人何姓 土姓之人 해롭게 할 사람의 성은 토성이다.
10월 利有何姓 木姓最吉 이익한 성은 무슨 성인가 목성이 가장 길하다.

여기에서는 성씨를 금목수화토(金木水火土)의 오행에 배당시켜, 금성(金姓)이다 화성(火姓)이다 토성(土姓) 등으로 분류하고 있는데, 사실 성씨에 오행을 배당하는 방식은 여러 가지가 있다. 여기에서는 명문당본 『토정비결』의 맨 뒤에 보면 성씨를 오행에 분류해둔 표를 참조해서 살펴보면 다음과 같다.

五姓例法 (奇門 六壬 應用)
(土) 宮 喉音 脾 孫 沈 嚴 任 閔 鳳 陶 景 貢 鞠 鮑 明 玄 琴 元 晉 白 奉 都 太 邕 葛 河 杜
(金) 商 齒音 肺 龍 張 柳 斐 黃 徐 蠅 台 慶 楊 兪 全 王 方 元 康 成

旁 文 申 南 安 盧 韓
(木) 角 牙音 肝 趙 周 恐 曹 車 崔 劉 柳 廉 朴 林 郭 奇 朱 洪 夏 召 陸
諸 池 卓 尚 卜
(火) 徵 舌音 心 李 陳 鄭 馬 羅 宋 田 成 石 幸 錢 池 施 邊 薛 尹 蔡
姜 丁 邢 吉 殷 印 哥
(水) 羽 唇音 腎 吳 蘇 曾 魯 全 表 呂 具 秋 魚 南宮 許 午 牛 孟 西門
余 睦 魏 禪

五姓配姓字法 (專門六壬法 應用)
(土) 孫 沉 嚴 魏 劉 宋 任 閔 鞠 景 慶 都 明 殷 丘 仇 南宮 甘 司空 南
安 鄭 崔 黃 河
(金) 王 龍 張 方 斐 黃 成 徐 溫 文 白 申 慶 南 楊 安 俞 盧 金 康 余
元 柳 蔡 房
(木) 趙 周 曹 廉 俞 高 洪 崔 金 南 陸 玉 劉 李 權 池 朴 林 尚 郭 卜
車 孔 石
(火) 李 鄭 陳 蔡 羅 尹 丁 陶 史 芮 諸 桂 卓 宣 石 成 池 吉 薛 邊 權
具 姜 邢 千 印 慎
(水) 吳 許 蘇 申 曹 庚 龍 于 孟 禹 胡 卜 表 郭 公 鮮 葉 卞 呂 南呂
馬 鮮于 西門 秋 魚 具 睦 金

五行姓所屬 (普通行年運應用)
(土) 宋 權 閔 林 任 嚴 孫 皮 丘 都 田
(金) 徐 成 黃 元 韓 南 張 申 郭 盧 斐 文 王 班 陰
(木) 金 趙 朴 崔 俞 孔 高 車 曹 康 劉 廉 朱 陸
(火) 李 隱 鄭 姜 蔡 羅 辛 慎 丁 全 邊 池 石 陳 吉 玉 卓 薛 咸
(水) 吳 呂 禹 辛 許 蘇 馬 魯 (曾) 余 千

이 표를 보면 오행에 배당하는 방식도 3가지가 있다. 기문 육임에
서 쓰는 방식이 있고, 육임에서만 전문적으로 배열하는 방식이 있으
며, 보통 행년운으로 보는 방식이 있다. 가령 박(朴)씨 같은 경우는
위 3종 분류방식에서 모두 목(木)에 속하지만, 임(林)씨 같은 경우는

기문이나 육임에서의 오행배열로 보면 목(木)에도 속하지만, 일반 행년운으로 보면 토(土)에 속한다. 심지어 김(金)씨 같은 경우는 위 2번째 '전문육임법 응용' 분류방식을 보면 金 木 水의 3가지 오행에 모두 동시에 속해 있는 경우도 있다.

아무튼『토정비결』은 육임이나 기문이 아니므로, 보통 행년운에 해당하는 것으로 보아야 할 것이다. 즉 위에서 들은 3종의 오행성씨 표 중에서 오행성소속(五行姓所屬, 普通行年運)의 오행성씨(五行姓 氏)[240]를 12월운『토정비결』점사에 보이는 오행의 성씨로 사용해야 맞을 것이다.

『토정비결』에서 다양한 성씨를 만나라는 것은 근대 이후 교통 통신의 발달로 대인관계가 다양해지고 활동이 많아졌다는 점에서 이해해볼 수도 있지만, 위에서와 같이 유랑생활 속에서 어느 성씨를 만나는 것이 좋을지를 묻는 상황으로 보는 것이 더 적합할 것이다. 만일 여기에 다른 사람의 도움을 받는다는 점에서 귀인의 도움을 받는 횟수까지 포함한다면 매 괘 평균 2.91회로 최대의 빈도수를 보인다.

박종덕은 행운과 불행의 종류는 현대와 큰 차이가 없지만 자세히 보면 현대적인 내용이 없다는 점에서 시대적 차이가 엄연히 존재한다고 했다. 예를 들어 명성(名聲)에 관한 표현이나 벼슬에 관한 표현에서 진급, 당선 등의 표현이 없고, 이혼(離婚)이나 부부 갈등 같은 현실적 문제에 관한 용어나 언급이 부족한 것을 보더라도 시대 차이는 알 수 있다. 현대에는 비일비재한 이사(移徙)에 관한 괘가 1괘밖에 보이지 않는 것은 주거 변동이 쉽지 않았던 시대상을 보여준다고

---

240) 남산당 48구본의 뒷면에는 기문 육임에 해당되는 성씨 없이 五行屬姓만 나와 있는데, 尹昌鉉 著 朝鮮氏族 統譜(1924년 漢城圖書刊)에 의함으로 되어 있다. 명문당 오행속성과 거의 대동하다.

했다.241)

그러나 필자가 자세히 살펴본 결과 명문당 45구본에는 7개 이상의 이사 및 이주에 관한 괘를 찾아볼 수 있다. 그 예를 들어보자.

三二一
二月 若非移舍 妻子有憂 만약 이사하지 아니하면 처자의 근심이 있다.
九月 若非移居 疾苦不免 만약 이사하지 아니하면 질고를 면하지 못한다.

四四三
二月 家有不安 移基則吉 집에 불안함이 있으니 터를 옮기면 길하다.

四五一
二月 移基東方 必有亨通 동방으로 이사하면 반드시 형통한다.

五一三
正月 移基改業 橫財之數 터를 옮기고 업을 고치면 횡재할 수다.

八一三
七月 吉地移居 必有得利 좋은 땅으로 이사하면 반드시 이를 얻는다.

八二一
七月 若非移居 出行則吉 만일 이사 아니하면 출행하는 것이 좋다.242)

위와 같이 『토정비결』에서 이사에 관한 부분은 총운에서가 아니라 월운에서 7개 정도가 나타나니, 그렇게 극히 적다고 말하기는 어렵다. 그러므로 빈도수는 연구자들의 연구하는 판본에 따라 다르게 나올 수 있음을 염두에 두어야 한다.

---

241) 박종덕, 앞의 논문, 50쪽 참조.
242) 김혁제 저, 四十五句 『松亭土亭秘訣』, 단기 4289년(1956년), 명문당, 인용.

『토정비결』 점사에 이사에 대한 언급뿐 아니라, 어느 방향이 길한지 어떤 성씨를 만나야 이로운지를 언급한 구절은 아주 많다는 점에 대해 분명히 인식할 필요가 있다. 즉 이사가 길하냐 흉하냐보다도, 『토정비결』에는 길흉의 방향이나 도움 받을 사람에 대한 언급이 많다는 것은 근대 이후 교통 통신의 발달과 더불어 상업 및 경제활동이 증가되는 원인도 있을 수 있겠지만, 그보다도 전통사회에서 근거지를 잃고 어느 방향으로 피난을 가면 좋을지 어떤 사람에게 도움을 청할지를 묻는 난세의 점서라는 모습을 보여준다고 하겠다. 다시 말해 더 살기 좋은 곳으로 이사를 가는 것이 아니라, 난세의 피난지를 찾는 모습을 읽을 수가 있다.

또『토정비결』의 점사를 보면 기도를 하여 액을 방지하거나 복을 받으라고 하는 경우가 자주 보인다. 불전(佛前), 명산(名山), 가신(家神), 칠성(七星), 수신(水神), 천신(天神) 등에 기도하거나 도액(度厄)하라며 기도할 곳을 말하지 않는 경우도 있다. 다신교적인 사회성향을 보이는 부분이다. 이것은 힘없고 살기 고단한 민중들이 특히 힘든 일을 해결하기 위한 의지처를 잡으려는 의도가 포함되어 있다. 빈도수를 살펴보면 매년 0.74회로서, 거의 해마다 이렇게 기도하라고 하는 내용이 나온다고 할 수 있을 정도로 빈번하게 나타난다. 예를 들어보자.

三一二
3월 或有疾病 預先祈禱 혹 질병이 있으니 미리 기도하라.

二一三
4월 內患可畏 預先防厄 내환이 가히 두려우니 미리 액을 막으라.

10월 琴宮有患 預先祈禱 아내에 우환이 있으니 미리 기도하라.

二二三
정월 心中有憂 度厄則吉 마음에 근심이 있으나 도액하면 길하다.
2월 祈禱名山 凶反爲吉 명산에 기도하면 흉한 것이 도리어 길하다.

二四一
10월 或有官厄 預先祈禱 혹 관액이 있으니 미리 기도하라.

　12개월 운을 살펴보면 질병이 들었는데, 기도를 하면 치료될 수
있을 거라고 한다. 위 인용문을 보면 마음에 근심거리가 있어도 아
내에 우환이 있어도 기도로 고쳐지고 흉한 일도 길한 일로 바뀐다는
점사들이다. 아마도 이런 내용들은 현대인의 시각에서 보면 미신이
라고 할 것이다. 하지만 과학과 의술이 발달하지 못한 당시 민중들
의 신산스런 삶을 보여주는 내용이라고 할 수 있다. 만약 지금 시대
에 맞게 그 괘를 다시 해석하라고 한다면 건강이 염려되니 건강검진
을 미리 받아보라고 해야 할 것이다.

제6장

『토정비결』의
현대적 의의

1. 『토정비결』의 가치

1) 새해 설계의 세시풍속

토정비결 점에 대한 평가는 분분하다. 한쪽은 우리 민중들의 숙명 론적 인생관에 편승한 허무맹랑한 미신의 점술서라는 것이고,[243] 다른 한쪽은 윤리적인 실천 강령이나 도덕률을 모은 교육서라는 것이다.[244] 이렇게『토정비결』에 관한 연구자들의 평가는 극단적이다. 하지만『토정비결』점은 조선후기, 일제강점기, 6·25의 정치사회적 역동기를 겪으면서 우리의 고단한 삶과 함께하며 꾸준히 영향력을 과시했다.『토정비결』은 새해벽두에 온 가족이 모여『토정비결』괘를 뽑고 한 해의 운을 보며 다짐과 격려, 위로로 화합하게 하는 역할을 해왔다.

이렇게『토정비결』의 본질은 서민들이 매해 정초에 한 해의 운세

---

243) 한국민족문화학회,「한국의 풍속(상)」, 문화공보부 문화재관리국, 1970. 이을호,『토정비결』,『한국의 명저 2』, 현암사, 1994. 김용덕,『이지함과『토정집』」,『한국의 민속·종교사상』, 삼성출판사, 1993.

244) 김중순 앞의 책, 김성곤,『해설토정비결』, 해냄, 1992. 조민자,「이지함의 '애민사상'에 관한 연구『토정집』과『토정비결』을 중심으로」, 한국교원대학교 석사학위논문, 2006 및 김만태, 앞의 논문, 22쪽.

를 점쳐보는 풍속으로서의 역할을 하던 정초 신수점이다. 이는 특별한 목적의식이나 목표를 두고 치는 길흉점이 아니라, 지난 한 해 자신의 행위와 결과를 반성해보고 새해를 보람차게 지내겠다는 다짐을 하는 자리에서 하나의 자기를 반성하고 성찰하는 자료로 삼는 기능을 갖고 있다.

현대사회에서의 설날은 차례를 지내고 세배를 하고 나면, 어른들은 화투나 트럼프를 치고 아이들은 휴대폰이나 컴퓨터게임에 빠져 있거나, 텔레비전에서 연예인들이 노는 모습을 넋을 놓고 바라보고 있는 경우가 많다. 이에 비해볼 때, 『토정비결』을 보면서 가족 간에 대화도 나누고 새해의 계획을 함께 세우는 모습은, 굳이 설명하지 않아도 얼마나 건강한 미풍양속인지 짐작할 수 있을 것이다. 이와 같이 『토정비결』은 자기 성찰의 자료이면서 가족 간의 화목과 화합을 더하는 미풍양속이다. 『토정비결』을 혹세무민하는 예언서나 미신서로 보는 것은 『토정비결』의 기능을 완전히 오해한 것이다.

그래서 그 점사에는 서민의 애환과 우리의 친근한 정서를 담고 있다. 원래의 『토정비결』은 조선말의 혼란 속에서 어떻게 자손들을 보호하고 가족의 단란함을 지키면서 살아갈 것인가 하는 의식 속에서 탄생했기 때문이다. 그래서 점사는 삶의 지혜가 농축되어 있으면서도 소박하고도 솔직하다. 올해도 가족들 무사하기를 기원하고, 올해는 승진하기를 바라고, 집안이 조금 더 번창하기를 기원하는 수준일 뿐이다. 무슨 국가의 대사를 따지거나 세계의 기원을 음양철학으로 논하는 거창한 주제가 아니다. 혹자는 귀인의 도움을 피동적 태도라고 해서 비판했지만, 봉건시대라는 시대적 한계는 없지 않지만, 조선말 그리고 근현대의 혼란과 격변 속에서 서민들의 삶을 지키기 위한 소박한 소망이라는 점을 이해할 필요가 있다.

이런 점에서 필자는『토정비결』이 길흉의 운수를 점친다기보다는 정초에 한 해를 되돌아보고, 희망찬 새해를 설계해보는 미풍양속이나 생활문화로 거듭나야 한다고 본다. 다만 이것이 기복적 길흉점이나 운명론적 성격을 벗어나지 못한다면 미신이란 누명을 쓰지 않을 수 없을 것이다. 이제는『토정비결』이 새해 벽두에 한 해를 설계해보는 참고자료로 활용되는 것이 좋겠다고 생각한다.

새해 첫날 한 해의 노력할 점 혹은 조심할 점을 한번 가늠해보고 작년보다 더 나은 삶을 다짐해보는 것이『토정비결』의 본래의 목적이며 이것은 미풍양속이다. 끊임없이 반복되는 일상생활에 대한 반추나 반복적 재현의 과정은 '일상생활'이 지닌 주요한 속성을 보여준다.

점복과 관련해서 다음과 같은 언급을 했다. "반복적인 사건과 되풀이되는 일상의 이면은 우연적인 사건과 사고를 통해 되새김하는 계기가 되기도 한다.

점복을 둘러싼 논리에는 현대사회의 합리성과는 대립되는, 그러면서도 합리성에 대한 대안적인 성격을 지니는 현대의 전형적인 속성인 '이중성'과 '양면성'을 공유하고 있음을 주목해보아야 하는 이유이다. 이를 통해 일상생활 세계의 이면에서 작동하고 있는 심층적인 내면의 의식이나 숨겨진 면모를 엿볼 수 있다. 마페졸리(Mafesoli)[245]가 이러한 일상생활의 영역을 공식적인 사회관계의 바탕을 이루는 사회 존립의 '부식토'와 같다고 언급한 것도 이러한 측면에 주목했

---

245) 미셸 마페졸리(1944~, Michel Maffeesoli)는 프랑스의 사회학자, 공동체 유대와 현대사회의 일상생활 영역에서의 '상상력'을 다룸으로써 포스트모던 이론에 기여했다.

기 때문일 것이다."246) 그래서 주기적으로 반복되는 세시풍속으로서의『토정비결』점속은 이 우연적인 점단을 통해 과거를 반성해보고 미래를 전망해보는 의미 있는 미풍양속이 될 수 있다.

이런 미풍양속은 현대에도 유효하다. 어쩌면 전통시기보다 오히려 현대에서 더 필요한 것일지도 모른다. 먼저 현재 우리의 모습은 어떠한지를 보자. 정초에 가족들이 모이면 어른들은 대개 외국에서 들어온 화투나 트럼프 같은 놀이를 즐기고, 아이들이나 청소년, 성인들까지도 각자의 휴대폰, 컴퓨터게임에 빠져 있는 경우가 많다. 아니면 텔레비전에서 방영해주는 오락프로그램을 보고 있는 풍경이 대부분이다.

이와 비교해볼 때, 정초에 가족끼리 오순도순 둘러앉아『토정비결』을 보면서 한 해의 사업이나 목표를 설계해보고, 또 가족들끼리 서로 새해의 계획을 듣고 조심할 점을 충고해주는 전통의 미풍양속으로 기능했음을 알 수 있다.

2)『토정비결』의 상담역할

한 기독교인은 점의 문제점에 대해, 통계학도 아니고 운명론을 강조하며 귀신에 의지하고 현세 기복적이라는 등 몇 가지 조목을 나눠서 논리적으로 비판한 바 있다. 그 내용을 보자.

> 첫째로, 사주팔자는 통계학(統計學)이고 철학(哲學)이라고 말합니다. 그러나 인간이 태어날 때 부모로부터의 유전에 의해서 특별한 기질과 체질을 가지고 태어납니다. 또한 사주팔자 보는 사람에 따

---

246) 정승안, 위기탈출의 기예, 점복의 사회학,『사회사상과 문화』19집, 2016, 55쪽.

라서 태음력(太陰曆)과 태양력(太陽曆)이 다르고 그 사주팔자 산출 방법도 다르고 또 운명(運命) 감정도 다릅니다.

둘째, 사주팔자는 사람에게 운명론(運命論)을 강요합니다. 개인의 노력여하에 상관없이 모든 것이 다 정해져 있는 것으로서 자신의 자질과 결정에 대한 것을 운명에 맡겨버리고 요행을 바라게 합니다. ...... 우리가 장래를 안다고 해서 우리의 장래가 바뀌는 것은 아닙니다. 오히려 사사로운 마음만 불러일으킵니다. 인간의 근원적인 불안(不安)은 미래의 불확실이 아니라 만유의 주권자인 하나님을 알지 못하는 데서 오는 것입니다.

셋째, 사주팔자(四柱八字)는 귀신(鬼神)의 도움을 받기 때문입니다. 사주팔자를 잘 맞추는 사람일수록 신기(神氣: 강신무)가 있다는 것으로 보는 것을 부인할 수 없습니다. 운명술(運命術)은 통계학이나 철학보다 오히려 접신(接神)으로 도움을 받는 것으로 알려져 있습니다. 거짓 예언자들은 사소한 과거의 문제는 알아맞히지만, 미래에 대해서는 결정적으로 중대한 거짓말을 함으로써 파멸로 몰고 갑니다.

넷째, 사주팔자의 폐단은 현세 기복적 신앙으로 유도하는 것입니다. '운(運)이 좋다'는 기준은 재물, 지위, 명예, 권력, 건강, 장수 등 현세적인 가치관에 있습니다. 그 사람이 어떻게 살든 상관이 없다고 생각합니다.[247]

위에서 말한 대로 『토정비결』이 운명론이며 귀신을 믿는 미신이며 기복적 신앙에 불과한 것일까? 위에서 예로 든 네 가지에 대해 다시 분석하면서 살펴보자.

첫째, 『토정비결』은 통계학이라고 하지도 않고 철학이라고 말하지 않는다. 『토정비결』의 점사는 누가 지었는지는 알 수 없지만 그것은 통계적인 방법으로 길흉을 정한 것도 아니고 철학적으로 미래의 운명을 설명한 것도 아니다.

둘째, 『토정비결』은 운명론을 강요하지 않는다. 『토정비결』의 첫

---

[247] 서재생 목사, 사주팔자가 운명을 좌우하나요? http://lake123172.tistory.com./2117 인용.

번째 111괘를 보자.

　　東風解凍 枯木逢春 동풍이 얼음을 녹이니, 고목이 봄을 만나다.

　봄바람이 불어와서 날이 따뜻해지며 마른 나뭇가지에 물이 오른 다는 괘사가 무슨 운명론을 강요하는 것이라고 할 수 있을까? 봄바람이 불어오고는 있으나 이제 막 얼음이 녹기 시작하는 때이니, 아주 길하다고 볼 수도 있겠지만 몸조심을 하라는 의미가 될 수도 있다. 두 번째 112괘를 보자.

　　望月圓滿 更有虧時 보름달이 둥그렀으나 다시 이즈러진다.

　봄바람이 불어오는 때가 있고, 보름달이 찼다가 다시 기운다는 것은 자연의 변화를 말한 것이다. 자연의 변화 자체를 운명론이라고 말할 수는 없다. 다만 이를 어떻게 받아들이는가는 읽는 사람의 몫이다. 보름달이 떴으나, 곧 다시 이지러지기 시작하니 이 역시 길하다고만 해석할 수가 없으니 다시 그믐이 되는 때를 대비해야 하기 때문에 인간은 적극적으로 노력해야 한다는 의미가 동시에 포함되어 있기 때문이다.

　셋째, 『토정비결』은 점사가 공개되어 있어서 속일 염려가 없다. 괘를 뽑는 방법만 알고 있으면 예언자나 점술사가 따로 필요가 없으며, 각자의 해석이 중요하고 이를 어떻게 받아들이는가가 더 결정적인 역할을 하는 점법이다. 요즘은 컴퓨터 프로그램화가 되어 각자자기 생년월일만 입력하면 바로 점사를 알 수 있다. 그러므로 『토정비결』은 접신이나 거짓 예언자들의 미래에 대한 결정적 거짓말 때문에 파멸로 갈 폐단이 없다.

넷째, 현세 기복적 성격이니 현세적인 가치관의 문제는 각 해당 종교의 입장에서 비판적으로 말할 수 있다. 하지만『토정비결』의 점사가 그렇게 기복적이며 현세적 가치관으로만 규정할 수는 없다고 본다. 이것은『토정비결』이 탄생한 시대적 배경을 이해하면 알 수 있다.『토정비결』은 조선말 이후 혼란이 극했던 격변기 속에서 어찌해야 살 수 있을지를 번민하던 서민들의 삶의 애환을 담고 있는 점서로서, 이것을 현세기복이니 황금만능주의 가치관이니 하는 말로 매도할 수는 없다고 본다.

『토정비결』을 보는 데는 거의 비용이 들지 않는다. 아주 저렴한 비용으로『토정비결』책을 구입할 수 있으며, 한 번 구입하면 평생 다시 살 필요가 없이 계속『토정비결』을 볼 수 있고, 자신뿐 아니라 수많은 다른 사람들의 한 해 운세를 볼 수 있고, 더구나『토정비결』을 보는 인터넷 사이트들도 많이 개설되어 있어서 무료 이용이 가능하다.

앞에서 본 바와 같이『토정비결』의 점사는 운명론적으로 몰아붙이지 않고 1구 8자의 함축적인 내용을 가지고 자신의 한 해의 운세를 한번 생각해보도록 구성되어 있을 뿐이다.

김용덕은 "동풍해동 고목봉춘"이니 "월명중천 천지명랑"이니 하는 식으로 길흉을 말한 총 6천4백80귀로 구성되어 있는데, 그 표현이 관념적이고 막연하여 거기에 아무런 구체성이 없어서, 길이라 해도 어떠한 길인지 흉이라 해도 어떠한 흉인지 막연한 것이다. 그것은 결국 온 인류의 1년 신수를 144개의 유형으로 나눈 것에 맞추는 것이니, 자연 내실이 없는 길흉의 글자가 나열되어 있을 뿐이다.『토정비결』은 미신이고 1년의 계를 세우는 데 아무런 도움이 될 수 없음은 물론이다248)라고 비판했다.

다시 말해 김용덕은 점사의 내용이 관념적이고 막연한 내용이며, 인류의 신수가 그렇게 144개로 유형화될 수 없다는 점을 들어서『토정비결』이 미신이고 1년 신수를 세우는 데 아무런 도움이 못 된다고 결론을 내렸다. 이을호도 "토정비결은 이제 학문적인 면에 있어서도 아무런 가치도 찾아볼 수 없을 뿐만 아니라, 어리석은 백성들의 일년지계를 위해서 아무런 예언자일 수도 없는 것이다. 그렇다고 한다면『토정비결』은 길흉의 예정설을 맹신하는 어리석은 인간들을 위해서도 백해무익의 책이란 점이다"249)라고 비판했다.

과연 그러할까? 앞에서 보았던『토정비결』의 점사 내용을 상기해 볼 필요가 있다. 일부에서 걱정하듯 사주팔자를 풀어 좌절과 절망으로 귀정하고 액운(厄運)을 막아준다면서 부적(符籍)이나, 살(殺)풀이나, 굿(祀) 등을 통해서 악행을 일삼으며 액막이란 방편으로 돈을 갈취하는250) 사건들이『토정비결』점에서는 발생할 리가 전혀 없다.

오히려 백승종은 '토정비결'은 단순히 점을 봐주고 금품을 요구하는 직업적인 점쟁이의 저술로 보기 어렵다고 생각한다. 내 눈엔 그것이 점을 통해 점을 치는 사람들이 점에만 의존하지 않게 유도하는 기능이 숨겨진 반점술서(反占術書)로 보인다고 한 바 있다.251)

점서인『토정비결』이 반점술서의 기능이 있다는 것은 결국『토정

---

248) 김용덕, 토정집 해제,『한국의 민속종교사상』, 삼성출판사, 1981, 317쪽.

249) 이을호,『토정비결』『한국의 명저』, 현암사, 1969, 206쪽.

250) 서재생 목사, 사주팔자가 운명을 좌우하나요? http://lake123172.tistory.com./2117 인용.

251) 백승종, 정감록 산책, 서울신문, 2005.07.21. http://www.seoul.co.kr/news/newsList.php?section=bsj.

비결』 점을 통해 미래의 길흉을 그대로 신봉하는 것이 아니라, 그 결과를 가지고 오히려 더 노력하고 신중하게 행위하게 만들어주는 역할을 한다는 것이다. 또한 미래의 운세를 한번 추정해보고 어떤 대응책을 마련할까를 궁리하는 상담자의 역할을 하는 것이다.

한 상담문제를 전공한 심리학자에 의하면 점복자가 한국식의 상담자 역할을 해왔다고 하면서, 상담과 점복의 차이점에 대해 분석한 바 있다. 그에 의하면 상담이란 심리적 곤경에 처한 사람들을 도와주는 학문적으로 체계화된 방법이지만, 점복은 이에 비해 다소 덜 조직화된 재래적인 도움 행위로서 양자 간에는 유사점과 더불어 차이점이 있다고 했다.

유사점으로는 첫째, 인간을 관계내적 존재로 파악해 개인이 독립된 존재가 아니고, 가족이란 집단관계 속에서의 부분자로 본다. 둘째, 초월적이거나 내세적인 것에 역점을 두는 것이 아니라, 지금 당장 이곳을 중시하는 현세중심적인 것에 둔다. 셋째, 갈등이나 문제를 깨어진 관계에서 비롯되었다고 보고 그에 대한 해결방안으로 가족 간의 관계회복을 강조한다. 넷째, 당면한 문제에 대해 의존적인 태도를 보인다. 다섯째, 미래에 대한 대책으로서의 역할을 하기도 한다.

차이점은 첫째, 점복에서는 문제에 대한 책임소재를 외부대상에게 돌리는 외부귀인을 주로하고, 상담에서는 내부귀인을 강조한다. 둘째, 점복에서는 외적인 조치를 통해 문제해결을 시도하지만 상담에서는 역동에 대한 이해를 강조하면 내담자의 성장에 무게를 둔다. 셋째, 점복에서는 신뢰하는 인간관계보다 상거해 형식을 취하는 반면 상담에서는 관계체험을 강조한다. 넷째, 점복문화에서는 문복자가 위축감과 같은 심리적 부담 없이 점복자를 찾는 반면 상담문화에서는 저학력의 내담자들이 상담자에 대해 부담을 느끼는 경향이 있다.[252]

『토정비결』은 전문적인 상담 및 치유의 역할까지 담당하기는 어렵다고 본다. 하지만 『토정비결』이 갖고 있는 대중적 신뢰성을 기반으로 한국식의 상담 기능을 생각해볼 수 있다.

연말연초가 되면 문전성시를 이루던 점집들이 최근에는 '사주카페'나 '타로카드'와 관련한 운세관련 업체들로 호황을 누리고 있다. '미아리'와 같이 전통적인 점집촌 시대를 지나 최근에는 대학가 근처나 백화점, 영화관 등에서도 '타로카드'나 '사주궁합코너'가 빠지지 않는다. 대학가 근처에서 줄을 서서 기다리는 행렬은 새로운 풍속도를 나타내고 있는 것이다. 고객들을 보면 전통적으로 점집을 찾던 주부들이 아니라 신세대들이 주를 이룬다. 젊은 층들이 점에 대해 가지는 과도한 관심은 오늘날의 위험사회에서 만나는 또 다른 풍속도이다. 그러나 최근의 젊은이들의 점술(사주나 팔자, 궁합)을 대하는 태도를 살펴보면 심각하게 대하지 않는 것으로 나타난다. 모든 판단의 기준은 오직 '재미'일 뿐이다. 무겁게 대하지 않고 심각하게 생각하지 않는다는 사실이다.

이처럼 최근의 젊은이들이 점을 보는 이유는 재미를 위한 것이 대부분이라고 한다. 점복을 맹신하거나 심각하게 생각하지 않고, 그 순간의 재미나 위안을 위해, 자기 인생에 대해서 조언해주는 것을 즐기며, 무겁게 생각하지 않는 경향이 대세라는 것이다.

---

252) 장성숙, 「점복문화와 상담의 관계」, 한국심리학회 학술대회 자료집, 2005, 271쪽.

이에 대한 또 다른 분석도 가능하다. 최근 들어 젊은이들이 점집을 활용하는 비중에 대해 살펴보면, 20대가 자신의 내면적인 문제나 고민을 토로할 사람이 없어졌기 때문에 찾고 있다는 것이다. 부모와의 대화도 어렵고, 친한 친구와도 소통하기 힘들어졌기 때문에 상담자로서의 카운슬러를 찾고 있다는 것이다. 신문 귀퉁이에서 '미국의 맨해튼의 여성들 4명 중 한 명이 정기적으로 정신 상담을 받는다'는 기사가 나온 적이 있었다. 재미있는 상담을 통해 심리적 카타르시스와 카운슬러의 역할을 할 수 있을까? 어찌되었건 일상의 다양한 모습들이 산업화의 흐름에 빨려 들어가고 있다는 것은 분명한 사실인 것이다.[253]

특히 다른 점술의 경우에는 길흉의 예측을 두고 여러 가지 관점에서 그 폐단을 지적해온 것이 사실이다. 그러나 『토정비결』의 점단 결과를 두고 맞느니 안 맞느니 문제를 삼는 경우는 없다. 그것은 1년의 운세를 가벼운 마음으로 한번 보려는 호기심 정도이거나 혹은 새해를 맞이하는 다짐을 위한 하나의 참고자료일 뿐이기 때문이다. 이것이 정초의 신수점의 목적이며 『토정비결』이 결코 운명론이나 신비주의에 빠진 미신이니 혹세무민이니 하는 것과는 차원을 달리하는 점이다. 좋은 점단이 나오면 열심히 노력하면 되고 나쁜 운세가 나오면 신중해서 나쁠 것이 없기 때문이다.

『토정비결』의 상담 기능은 새해벽두에 가족끼리 친지끼리 둘러앉아 『토정비결』을 참고하면서 당사자의 그간의 고충을 듣고 또 새해의 계획을 청취한 다음, 중점을 두어야 할 점이나 조심할 점을 서로

---

253) 정승안, 「위기탈출의 기예, 점복의 사회학」, 『사회사상과 문화』 19, 2016, 65~66쪽.

충고해주는 방식으로 진행될 수 있다. 이것이 우리가 선양해야 할 전통의 미풍양속으로서『토정비결』이 갖는 상담의 역할이다. 바로 여기에『토정비결』의 현대적 의미가 있다고 본다.

　정초에 윷놀이를 하면서 승자에게 길운이 따를 것으로 축하해주 듯,『토정비결』은 한 해 자신과 가족들의 운을 미리 한번 점쳐보면 서 새해를 설계하는 정초의 세시풍속의 하나이자 미풍양속이다. 1구 8자로 된『토정비결』의 점사로 무슨 구체적인 길흉을 말하기는 어 려울 것이다. 만일 그 점사가 "위기소일 낙자정정(圍碁消日 落子丁 丁) 바둑돌 떨어지는 소리가 정정하다"고 한다면 올 한 해는 그래도 다른 해보다는 별탈 없이 지내니 좀 더 적극적으로 노력해야겠구나 생각하는 정도일 것이고, "암중행인 우득명촉(暗中行人 偶得明燭) 어둔 밤중에 촛불을 만나는 격이라"고 한다면 자신의 주위환경을 되 돌아보면서 올해는 좀 신중하게 행동해야겠다고 다짐해보는 정도일 것이다. 아니면 힘든 일 가운데 희망이 있다는 메시지로 볼 수가 있 겠다. 이것을 가지고 단순히 미래의 길흉을 예측하는 점서로 규정한 다거나 금품을 갈취하는 점으로 모는 것은 너무나 큰 오해이다. 이 는 마치 새해 덕담을 하듯이, 지난해를 돌아보고 새해를 맞이하는 벽두에 자기 자신을 돌아보고 또 희망찬 한 해를 설계하고, 가족 친 지들과 상담을 한다면,『토정비결』이 현대사회에서도 미풍양속이자 의미 있는 기능으로 작용할 수 있다고 본다.

　박종덕은『토정비결』144괘 중에 조건부 행운이나 중립적인 운이 25괘나 되는 것은『토정비결』이 점서로서만의 기능을 하기보다 처 세적 교훈을 다루는 측면도 상당히 차지하고 있다고 보았다.[254]

　필자의 생각으로는『토정비결』의 총운은 대부분이 희망적인 점사를 함축하고 있다고 할 수 있다. 그런데 그것은 길흉 중에 운명론적으로 길하게 정해져 있다는 의미라기보다는, 열심히 노력하면 좋은 결과를 가져온다는 의미를 담고 있다는 점이 매우 중요하다고 본다. 흉하게 보이는 점사도 숙명적으로 흉함을 피할 수 없다는 것이 아니라, 열심히 노력하면 흉한 결과를 피할 수 있다는 의미를 함축하고 있음을 인식하는 것이 더 중요하다. 결국 이것은 정해진 운명보다, 본인이 어떻게 행동하는가가 더 중요한 변수라는 의미이고, 『토정비결』은 인간의 해석과 노력이 미래를 열고 행불행을 결정한다는 적극적 의미를 지닌 점서라는 것이다. 바로 이런 점이 현대적 관점에서 『토정비결』이 가치를 지니며, 상담자의 역할을 수행할 수 있게 하는 요소가 된다고 할 수 있다.

2. 『토정비결』의 현대적 의미

토정비결의 역사를 두 가지 측면에서 면밀히 분석해볼 필요가 있다. 『토정비결』은 근대에 출현해서 크게 유행했다는 측면과 함께, 현대에 들어와서는 급격히 쇠퇴했다는 것이다.

먼저 『토정비결』이 출현하던 조선후기를 지나, 조선말에서부터 해방 후까지 전성기를 구가했던 이유는 무엇일까? 백승종은 '토정비결'은 열두 달의 운수를 시구(詩句)로 적어 놓았는데, "동쪽에서 목성을 가진 귀인이 와서 도와주리라", "관재수가 있으니 혀끝을 조심

---

254) 박종덕, 앞의 논문, 50쪽 참조.

하라"는 식이다. 간단명료한 글귀지만 생각할 거리가 많은 점괘다. 각 항목마다 길흉이 적절한 비율로 배합돼 있어 낙관도 실망도 하기 어렵게 돼 있다. 결과적으로 '토정비결'은 절망에 빠진 사람에게 희망을 불어넣어주며, 일마다 조심스럽게 정성을 다해 처리하도록 이끄는 힘이 있는 것 같다. 그런 점에서 '토정비결'은 운수를 판별하는 데 중점이 있다기보다 일반 민중들에게 삶의 활력을 불어넣기 위해 존재하는 것 같다고 보았다.[255]

『토정비결』은 근대의 혼란기에 태어나 격동의 근현대사 속에서 민중들의 삶의 의지와 희망의 등불이 되었고, 유례를 찾아볼 수 없을 정도로 급속히 전 사회에 퍼졌고, 내용과 체계가 확장 발전되었다.

앞에서도 언급했다시피 최근 한 연구소에서 여론조사를 한 결과를 보면 점을 친 경험이 있다는 비율이 날이 갈수록 점점 더 높아지고 있음을 볼 수 있다. 2014년 1월 『토정비결』 사주 관상 등 점을 본 경험이 있는가라는 질문에 '있다'라고 답한 비율이 전체 응답자의 38.3%에 달했다고 하며, 이는 1996년의 18%에 비하면 두 배 이상 높은 수치라고 한다. 이렇게 갈수록 더 점을 치는 사람들이 높아지는 것을 볼 수 있다. 이런 현상의 원인으로는 1997년 금융위기 이후 사회적 불안 증가, 인터넷 이용환경 발달에 따른 무료 사주 사이트 접근성 증가 등 다양한 분석이 가능하다. 특히 놀라운 것은 블루칼라층의 응답률은 30.2%인 반면 화이트칼라의 응답률은 42.5%로 나타났다는 사실이다.[256]

그러나 필자의 생각으로 위의 상승 비율에 『토정비결』이 포함되

---

255) 백승종, 정감록 산책, 서울신문, 2005.07.21. http//www.seoul. co.kr./news/newList.php?section=bsj.
256) 김석근 외, 『한국문화대탐사』, 115∼116쪽.

는지는 의문이다. 이전에 비해 볼 때 점을 치는 인구가 늘었다고 하지만,『토정비결』보다는 훨씬 더 직접적이고 구체적으로 상담해주는 여러 점술들이 성행하고 있기 때문이다. 필자는 최근 21세기에 들어오면서는『토정비결』을 대하는 양상이 급속히 변화했는데, 그 이유를 두 가지로 생각해볼 수 있다.

첫째는, 고도 정보화시대에 접어들어 종이책자 없이 전자문서나 인터넷에서 다운받아 볼 수 있는 시대가 되었기 때문에『토정비결』의 책자가 필요 없어졌고, 이제는 정초에 골목 어귀에 앉은 아마추어 점술가들에게 돈을 주고 볼 필요가 없어졌다. 현재는『토정비결』을 보고 싶으면 언제라도 인터넷에 접속하면 무료로 한 해의 운세를 보고 월별로 운세를 볼 수 있다. 아무 때나 무료로 볼 수 있다는 것은 장점이기도 하지만, 너무 흔하고 편한 점법이 되어버리면서 사람들의 관심에서 멀어졌다는 것이다. 새로운 시대의 편리한 접속성은 『토정비결』을 더 발전시킬 수도 있지만 오히려『토정비결』을 쇠퇴하게 만들었다.

둘째는, 현대사회에는『토정비결』뿐만 아니라 사주명리, 육임, 태을, 기문 등의 전문적인 역학 역술도 크게 유행하고 있을 뿐 아니라, 타로, 별점 등 서양의 점법 등도 한국사회에 들어와 크게 유행하고 있다는 점이다. 이런 전문 역학들이 거의 소개되어 있지 않거나 그다지 유행하지 않았던 전통사회에서는『토정비결』이 그나마 정초의 신수점으로서 민중들의 애호를 받았으나,[257] 현대에는 30만 명을 넘

---

257) 가령 이전의 신문기사를 찾아보면, "土亭秘訣서 財數 나빠 悲觀한 靑年이 自殺"했다는 기사 (1967.03.12, 경남매일신문)라든지, "토정비결이 낳은 이혼과 치정비극"(1934.02.24, 조선중앙일보) 등의 기사를 보면 정초의 신수점 정도가 아니라,『토정비결』을 과도하게 신봉함으로써 생기는 사회문제를 다룬 내용들이 보인다.

는다는 전문적인 역학자 역술인들이 사회 곳곳에서 활동하고 있는 상황에서 『토정비결』같은 순진한 점법은 그다지 설득력을 갖지 못하게 되었다는 것이다. 그래서 점점 『토정비결』로 길흉을 점쳐보는 사람이 없어지게 되었다.

그렇다면 『토정비결』의 현대적 의의와 가치는 무엇일까? 가령 여성에 대한 『토정비결』의 시각을 살펴보자. 『토정비결』144괘 12월운 중에 70괘 이상에서 남아 출생을 크게 경사로 보고 있으며, 여아 출생에 관한 대한 내용은 단 1회 나온다.

그러나 딸은 경사가 아니라 손재수와 관련된 내용이다.[258] 여성에 대한 언급은 여색(女色)을 가까이 말라는 훈계가 거의 대부분이고, 여자는 말이 많으니 구설수가 생기기 쉽다거나, 재물을 잃는다거나 음탕함에 대해 경계한 말이 많다.

여성에 대해서는 절대 다수가 부정적인 언급들이지만 몇 구절에서는 여성으로 인해서 재물이 생긴다는 언급도 보인다. 이것은 여성을 재물과 동일시하는 사주학적 관념이 반영된 것으로 보인다. 하지만 여성과 관련해서 좋은 의미로 풀이한 점사도 있다. 다소 특수한 예로 보이기는 하지만, 명문당 45구본과 64구본에서 이런 경우를 골라보면 다음과 같다.

一四三
四月 心中有苦 事有虛荒 凶多吉少 運也奈何 君之芳緣 女人最吉
심중에 괴로움이 있고 일에 허황함이 있다. 흉함이 많고 길함이 적으니 운이라 어찌할고. 그대의 꽃다운 인연은 여인이 가장 길하다.

---

258) 三二一, 財數論之 得而反凶 正月之中 損財多端 正月中旬 必然生女. 재수를 의논하면 얻는 것이 도리어 흉하다. 정월에는 손재가 많다. 정월 중순에 반드시 딸을 낳는다. 명문당본 참조. 명문당본 321의 괘사부분에서 딸의 출산을 1회 말하였을 뿐이다.

三二三
九月 西北有吉 必是女人 利在北方 出行得利 謀事不明 見機可行
서북에 길함이 있으니 필시 여자다. 이가 북방에 있으니 나가면 이를
얻는다. 모사가 불명하니 기회를 봐서 행하라.

四三二
六月 幼鳥有羽 欲飛未飛 雖有疾病 因女生財 莫與爭訟 口舌不利
어린 새가 날개가 있어 날려고 하나 날지 못한다. 비록 질병은 있으
나 여자로 인해 재물이 생긴다. 다투지 마라. 구설로 불리하다.

四五二
六月 若逢女子 利在其中 與人南去 百事有吉 積小成大 財祿陳陳
만일 여자를 만나면 이가 그 가운데 있다. 남과 더불어 남으로 가니
백사에 길함이 있다. 작은 것을 쌓아 큰 것이 되니 재록이 진진하다.

七二三
四月 喜中有憂 一次落淚 其間芳緣 女人吉美 勿爲相爭 是非口舌
기쁜 중에 근심이 있으니 한번 눈물을 흘린다. 그간의 꽃다운 인연은
여인이 길하다. 서로 다투지 마라. 관액이 두렵다.

八五三
(卦辭) 枯旱三年 野無靑草 相克相冲 淚洒滄波 其間吉事 女人芳緣
삼 년이 가무니 들에 푸른 풀이 없다. 서로 극하고 서로 충하니 눈물
을 창파에 뿌린다. 그 사이에 길한 일은 여인의 꽃다운 인연이다.

그러나 『토정비결』 점사에는 여자가 일을 성취한 내용이 없으며,
남자의 호기나 우쭐됨을 나타내는 내용들이 많이 보인다.

一一三
十二月 若非科甲 弄璋之數 과거하지 아니하면 득남하리라.

一四二
四月 若非官祿 弄璋之慶 관록이 아니면 생남할 수로다.

一五一
九月 戌亥之月 得男之數 구월과 시월에는 생남할 수다.

二五三
八月 身遊高閣 意氣男兒 몸이 높은 집에 노니 의기 남아라.

　현 시대는 세계적으로 여성 정치지도자들이 영향력을 과시하고 있으며, 우주 과학 의학 교육 언론 방송 등에서 중요한 역할을 주도하고 있다. 그러므로 여성을 철저히 배제한『토정비결』의 점사는 현대와는 맞지 않는 시대에 뒤떨어진 내용들도 많이 있다.

　남성중심이나 여성에 대한 차별뿐 아니라, 앞에서도 고찰해보았듯이 문제가 생기면 기도하라거나, 또 귀인의 도움을 받아 해결한다는 표현도 자주 눈에 띄는 구절이다. 이에 대해 혹자는 주체적이지 못한 봉건시대의 사고방식으로 비판하기도 한다.[259] 이와 같이 주술이나 타력에 의존하는 등의 부분들은 현 시대에 맞지 않는 봉건시대의 가치관으로, 현대에서는 수정하거나 재해석이 필요한 내용들이다.

　그러나『토정비결』에 담겨 있는 내용에 대한 사회심리학적 고찰이 필요하다는 문제를 제기한 바 있다.『토정비결』이 세시풍속으로 된 것은 사회심리학적으로 정밀한 고찰이 요청되는 문제이다. 그것은 이 비결이 등장하고 보급되어간 시기와 밀착된 문제이다. 즉 19세기부터 더욱 노정되고 격화되어 왔던 봉건제 해체기의 누적 첨예화해가는 모순과 부조리 속에서 사람들은 더욱 운명론자가 되어 모든 것을 팔자로 돌리는 풍토가 짙어지면서 오행점이나 문복산수(問卜身數)에만 그치지 않고 좀 더 세분된 예언을 갈망하고 의지하게

---

259) 김중순, 앞의 책, 192~193쪽 참조.

된 민중의 심정이 그러한 세시풍속을 낳게 한 것이라고 생각한다.[260] 그렇기 때문에 민중들이 이런 운명론이고 타율적인 생각을 갖게 된 사회적 배경을 이해할 필요가 있다는 것이다.

이는 봉건시대 힘없는 민중들의 삶이 누군가 권력층이나 힘 있는 이의 도움 없이는 너무나 신산스런 것이기 때문에 이런 표현이 등장했을 것이다. 충분히 이해가 가는 내용이다. 이것을 비판만 할 것이 아니라, 그 시대적 배경을 이해하고 현대적으로 재해석해서 오늘날 우리에게 적합한 의미로서 이해하고 받아들이면 되는 것이다.

하지만 현대사회에서 귀인의 도움이란 의미가 인간들 사이의 소통과 협력의 문제라면 좋겠지만, 이것이 학연, 지연, 혈연 등이나 정경유착들의 형태로 나타나는 병폐를 지금도 우리 사회에서는 겪고 있다는 점에서 반성해볼 필요가 있다. 정당하게 자기의 능력이 인정되고 평가받는 사회가 귀인이 도와주는 사회보다는 훨씬 건강하다고 할 수 있다. 1990년대 후반에 우리 사회에 몰아친 IMF 금융위기 때 한 연구소에서 한국의 경제현황을 분석한 끝에 한국사회의 문제점을 발표한 내용을 보면 전 국민에 만연한 '도덕적 해이'라고 규정하면서 이는 사익추구, 책임과 의무의 소홀, 집단 이기주의 등의 행태로 나타난다고 하였다. 『토정비결』에서 말하는 귀인의 도움이 학연, 지연, 혈연 등에 기생한 이런 '도덕적 해이'로 이어지지 않도록 주의해야 할 것이다.

이런 부분들에 대해서는 적극적인 비판과 재해석이 필요하다고 본다. 다시 말해 현대사회에 맞지 않는 가부장적인 요소나 권위적이

---

260) 김용덕, 토정집 해제, 『한국의 민속종교사상』, 삼성출판사, 1981, 317쪽.

고 의타적인 폐단 같은 내용은 과감하게 비판하고, 또 현대사회에 맞도록 재해석할 필요가 있다.

『토정비결』의 원형 부분은 원형대로 유지하되 12월운 같은 경우에는 이런 현대적인 시각에서 새롭게 정리 재해석해서 현대판『토정비결』을 구축하는 것도 현대적 대안이 될 수 있다고 본다.

▌맺는말

　이상에서 『토정비결』의 기원과 성격문제를 작자 및 판본과 더불어 『토정비결』의 점법과 점사를 통해서 분석해보았다. 본 논문의 고찰을 통해 『토정비결』에 관해 다음의 몇 가지 오해된 점들을 새롭게 밝힐 수 있었다.

　첫째, 『토정비결』은 토정 이지함의 이름에 가탁한 민간점서이다. 지금도 많은 연구자들이 『토정비결』은 이지함이 저술한 것으로 알고 있는 경우가 많다. 이런 내용은 민간에서 전해지는 설화들 속에서 발견된다. 하지만 토정의 문집을 비롯해서, 어느 곳에도 그가 『토정비결』을 썼다는 근거가 하나도 남아 있지 않다. 그의 사후 300년이 지난 뒤에야 갑자기 토정의 이름을 달고 등장한 것은, 그가 뛰어난 역학자라는 사실에 착안하여 그의 명성에 가탁했을 가능성이 높다.

　둘째, 조선시대의 필사본을 보면 『토정비결』은 주역점이나 육효점에서 나온 것이 아니라 우리의 점법이 발달해서 체계화된 점법이다. 특히 『토정비결』은 사주를 주역에 대입해서 치는 주역점법의 하나로 생각하는 경우가 많지만, 사실은 주역이나 사주가 『토정비결』의 점법에서 본질적인 역할을 하는 것은 아니다. 『토정비결』의 여러 판본들을 참고해보면 반드시 사주만을 이용해서 치는 것이 아니라 사람의 이름자의 획수를 가지고도『토정비결』을 치기도 했음을 알 수 있다. 다시 말해서『토정비결』은 사주팔자에 대한 음양오행 이론이나 구궁팔괘 등을 적용해서 분석을 하는 점법이 아니다. 이는 생년월일이든 이름자이든 이들을 간지로 보는 것이 아니라 숫자나 획수로 바꿔서 그 끗수를 사용해서 치는 점법이다. 이는 윷점 등에서도 찾아볼 수 있는 한국의 독자적인 점법이 발달해서 완성된 점이다.

셋째,『토정비결』의 원형은 1구 8자이며, 일제강점기를 거치면서 주역의 64괘를 비롯해서 총평 12월운 등이 첨가되어, 오늘날과 같은 점법과 점사를 갖춘 모습으로 발전되었다. 19세기 이후『토정비결』의 판본은 한두 개가 아니라 수없이 많은 다양한 판본들이 만들어졌다.『토정비결』연구자들조차도 이 다양한 판본을 알지 못한 채, 어느 특정한 판본만을 정본이라고 생각해서 특정판본에 제한해서 연구함으로써 여러 오해를 불러일으키기도 했음을 보았다.

기존의 판본들을 종합해서 볼 때,『토정비결』의 원형은 단 1구 8자일 뿐이고, 시간이 경과하면서 점점 덧붙여져서 그것이 64구본까지 등장함으로써 64배까지 늘어났다. 이 과정에서 12달에 각각의 점사가 만들어져서 12월별 길흉운세를 논한 12월운 점사가 첨가되었다. 결국 12월운이 덧붙여짐으로써『토정비결』이 정초에만 치는 신수점이 아니라, 마치 1년 12달 내내 점을 치는 점술서처럼 보이게 되기도 했다.

『토정비결』을 연구하는 이들은 다양한 판본들 속에서 오직 총운만『토정비결』의 원형으로서 계속 보존되어 왔다는 점을 바르게 인식할 필요가 있다. 총운만은 1구 8언으로 일정하게 지켜져 오면서, 여기에 해설이 붙고 12달의 월별 월운이 첨가되면서『토정비결』은 불과 100년 사이에 64구본까지 무려 64배의 양적인 확장을 가져온 점서이기도 하다. 그래서 『토정비결』의 연구는 다양한 판본들에 수록된 다양한 내용들을 참고하면서 이 총운을 중심으로 연구가 진행되지 않으면, 자칫 각자 다른 점사들로 인해서 『토정비결』의 본질을 놓치고 엉뚱한 내용을 다루다가 결론에 이르게 되는 염려가 있다.

필자는 『토정비결』이 1구 8자의 원형에서부터 일제강점기 이후 『토정비결』이 어떻게 변화했는지, 중요한 내용을 다음과 같이 몇 가지로 정리했다.

첫째, 본래의 『토정비결』에는 숫자괘와 1구 8자밖에 없었다. 그러나 일제강점기 때에 숫자괘에 주역의 괘를 결합시켜서, 『토정비결』이 역학을 배경으로 만들어진 점으로 변신했고 이로써 그 권위를 증대시킬 수 있었다.

둘째, 1구 8자밖에 없었던 본래의 『토정비결』에 총운과 괘사뿐 아니라 12월에 따라 각기 월운을 첨가시켰다. 이로써 『토정비결』은 정초에 한 번 보는 신수점에서 1년 12달 내내 참고할 수 있는 보편적 길흉점으로 변신했다.

셋째, 『토정비결』은 본래 윷점, 오행점 등과 같은 우연적 방법으로 얻은 숫자괘를 가지고 치는 점이었으나, 나중에 각자의 생년월일에 의거하며 매년 태세수에 따라 변동함으로써, 마치 사주명리에서와 같은 복잡한 이론을 갖춘 것처럼 보이게 되었다.

이렇게 『토정비결』은 지속적으로 변화해왔다. 그 이유는 무엇보다도 『토정비결』이 인기가 있었기 때문이다. 일제강점기라는 불안한 시대, 1950년 이후 수십 년간의 역동기를 거치면서 우리 민중들의 삶 속에서 계속 살아 움직이는 점서로서, 힘없는 민중들의 의지처가 되고 희망의 등불이 되어온 점과 무관하지 않다.

지금은 일제강점기도 아니고, 첨단의 과학문명이 전 세계를 하나로 연결한 지구촌시대가 되었다. 그렇다고 이제 『토정비결』은 더 이상 쓸모가 없어진 것이 아니며 가치가 없어진 것도 아니다. 전 세계가 하나로 연결되어 있어서, 정치든 경제든 사회나 군사 방면이든, 어느 한쪽의 기능에 이상이 생기면 전 세계가 같이 요동을 치는 현상을 빚어낸다. 그래서 현대사회는 점점 더 불확실성이 커지면서 오히려 이전보다 불안이 증폭되어가고 있다. 이에 더불어 한국에서의 점술시장의 규모도 점점 더 확대되고 있다.

다만 『토정비결』은 현대에 유행하고 있는 사주 명리나 육임 기문 등의 이론체계를 가진 점술과 어깨를 나란히 하기는 어렵다. 많은 사람들이 이미 이런 체계적 이론을 갖춘 점술에 익숙해져 있기 때문에, 이제 『토정비결』의 단순한 점법으로는 현대에 유행하는 다른 점술들과 경쟁하기는 힘들다. 그러나 정초에 한 해의 운세를 보는 『토정비결』 본래의 고유한 기능이란 측면에서 본다면, 『토정비결』은 현대에 있어서도 충분한 가치를 지닌다.

점복이 백안시되는 배경으로 운명론과 허무주의에의 몰입, 사회적 불안 조성, 비용의 낭비 등과 같은 역기능적인 측면과 함께 조속한 처방을 내려 지각된 통제감을 갖게 하고, 카타르시스와 심리적 해방을 경험시켜주며, 판단에 대한 준거 및 대비책을 마련해주면서, 재미 또는 오락으로서의 기능이 있다는 점 등을 지적한 바 있다. 『토정비결』은 바로 이런 역기능을 최소화하면서 순기능을 최대화하는 우리의 미풍양속으로 활용할 수 있다고 본다.

점을 무조건 신봉한다면 미신이 된다. 하지만 이를 활용만 잘 할 수 있다면 삶의 참고자료로 이용될 수 있는 가치가 있다. 앞으로『토정비결』은 길흉을 점친다기보다는 새해 신수점을 보면서 정월 연휴기간 지난해를 되돌아보며 새해를 설계해보는 미풍양속으로서의 역할이라든지 상담자의 역할은 현대에도 계속 가치를 지닌다고 할 수 있다.

인간은 이성적 동물이라고 하지만, 인간은 이성을 가지고 있는 존재만은 아니다. 일상의 삶에서는 이성뿐 아니라, 감성의 문제가 더욱 중요한 역할을 하며, 때로 이성이나 감성의 문제와 별도로 직관 혹은 예감을 갖는 존재이기도 하다. 이런 점에서 점은 인간의 직관력을 최대한 발휘할 수 있도록 도와줄 수 있다. 앞으로 고전 점속을 통해서 옛 선인들의 역사와 교훈을 배워야 할 뿐 아니라, 점의 지혜에 대해서도 관심을 기울여야 할 것이다. 특히 필자는 전통 방식대로 점에 의존하는 것이 아니라, 이제는 점을 통해 인간의 직관력을 제고하면서 동시에 현대사회에 맞도록 새롭게 재해석될 필요성이 있다고 본다.

▌참고문헌

1. 原典 史料

『京都雜誌』
『東國歲時記』
『東稗洛誦』
『孟子』
『明宗實錄』
『史記』
『宣祖修正實錄』
『宣祖實錄』
李睟光, 『芝峯類說』
李瀷, 『星湖僿說』
正祖, 『弘齊全書』
『燃藜室記述』
『土亭集』
『海東異蹟』
『花潭集』

2. 單行本

(가정필요)백방길흉자해, 신명서림, 대정 12(1923).
『(家庭)百方吉凶秘訣』, 金東縉 編, 京成: 德興書林, 大正 14[1925].
『(最新諺文)無雙家庭寶鑑』, 姜義永 編, 京城: 永昌書館, 大正 15[1926].
『家庭百科要覽』, 新龜永 編, 京城: 博文書館, 1918.
『家庭百事吉凶寶鑑』, 鄕民社編輯部 編, 鄕民社, 1962.
京圖 찬 劉誠意 주 任鐵樵 증주, 김정혜·서소옥·안명순 공역, 『적천수천미』
　　　　상, 한국학술정보(주), 2013.
_____, 김정혜·서소옥·안명순 공역, 『적천수천미』하, 한국학술정보(주),
　　　　2014.
고대민족문화연구소, 『한국문화사대계』 4, 풍속 예술사(하), 1981.
_____, 『한국민속대관』 3, 민간신앙 종교, 고대민족연구소 출판

부, 1982.

_____, 『한국민속대관』 4, 세시풍속 전승놀이 편, 고대민족연구
소 출판부, 1982.

_____, 『한국민속의 세계』 9, 고려대학교 민족문화연구원, 2001.

孔穎達, 『周易正義』, 阮元校十三經注疏, 臺北, 藝文印書館.

郭璞 撰 張顥 註, 김정혜 역, 『옥조정진경』, 한국학술정보(주), 2016.

곽신환, 『주역의 이해』, 서광사, 2003.

郭志城 외, 『中國術數槪觀』 卜筮卷, 中國書籍出版社, 1991.

국립민속박물관, 『조선시대세시기』Ⅰ, 국립민속박물관, 2003.

_____, 『조선시대세시기』Ⅱ, 국립민속박물관, 2003.

_____, 『조선시대세시기』Ⅲ, 국립민속박물관, 2007.

김광언, 『김광언의 민속지』, 조선일보사, 1994.

김상섭, 『주역점의 이해』, 지호, 2009.

김석근·김종록·안성규·이승률, 『한국문화대탐사』, 아산서원, 2015.

김석진, 『대산주역점해』, 대유학당, 1993.

_____, 『주역전의대전역해』, 대유학당, 1996.

김영수, 『지혜로 읽는 史記』, 푸른 숲, 2002.

김정혜·서소옥·안명순 공역, 『이허중명서』, 한국학술정보(주), 2012.

김정혜·서소옥·안명순 공역, 『궁통보감』, 한국학술정보(주), 2015.

김중순, 『토정비결이란 무엇인가–컴퓨터로 분석한 인류학적 분석』, 세일사,
1982.

_____, 『토정비결이란 무엇인가–토정비결에 나타난 한국인의 가치관』, 세일
사, 1991.

김태곤 외, 『한국의 점복』, 민속원, 1995.

金赫濟 校閱, (六十四句 月別吉凶 十二朔運) 『一年身數祕訣』, 서울 明文堂 發
行, 1972년.

金赫濟 註解, (六十四句 月別吉凶 十二朔運) 『原本土亭秘訣』, 明文堂, 2001.

대한역법연구소 편, (六十四句 月別吉凶 十二朔運) 『원본토정비결』, 남산당
발행, 2016.

_____, 『원본토정비결』, 남산당, 1992.

廖名春·康學偉·梁韋弦, 심경호 옮김, 『주역철학사』, 예문서원, 2004.

李德懋, 『靑莊館全書』, 민족문화추진회, 2000.

무라야마 지준 저, 김희경 역, 『조선의 점복과 예언』, 동문선, 1990.

박건회 편, 『증보언문가명보감』, 신구서림, 대정 5년(1916).

_____, 『改良增補 四柱吉凶自解法』, 박문서관, 1919.

박용숙, 『한국의 始原사상』, 문예출판사, 1985.

박희병, 『한국고전인물연구』, 한길사, 1992.

백승종, 『예언가 우리 역사를 말하다』, 푸른역사, 2007.

小易子, 『中國民間術數大全』, 中國國際廣播音像版社, 2009.

邵偉華, 『命相學硏究』, 遠方出版社, 2003.

손찬식, 『조선조 도가의 시문학 연구』, 국학자료원, 1995.

송월스님 著, 『육효학핵심비결』, 관음출판사, 1993.

시라카와 시즈카(白川靜), 『한자의 기원』, 2009.

申龜永, 『윳과뎜책』, 박문서관, 대정 7년(1918).

신병주, 『이지함 평전』, 글항아리, 2008.

심효첨 저, 김정혜 · 서소옥 · 안명순 공역, 『자평진전』, 한국학술정보(주), 2011.

안정복, 『성호사설유선』, 명문당, 1982.

양산췬 · 정자정 · 이원길 옮김, 『중국을 말한다』, 신원문화사, 2008.

여춘태 편집, 김정혜 · 서소옥 · 안명순 공역, 『궁통보감』, 한국학술정보(주),
　　　2015.

永田久 · 심우성 역, 『曆과 占의 과학』, 동문선, 1992.

王玉德 · 林立平, 『神秘的術數』, 廣西人民出版社, 2004.

容肇祖, 『중국 점복의 기원』, 「음양오행설의 연구」 번역문.

衛紹生, 『中國古代占卜術』, 中州古蹟出版社, 1993.

유동식 외, 『토정비결』, 『한국의 민속 · 종교사상』, 삼성출판사, 1984.

劉波 · 張文, 『占往知來術』, 海南出版社, 1993.

윤찬원, 『도교철학의 이해』, 돌베개, 1998.

이 익, 『성호사설』 2, 민족문화추진회, 1977.

李光地, 『御纂周易折中』, 上海古籍出版社, 1990.

이규경, 『오주연문장전산고』, 고전간행회, 1958.

이능화 저, 이재곤 역, 『조선무속고』, 동문선, 1991.

李 零, 『中國方術考』, 東方出版社, 1999.

이문건, 『묵재일기』, 국사편찬위원회, 1998.

이복규, 『묵재일기에 나타난 조선전기의 민속』, 민속원, 1999.

이부영, 『그림자』, (주)도서출판 한길사, 2006.

이석호 역, 『조선세시기』, 동문선, 1991.

_____ 외, 『동국세시기/열양세시기/경도잡지/동경잡기』, 대양서적, 1972.

이원길 옮김, 『중국을 말한다』, (주)신원문화사, 2008.

이을호,『토정비결』『한국의 명저 2』, 현암사, 1994.

_____,『토정비결』『한국의 명저』, 현암사, 1969.

이재란,『李土亭 說話研究』, 漢陽大學校, 1989.

李鼎祚,『周易集解』, 上海古籍出版社, 1989.

이지함 저, 강태호역,『月影圖』, 동양서적, 1993.

_____,『(影印標點)韓國文集叢刊[영인판]』, 民族文化推進會, 1988.

_____,『土亭集: 國譯』, 韓山李氏土亭集刊行委員會, 2003.

이현우 옮김,『설득의 심리학』, ㈜북이십일, 2005.

이형구,『한국 고대 문화의 기원』, 까치, 1991.

임동권,『한국민속학논고』, 집문당, 1971.

任 紘,『擇吉避凶術』, 海南: 海南出版社, 1993.

임재해,『한국민속과 오늘의 문화』, 지식산업사, 1994.

임채우,『주역 왕필주』, 길, 2000.

_____,『술수와 수학 사이의 중국문화』, 동과서, 2001.

장연집·박경·최순영 공저,『현대인의 정신건강』, 학지사, 1998.

張榮華,『中國古代民間方術』, 安徽人民出版社, 1993.

장주근,『한국의 세시풍속』, 형설출판사, 1981.

赤松智城·秋葉隆 共著, 沈雨晟 옮김,『조선 무속의 연구』, 동문선, 1991.

정유진 편역,『홍만종 선집 우리 신선을 찾아서』, 돌베개, 2010.

朱伯崑 著,『易学哲学史』(1～4卷), 昆仑出版社, 2005.

朱伯崑 著, 김학권 역,『주역산책』, 예문서원, 1999.

朱 熹,『原本周易本義·朱文公易說』, 上海古籍出版社, 1990.

진소암 저, 김정혜·서소옥·안명순 공역,『명리약언』, 한국학술정보㈜, 2016.

村山智順,『朝鮮の占卜と豫言』, (朝鮮總督府, 1933) 신한서림영인, 1971.

최길성,『한국민간신앙의 연구』, 계명대학교출판부, 1989.

최상수,『세시풍속』, 서문당, 1988.

_____,『한국의 세시풍속』, 홍인문화사, 1960.

최인학 외,『한국민속연구사』, 지식산업사, 1994.

한국민족문화학회,『한국의 풍속(상)』, 문화공보국 문화재관리국, 1970.

한정섭 편저,『한국인의 민속신앙』, 불교대학교재편찬위원회, 1996.

胡 廣,『周易傳義大全』, 서울. 보경문화사 영인본.

홍석모 저, 장유승 역,『동국세시기』, 아카넷출판사, 2016.

후쿠시마 유, 임승혁·이상주 옮김,『銀河宿曜 占星術』, 동반인, 1994.

『家庭百方吉凶寶鑑』, 성문사, 대정 3년 초판, 세창서관, 1951.

『안동의 민속자료』 수록본, 연도미상.
『원본토정비결』, 세창서관, 1951.
『한국민족문화대백과사전』, 한국정신문화연구원, 1991.
『한국세시풍속사전: 정월편』, 국립민속박물관, 2004.
『한국세시풍속자료집성: 조선후기 문집 편』, 국립민속박물관, 2005.
『한국세시풍속자료집성』 현대신문 편(1946~1970), 국립민속박물관, 2006.

3. 研究論文類

강경구, 「劉一明의『陰符經註』에 관한」研究, 『동양학연구』제3집, 원광대학교, 2007.
강성조, 「토정 이지함 연구」, 『인천대 논문집』 제5집, 1983.
강윤곤, 「『홍연진결』의 분야설 연구」, 원광대학교 대학원 박사학위 논문, 2009.
강정화, 「16세기 遺逸文學의 特徵」, 『東方漢文學』 30, 2006.
고영진, 「16세기 후반~17세기 전반 서울 침류대학사의 활동과 의의」, 『서울학연구』 3, 1994.
권영원・민정희, 「孔明擲占과 이본 대성북두연명경」, 『고고와 민속』 3, 한남대학교박물관, 2000.
권인호, 「土亭 이지함의 出處義理와 實學思想 研究」, 『한중철학』 제4집, 한중철학회, 1998.
김낙필, 「주역의 도교적 이해」, 『유학연구』 3, 충남대학교 유학연구소, 1995.
김대행, 「『토정비결』 알만하면-문학도 충분하다」, 『문학사상』, 문학사상사, 1991.
김만태, 「정초 점복풍속에 관한 연구-윷점 오행점『토정비결』을 중심으로」, 『민속학연구』 제26호, 2010.
_____, 「한국 점복의 정의와 유형」, 『한국민속학』 47, 한국민속학회, 2008.
김일권, 「조선후기 세시기에 나타난 역법학적 시간인식과 도교민속연구」, 『역사민속학』 29, 한국역사민속학회, 2009.
_____, 「도불의 점성사상과 점복신앙」, 『한국민속학보』, 한국종교사학회, 1995.
김월덕, 「세시기를 통해서 본 세시풍속의 재구성 논문성과 재탄생」, 『민속학연구』 24호, 2009.
김성우, 「16세기 국가재정의 위기와 신분제의 변화」, 『역사와 현실』 16, 1995.

김성환, 「민생을 위한 백용의 실천가, 이지함-16세기 처사형 사림의 한 예」, 『선도문화』 제12집, 2012.

김연옥, 「조선전기 농서를 통해서 본 占候」, 『민속학술자료총서』348(무속 역술 1), 우리마당 터, 2003.

김용덕, 「이지함과 『토정집』」, 『한국의 민족, 종교사상』, 삼성출판사, 1983.

김정혜, 「명리이론과 정신질환의 상관성 연구」, 원광대학교 동양학대학원 석사논문, 2005.

김재성, 「『적천수』 질병론의 명의동원사상에 관한 연구」, 원광대학교 대학원 박사학위 논문, 2011.

김홍철, 「한국 점복신앙에 관한 연구」, 『한국종교사연구』 3, 한국종교사학회, 1995.

남재철, 「국포 강박의 시세계와 세시기속시」, 『한문학보』13집, 우리한문학회, 2005.

류성태, 「서명응의 도가사상」, 『한국도교와 도가사상』, 아시아문화사, 1991.

_____, 「도가사상에서의 인식-장자의 도와 언어를 중심으로」, 『정신개벽』6집, 신룡교학회, 1988.

문종란, 「珞琭子賦注의 命理觀 硏究」, 원광대학교 대학원 박사논문, 2014.

박계홍, 「점복주술」, 『한국민속대관』3, 고려대학교 민족문화연구소, 1982.

박대규, 「朝鮮王朝의 實學的 重商主義思想에 관한 論攷」, 상지대학교, 경영학 학술세미나 강록, 2001.

박상명, 「토정 이지함의 경제사상 연구」, 원광대학교 동양학대학원, 2003.

박영식, 「고소설의 점복신앙고」, 『중원인문논총』10권, 건국대학교 동화와 번역연구소, 1991.

박정윤, 「陰陽五行說의 성립과 그 理論的 배경: 春秋·戰國時代 중심으로」, 고려대학교 석사학위 논문, 2002.

박종덕, 「土亭 李之菡의 사상과 『土亭秘訣』」, 부산대학교대학원 사학과 석사학위 논문, 2010.

박종수, 「신점의 사회학」, 『우원사상논총』10, 강남대학교, 2001.

상기숙, 「무점의 실태」, 『한국민속학』16, 민속학회, 1983.

성철재, 「21세기와 운명학」, 『인문학연구』 27권 1호, 충남대학교 인문과학연구소, 2000.

신병주, 「南冥 曺植의 학문 경향과 현실 인식」, 『韓國學報』58, 1990.

_____, 「花潭 徐敬德의 학풍과 현실관」, 『韓國學報』84, 1995.

_____, 「토정 이지함의 學風과 사회경제사상」, 『규장각』19, 서울대학교, 1996.

신병주, 「16세기 處士型 士林의 擡頭와 學風」, 『규장각』21, 서울대학교, 1998.

신철순, 「『주역』의 음양사상 연구」, 원광대학교 대학원 박사학위 논문, 2012.

양은용, 「풍수지리설과 『정감록』」, 『종교문화연구』 제19호, 한신인문학연구소, 2012.

연덕희, 「점술을 구성하는 요소들의 특징과 이를 통한 새로운 점술모형 연구」, 『비교민속학』 51, 비교민속학회, 2013.

염정삼, 「점복(占卜)과 제사(祭祀)에 관한 문자 연구: 중국 문화의 종교적 기원과 그 연속성에 대하여」, 『서강인문논총』, 서강대학교 인문과학연구소, 2009.12.

오종림, 「주역-미지의 점술 테스트」, 『민속학술자료총서』 394 (무속 역술2), 우리마당터, 2003.

오영섭, 「조선광문회 연구」, 『한국사학사학보』 2집, 2000.

이성전, 「內聖外王의 道로서 율곡의 성학」, 『원불교사상과 종교문화』 28, 원광대학교 원불교사상연구원, 2004.

이남희, 「조선후기 기술교육에 관한 일 연구」, 『국사관논총』 100, 2002.

_____, 「조선후기 잡과의 위상과 특성」, 『한국문화』 58, 2012.

_____, 「조선후기 잡과(雜科) 교육의 변화와 특성-잡학 생도와 교재를 중심으로-」, 『정치사상사연구』 13권, 2014.3.

이이화, 「토정선생과 『토정비결』」, 『샘이 깊은 물』 12월호, 1985.

_____, 「토정비결과 이지함」, 『한국 민중의 삶과 저항의 역사』, 한길사, 1986.

이학주, 「한국인의 점풍속과 점찰경에 나타난 점의 역할」, 『비교문화연구』 25집, 2011.

이석엽, 「토정 이지함의 경제사상에 관한 연구」, 경성대학교 대학원, 1998.

이재란, 「李土亭 說話研究」, 『民俗學術資料叢書』, 도서출판 우리마당터, 2002.

이태진, 「인구의 감소」, 『한국사』 30, 국사편찬위원회, 1998.

_____, 「장기적인 자연재해와 전란의 피해」, 『한국사』 30, 국사편찬위원회, 1998.

임창순, 『土亭集』 고전해제(4), 태동고전연구소 도협월보, 1971.

임채우, 「음양관계론에서 본 여성관-남존여비론의 역학적 근거에 대한 비판을 중심으로-」, 『동양철학』 25, 한국동양철학회, 2006.

_____, 「『토정비결』의 점법 연구: 주역 및 도가점법과의 비교를 중심으로」, 『동서철학연구』 77호, 2015.

_____, 「유득공 『경도잡지』윷점의 역철학적 해석」, 『동방학지』 157집, 2012.3.

_____, 「『난중일기』 擲字占의 易學的 의미-版本과 典故 문제에 대한 문헌고
      증적 분석을 통해」, 『동방학지』 161집, 2013.3.

안명순, 「주역점의 기원과 점법에 관한 연구」, 원광대학교 대학원 박사학위
      논문, 2016.

유완상·전영준, 「서부지역의 학문적 승계관계와 북학파 형성 일고」, 『지역
      연구 제10輯』, 2001.

윤재근, 「토정 이지함 전승연구」, 『어문논집』, 1987.

윤대현, 「토정의 사회개혁사상연구」, 동국대학교 석사논문, 1992.

_____, 「토정의 사회개혁사상 연구」, 『교육논총』 제13집, 1993.

장숙진, 「안동지방의 윷놀이」, 『안동문화연구』 2집, 안동문화연구회, 1987.8.

장장식, 「점복신앙의 관행과 그 영향」, 『비교민속학』 12권, 비교민속학회,
      1995.

_____, 「점복자와 점복의 종류」, 『한국민속학보』 10, 한국민속학회, 1999.

_____, 「동국세시기의 기술 태도와 특징」, 『한국의 민속과 문화』 2집, 경희
      대학교 민속학연구소, 1999.

정병석, 「성인지서와 복서지서의 사이-새로운 출토자료를 통해 본 주역의 형
      성문제」, 『동양철학연구』, 42, 2005.

정승안, 「한국사회에서 점복의 사회적 의미」, 부산대학교 대학원 석사학위논
      문, 1998.

_____, 「위기탈출의 기예, 점복의 사회학」, 『사회사상과 문화』 19, 2016.

정의록, 「유득공 경도잡지 세시편에서 윷점 괘사와 주역 괘사 간 관련성 연구」,
      『백악논총』 3, 동방대학원대학교출판부, 2010.

조민자, 「이지함의 '애민사상'에 관한 연구」, 한국교원대학교 교육대학원, 2006.

조성산, 「18세기 후반~19세기 전반 조선의 세시풍속서와 일상의 기술」, 『역
      사교육』 120집, 역사교육연구회, 2011.

_____, 「18세기 후반~19세기 중반 조선의 세시풍속서 서술의 특징과 의의」,
      『조선시대』 60집, 조선시대사학회, 2012.

진경환, 「세시기 서술의 방식과 의미-『동국세시기』의 '중국 근거 찾기'를 중
      심으로」, 『어문논집』 53집, 민족어문학회, 2006.

천병돈, 「점의 철학적 의미-유가철학을 중심으로」, 『인문학연구』 경희대학교
      인문학연구원, 2002.12.

_____, 「주역에서 점의 의미」, 『동양철학』 26집, 2006.12.

최길성, 「비논리적 세계를 전제로 하는 점복」, 『한국인』, 1986년 10월호.

최덕경, 「17~18세기 朝鮮 農書에 나타난 占候의 性格: 水稻作의 사례를 중

　　　　심으로」, 『지역과 역사』 16, 부경역사연구소, 2005.

_____, 「占候를 통해 본 17, 18세기 동아시아의 농업 읽기」, 『비교민속학』
　　　　32권, 비교민속학회, 2006.

최승호, 「卜術에 음양오행술을 적용하는 데 대한 비판」, 『철학연구』 30, 31합
　　　　집, 1980.

최영진, 「'元亨利貞', 점과 철학의 이중성」, 『민속학술자료총서』 394 (무속 역
　　　　술 2), 우리마당터, 2003.

_____, 「주역의 筮法과 점의 세계」, 『민속학술자료총서』 394 (무속 역술 2),
　　　　우리마당터, 2003.

최완기, 「토정 이지함과 화암서원」, 『교육월보』, 1992.

최운식, 「占卜信仰 의 의미와 원리」, 『국제어문』 16권, 국제어문학회, 1995.
　　　　『토정비결』 연구 1, 2013.06.27.

_____, 「토정 이지함 설화연구」, 2000.

한영우, 「이수광의 학문과 사상」, 『한국문화』, 1992.

한명기, 「선조대 후반~인조대 초반 대명관계 연구」, 서울대학교 박사학위 논
　　　　문, 1997.

_____, 「유몽인의 경제론 연구」, 『韓國學報』 67, 1992.

황광욱, 「토정 이지함의 人間觀과 道德的 經濟論에 관한 소고」, 『한국철학논
　　　　집』19, 한국철학사연구회, 2006.

4. 참고사이트

한국고전번역원 (db. itkc. or. kr)

『국역조선왕조실록』, 『정조실록』

대동야승(石潭日記, 己丑錄, 己丑錄續)

이　이, 『석담일기』 『율곡전서』

이　익, 『성호사설』

이지함, 『토정집』

정　조, 『홍재전서』

한국사 데이터베이스, 국사편찬위원회 (db. history. go. kr)

부 록

<부록 1>

필사본 원제: 『石中訣』, 『土亭秘訣』 원형 1구 8자본 144괘

일러두기

1. 이 『石中訣』은 1877년 이전에 쓰인 조선시대의 필사본이다.

2. 이 책은 1구 8자본으로 『土亭秘訣』의 원형을 보여주는 자료이다.

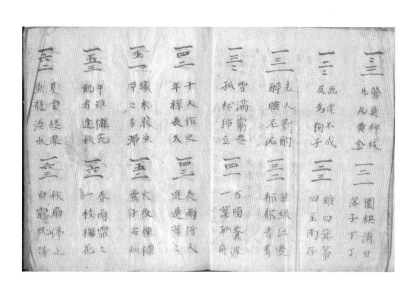

二三 鶯栗柳枝 凡凡黃金　二二 圍棋清日 著子丁丁

二三 畫虎不成 反為狗子　二二 回主南存

二四 志人對酌 草綠江邊　三二 醉躺屁泥 郁爾有青

一六 雪滿窮巷 孤松猗立　二二 一葉秋舟

三一 十人作之 年釋長久　三二 危雨行人 退退濟之

五二 纖木投魚 下之多稀　五二 火夜栗樑 鶯汁安析

五三 年雖値荒 飢者逢秋　五二 一枝梅花

三三 夏雲起展 魚龍活水　五二 秋扇停止 白憲凱呼

二二 勤讀夜架 錦衣還鄉　二二 金入錢櫃 終成大筆

二三 平地風波 鶯人攫財　二二 不知安分 反有華常

二二 白日青天 隆雨霏之　二三 逢時不莘 何時倚筆

二三 一枝花開 一枝枯凋　二三 道山石 進退兩難

二六 草龍得水 變化無窮　二二 宋居他地 必他心閒

二六 古人懷上 念人羨之　三二 傅相拮引 罪友念外

二六 蓬萊求仙 反似唐望　三二 靡室靡庄 窮居無所

三三 花開春城 万花万蝈　三六 千里他鄉 喜逢故人

四五一　青山恬客　學師真卯　日暮茫々
四五二　夏馮的知

四五三　望月伏兔　金先前腹
四五四　逃燥出谷　伽者持鉤

四五五　萬里澄潭　海天一碧
四五六　玉兔望東　清光可把

四五七　稻竹守節　身玄廉田
四五八　池畔之夜　終無生涯

四五九　擇池移舍　頹牆綿々
四六〇　無雨對誉

五三一　二月桃夭　連時爛堤
五三二　望名夫乞

五三三　意頭生角　金後登天
五三四　困而不食　囷中之餘

五三五　歲平投官　射而不中
五三六　走却第一卦

五四一　一把刀々　雲人何事　先入卯木
五四二　郭立大雙

五四三　妖寇入庭　作業蘭芝
五四四　作業蘭芝　湯進之慶

五四五　風起之止　帽居行怕
五四六　寶昇夏冊　仙人之業

五五一　閒居草山　自迷書舍

五六一　秋山之月　對的无人
五六二　身入書山

六一一　天如風波　束于无策
六一二　梅蘭有山　更无後喜

六二一　餘拿佳客　丹林四折
六二二　三腹木春　吾情色慢

六三一　僅離脫光　張洞何危
六三二　授人于套　相印纏題

六四一　樑花閒散　史行明春
六四二　怨奉英軍　無度不傷

八二七　三唱周氣　萬里生榮

八二八　九月霜降　蔣棠悴根

八三一　入山修道　李是定性

八三二　坐釣于湖　金鱗自至

八三七　靜中調味　最不尋常

八四一　碌碌浮生　不知苦辛

八四二　採薪飲水　東西其中

八四二　人有歸緣　偶來助力

八五一　盞食寬心　事不苦靜

八五二　人不知心

八五一　入玄門

八五三　入山掄布　无生期樂

八六一　針焫救備　李...

八六二　一聲砲響　翕然自驚

八六三　春无圖貴　東風浹蕩

<부록 2>

인쇄본 『土亭秘訣』 원형 1구 8자본 144괘

일러두기

1. 『토정비결』의 원문은 명문당 45구본과 남산당 48구본을 저본
   으로 하였다.
2. 인쇄본 번역문은 기존의 번역을 참조하여 수정 보완하였다.

1.1.1 東風解凍 枯木逢春
동풍에 얼음이 풀리니 마른나무
가 봄을 만나도다.

1.1.2 望月圓滿 更有虧時
보름달이 둥그나 다시 이지러질
때가 있다.

1.1.3 鶯巢柳枝 片片黃金
꾀꼬리가 버들가지에 깃드니 조
각조각 황금이다.

1.2.1 圍棋消日 落子丁丁
바둑을 두며 소일하니 떨어지는
소리가 쟁쟁하다.

1.2.2 畵虎不成 反爲狗子
범을 그리려다 이루지 못하고 도
리어 개가 된다.

1.2.3 雖曰箕箒 舊主尙存
비록 장가처라 하나 옛 주인이
있다.

1.3.1 老人對酌 醉睡昏昏
노인이 잔을 대하니 취하여 졸음
이 혼혼하다.

1.3.2 草綠江邊 郁郁靑靑
풀이 강변에 푸르니 울울하고 청
청하다.

1.3.3 雪滿窮巷 孤松特立
눈이 궁항에 가득하니 외로운 솔
이 홀로 섰다.

1.4.1 萬頃蒼波 一葉片舟
만경창파에 이파리 같은 한 조각
배라.

1.4.2 百人作之 年祿長久
백 사람이 농사를 지으니 해의 녹
이 장구하다.

1.4.3 夜雨行人 進退苦苦
밤비에 행하는 사람이 나아가고 물

러감이 괴롭다.

1.5.1 緣木求魚 事事多滯
나무에 올라가고 물고기를 구하니
일에 막힘이 많다.

1.5.2 火及棟樑 燕雀何知
불이 들보에 미치나 제비와 참새가
어찌 알리오.

1.5.3 年雖値凶 飢者逢豊
비록 흉년을 만났으나 주린 자 풍
년을 만나다.

1.6.1 春雨霏霏 一枝梅花
봄비가 비비하니 한 가지 매화로다.

1.6.2 夏雲起處 魚龍浴水
여름 구름 일어나는 곳에 고기와 용
이 목욕한다.

1.6.3 白露旣降 秋扇停止
흰 이슬이 이미 내리니 가을 부채가
정지하도다.

2.1.1 晝耕夜讀 錦衣還鄉
낮에 갈고 밤에 읽으니 비단옷으로
고향에 간다.

2.1.2 金入鍊爐 終成大器
금이 단련된 화로에 드니 마침내
큰 그릇을 이룬다.

2.1.3 平地風波 驚人損財
평지에 풍파가 사람을 놀라게 하
고 손재한다.

2.2.1 不知安分 反有乖常
안분할 줄 알지 못하니 도리어 괴
상함이 있다.

2.2.2 靑天白日 陰雨濛濛
청천백일에 궂은비가 몽몽하다.

2.2.3 一枝花開 一枝花凋
한 가지는 꽃이 시들고 한 가지는
꽃이 핀다.

2.3.1 逢時不爲 更待何時
때를 만나도 아니하면 다시 어느 때
를 기다릴고

2.3.2 夜逢山君 進退兩難
밤에 범을 만나니 나아가고 물러
감이 어렵다.

2.3.3 潛龍得珠 變化無窮
잠긴 용이 구슬을 얻으니 변화가
무궁하다.

2.4.1 居家不安 出他心閑
집에 있으면 편치 못하고 출타하
면 맘이 한가롭다.

2.4.2 古人塚上 今人葬之
옛 사람 무덤 위에 이제 사람을 장
사 지내도다.

2.4.3 傳相告引 罪及念外
서로 고발하다가 죄가 뜻밖에 미
쳤다.

2.5.1 蓬萊求仙 反似虛望
봉래산에 신선을 구하니 도리어 허

망한 것 같다.

2.5.2 靡室靡居 窮居無所
집이 없어 살 곳이 없이 구차히 사니 취미가 없다.

2.5.3 花開春城 万花方暢
꽃이 봄 성에 난만하니 만사가 바야흐로 화창하다.

2.6.1 千里他鄕 喜逢故人
천리 타향에서 기쁘게 옛 친구를 만난다.

2.6.2 三年不雨 年事可知
삼 년을 비가 오지 아니하니 해의 일을 가히 알도다.

2.6.3 淸風月夜 獨坐叩盆
맑은 바람 밝은 달에 홀로 앉아 동이를 두드린다.

3.1.1 忙忙歸客 臨津無船
바삐 돌아가는 손이 나루를 임하여 배가 없다.

3.1.2 靑鳥傳信 鰥者得配
파랑새가 소식을 전하니 홀아비가 배필을 얻는다.

3.1.3 事多惺荒 晝出魅魎
일에 황망함이 많으니 낮에 나온 도깨비라.

3.2.1 方病大腫 扁鵲難醫
병든 큰 헌데를 편작도 고치기 어렵다.

3.2.2 暮春三月 花落結實
모춘삼월에 꽃이 떨어지고 열매를 맺는다.

3.2.3 方弓無矢 來賊何防
활은 있어도 살이 없으니 오는 도둑을 어찌 막으랴.

3.3.1 陽翟大賈 手弄千金
양 척의 큰 장수가 손으로 천금을 희롱한다.

3.3.2 北邙山下 新建茅屋
북망산 아래에 새로 띳집을 세우도다.

3.3.3 射虎南山 連貫五中
남산에서 범을 쏘니 연하여 다섯 대가 맞도다.

3.4.1 萬里長程 去去高山
만리장정에 갈수록 높은 산이로다.

3.4.2 年少靑春 足踏紅塵
연소한 청춘이 붉은 티끌을 밟는다.

3.4.3 驅馳四方 山程水路
사방으로 구치하나 산길과 물길이다.

3.5.1 未嫁閨女 弄珠不當
시집가지 않은 처녀가 아들 낳는 것이 당치 않다.

3.5.2 靑龍朝天 雲行施雨
청룡이 하늘에 오르니 구름이 행하고 비가 오도다.

3.5.3 弱滕少薛 間於齊楚
약소한 등나라가 제와 초나라 사이에 있다.

3.6.1 狡兎旣死 走狗何烹
간사한 토끼가 죽었으니 달리는 개를 어찌 삶을고

3.6.2 太平宴席 君臣會坐
태평한 잔치자리에 군신이 모여 앉는다.

3.6.3 虎榜雁塔 或名或字
범의 방과 기러기 탑에 혹 이름하고 혹 자로다.

4.1.1 落木餘魂 生死未辨
떨어진 나무 남은 혼이 살고 죽음을 판단치 못한다.

4.1.2 馳馬長安 得意春風
말을 장안에 달리니 봄바람에 뜻을 얻는다.

4.1.3 渴龍得水 濟濟蒼生
목마른 용이 물을 얻으니 창생이 제제하도다.

4.2.1 僅避狐狸 更踏虎尾
겨우 여우삵을 피하니 다시 범의 꼬리를 밟도다.

4.2.2 兄耶弟耶 庚人之害
형이냐 동생이냐 동갑의 해로다.

4.2.3 花笑園中 蜂蝶來戲
꽃이 동산 가운데 피니 봉접이 와서 희롱한다.

4.3.1 天崩地陷 事事倒懸
하늘이 무너지고 땅이 빠지니 일이 거꾸로 달리다.

4.3.2 交趾越裳 遠獻白雉
교지의 월상씨가 멀리 흰 꿩을 올린다.

4.3.3 伏於橋下 陰事誰知
다리 아래 엎드려서 비밀 한 일을 누가 알리오.

4.4.1 群雉陣飛 胡鷹放翼
뭇 꿩이 떼로 나니 큰 매가 제대로 날지 못한다.

4.4.2 茫茫大海 遇風孤棹
망망한 큰 바다에 바람 만난 외로운 노로다.

4.4.3 六月炎天 閑臥高亭
유월 염천에 한가히 높은 정자에 누웠다.

4.5.1 靑山歸客 日暮忙步
청산에 돌아가는 손이 해가 저무니 바삐 걷도다.

4.5.2 夢得良弼 眞僞可知
꿈에 어진 도움을 얻으니 진위를 가히 알지라.

4.5.3 望月伏兎 淸光滿腹
달을 바라보는 옥토끼가 맑은 빛이 배에 가득하다.

4.6.1 避嫌出谷 仇者懷劍
혐의를 피하여 골을 나가니 원수가
칼을 품는다.

4.6.2 萬里無雲 海天一碧
만 리에 구름이 없으니 바다와 하
늘이 하나로 푸르다.

4.6.3 玉兎升東 清光可吸
옥토끼가 동쪽에 오르니 맑은 빛을
가히 마신다.

5.1.1 梧竹爭節 身入麻田
오동과 대가 서로 다투니 몸이 삼
밭에 들도다.

5.1.2 池中之魚 終無生活
못 가운데 고기가 종래 살 계책이
없다.

5.1.3 沼魚出海 意氣洋洋
못 고기가 바다에 나가니 의기가
양양하다

5.2.1 敗軍之將 無面渡江
군사를 패한 장수가 면목 없이 강
을 건넌다.

5.2.2 二月桃花 逢時爛熳
이월에 복숭아와 오얏이 때를 만
나 난만하다.

5.2.3 兩虎相鬪 望者失色
두 범이 서로 다투니 보는 자가
두려워한다.

5.3.1 龍頭生角 然後登天
용이 머리에 뿔이 난 연후에 하늘
에 오른다.

5.3.2 見而不食 畵中之餠
보고 먹지 못하니 그림 속이 떡이
로다.

5.3.3 隻手提弓 射而不中
한 손으로 활을 당기니 쏘아도 맞
지 못하리라.

5.4.1 三十六計 走行第一
삼십육계에 달아나는 것이 제일
이다.

5.4.2 一把刀刃 害人何事
한 번 칼날을 쥐고 사람을 해침이
무슨 일인고

5.4.3 先人丘墓 都在大梁
선인의 무덤이 모두 대량에 있다.

5.5.1 妖魔入庭 作蘗芝蘭
요마가 뜰에 들어서 자손에게 해
를 입힌다.

5.5.2 四皓圍棋 消遣世慮
사호가 바둑을 두어서 세상 근심
을 보내도다.

5.5.3 清風明月 對酌美人
맑은 바람 밝은 달 아래 미인과
대작한다.

5.6.1 風起西北 帽落何處
바람이 서북에 일어나니 모자가

어디에 떨어졌을고

5.6.2 宝鼎煮丹 仙人之藥
보배솥에 단사를 지지니 신선의 약이로다.

5.6.3 身入靑山 先建茅屋
깊이 청산에 들어가 먼저 띳집을 세운다.

6.1.1 平地風波 束手無策
평지에 파란을 일으키면 어찌할 도리가 없다.

6.1.2 植蘭靑山 更無移意
난초를 청산에 심으니 다시 옮길 뜻이 없다.

6.1.3 若有緣人 丹桂可折
만일 인연의 사람이 있으면 붉은 계수를 꺾으리라.

6.2.1 三顧未着 吾情怠慢
세 번 보아도 만나지 못하니 나의 정이 태만하도다.

6.2.2 僅難脫免 張網何免
겨우 낚시를 피하였으나 그물 친 것을 어찌 면할고

6.2.3 投入于秦 相印纏身
던져진 나라에 들어가니 정승의 인이 몸에 얽힌다.

6.3.1 桂花開散 更待明春
계수 꽃이 피었다 떨어지니 다시 명춘을 기다리라.

6.3.2 怒奔燕軍 無處不傷
노하여 달아나는 연군이 다치니 아니한 곳이 없다.

6.3.3 骨肉相爭 手足絶脈
골육이 서로 다투니 수족의 맥이 끊이도다.

6.4.1 心小膽大 居常安靜
마음은 작고 담이 크니 항상 안정이 되어 있다.

6.4.2 捕兎于海 求魚于山
토끼를 바다에서 잡고 고기를 산에서 구한다.

6.4.3 暗中行人 偶得明燭
어둠 속에 행하는 사람이 우연히 촛불을 얻는다.

6.5.1 籠中囚鳥 放出飛天
농 속에 갇힌 새가 놓여서 하늘을 날다.

6.5.2 雪裡梅花 獨帶春光
눈 속에 매화가 홀로 봄빛을 띠도다.

6.5.3 成功者去 前功可惜
성공한 자가 가니 전공이 아깝도다.

6.6.1 九重丹桂 我先折揷
구중의 붉은 계수를 내가 먼저 꺾어 꽂도다.

6.6.2 六里青山 眼前別界
육리청산에 눈앞에 딴 세계가 있다.

6.6.3 九月丹楓 勝於牧丹
구월 단풍이 모란보다 낫다.

7.1.1 尋芳春日 却見花開
꽃다움을 찾는 봄날에 문득 꽃피는
것을 보도다.

7.1.2 銀鱗萬點 金角未成
은비늘은 만점이나 용이 뿔을 이루
지 못하도다.

7.1.3 竜蟠虎踞 風雨際會
용은 서리고 범은 걸터앉으니 바
람 구름이 모인다.

7.2.1 陰陽和合 萬物化生
음양이 화합하니 만물이 화하여
생긴다.

7.2.2 日中不決 好事多魔
한낮이 다가도록 결단 못 하니 좋
은 일에 마가 많다.

7.2.3 一渡滄海 後津何濟
한번 창파를 건넜으나 뒤의 나루를
어찌 건널고

7.3.1 遍踏帝城 千門共開
황성을 편답하니 일천 문이 함께
열리도다.

7.3.2 雷門一聲 萬人驚人
우뢰문 한소리에 만인이 놀란다.

7.3.3 魚竜變化 造化不測
고기가 변하여 용이 되니 조화를 측
량치 못한다.

7.4.1 六馬交馳 男兒得意
여섯 말이 섞이어 달리니 남아가
뜻을 얻는다.

7.4.2 前程早辨 榮貴有時
앞길을 일찍이 판단하니 영귀함이
때가 있다.

7.4.3 早朝起程 女服何事
이른 아침에 길을 떠나는데 여복
이 웬일인고.

7.5.1 三日之程 一日行之
사흘 길을 하루에 간다.

7.5.2 天心月光 正照万里
하늘 가운데 달빛이 정히 만 리를
비친다.

7.5.3 一渡長江 非淺非深
한번 장강을 건너니 얕지도 않고
깊지도 않다.

7.6.1 一人之害 及於萬人
한 사람의 해가 만인에게 미친다.

7.6.2 隨時應物 到處有榮
때를 따라 물건에 응하니 도처에
영화가 있다.

7.6.3 飛龍在天 利見大人
나는 용이 하늘에 있으니 큰 사람
을 보아야 이롭다.

8.1.1 萬里長空 日月明朗
만리장공에 일월이 명랑하다.

8.1.2 遇火不傷 入水不溺
물에 들어도 빠지지 않고 불에 들어도 상치 않는다.

8.1.3 凶方宜避 吉方宜隨
흉방은 마땅히 피할 것이요 길방은 마땅히 따르라.

8.2.1 乘龍乘虎 變化不常
용을 타고 범을 타니 변화가 무쌍하다.

8.2.2 三陽同氣 萬物生榮
삼양이 점점 생하니 만물에 영화가 생긴다.

8.2.3 九月霜降 落葉歸根
구월에 서리가 내리니 낙엽이 뿌리에 떨어진다.

8.3.1 入山修道 本性可見
산에 들어 도를 닦으니 본천성을 가히 보리라.

8.3.2 往釣于淵 金鱗自至
못에 가서 낚으니 금비늘이 저절로 이른다.

8.3.3 靜中滋味 最不尋常
고요한 가운데 재미가 가장 심상치 아니하다.

8.4.1 碌碌浮生 不知安分
용렬한 인생이니 편안함을 알지 못한다.

8.4.2 採薪飲水 樂在其中
나무하고 물 마시니 낙이 그 가운데 있다.

8.4.3 人有舊緣 遇來助力
옛 인연의 사람이 있어 우연히 와서 돕는다.

8.5.1 蠱食衆心 事不安靜
곤충이 여러 마음을 먹으니 일이 안정치 못하다.

8.5.2 一入山門 人不知仙
한번 산문에 들어가니 사람이 신선을 알지 못한다.

8.5.3 入山擒虎 死生難辨
산에 들어가 범을 잡으니 생사를 판단하기 어렵다.

8.6.1 夕陽歸客 步步忙忙
석양에 돌아가는 손이 걸음이 바쁘다.

8.6.2 一聲砲響 禽獸自驚
한소리 포향에 금수가 다 놀란다.

8.6.3 東風淡蕩 春花富貴
동풍이 담탕하니 봄꽃같이 부귀하다.

김정혜 ————————————————————————————————

원광대학교 동양철학 석사
원광대학교 한국문화학과 동양문화학 박사
현) 원광대학교 대학원 한국문화학과 외래교수
　　명리학연구소 정명원 운영
　　명리상담소 운영

〈논문 및 저서〉
박사논문
　「『토정비결』점의 기원과 성격연구」
석사논문
　「命理理論과 精神疾患의 상관성 연구」
　　-명조 사례 분석을 중심으로-
저서
　『자평진전』(원전현토완역, 공역, 2011)
　『이허중명서』(사고전서 최초완역, 공역, 2012)
　『적천수천미 上(통신론)』(공역, 2013)
　『적천수천미 下(육친론)』(공역, 2014)
　『궁통보감』(현토완역 공역, 2015)
　『명리약언』(현토완역, 공역, 2016)
　『옥조정진경』(완역, 2016)

토정비결의 숨결과 지혜

초판인쇄 2018년 6월 7일
초판발행 2018년 6월 7일

지은이 김정혜
펴낸이 채종준
펴낸곳 한국학술정보㈜
주소 경기도 파주시 회동길 230(문발동)
전화 031) 908-3181(대표)
팩스 031) 908-3189
홈페이지 http://ebook.kstudy.com
전자우편 출판사업부 publish@kstudy.com
등록 제일산-115호(2000. 6. 19)

ISBN 978-89-268-8449-2 93150